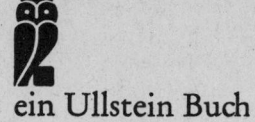

ein Ullstein Buch

W0088979

# Gustav Weiß

# Freude an Keramik

Anleitungen für Anfänger
Anregungen für Fortgeschrittene

ein Ullstein Buch

Ullstein Buch Nr. 4043
im Verlag Ullstein GmbH,
Frankfurt/M – Berlin – Wien

Dritte Auflage

Printed in Germany 1977
Gesamtherstellung:
Augsburger Druck- und
Verlagshaus GmbH
ISBN 3 548 04043 8

# Inhalt

# Übersicht über die 100 Schritte zur Meisterschaft

## Kunstglasur-Techniken

## Übersicht über die 100 Fragen an den Fachmann

# Mit anderen Augen

Das Wort Keramik weckt bestimmt Vorstellungen. Gewöhnlich denkt man dabei an Aschenbecher und Vasen. Oder zumindest an Gegenstände, die man auf der Töpferscheibe dreht.

Mancher erinnert sich vielleicht der Schätze in Omas Vertiko und verbindet »Keramik« mit der Vorstellung von Gartenzwergen für die gute Stube.

Machen Sie sich von allen solchen beengenden Vorurteilen frei! Sie können der Keramik immer neue Seiten abgewinnen, wenn Sie so klug vorgehen, daß Ihnen die Freude am Gestalten erhalten bleibt. Das erreichen Sie, indem Sie für anspornende Erfolge sorgen.

Dieses Buch wird Ihnen dabei helfen.

Wenn Sie frei von ökonomischem Zwang arbeiten und gestalten können, befinden Sie sich in einer glücklichen Lage. Sie brauchen ja nicht, Sie tun bloß, was Ihnen Spaß macht. Sie können ohne Rücksicht auf die Erfordernisse des Marktes, ohne Zugeständnisse an den Käufergeschmack, sich das Beste aussuchen. Und wenn Sie etwas wissen wollen, dann schlagen Sie nach — dazu hat dieses Buch ein Register.

Oder Sie wenden sich vertrauensvoll an einen, der es wissen muß. Er wird gern mit seinem Wissen glänzen und Sie werden sicher selbstkritisch genug sein, sein Basiswissen, das Ihnen fehlt, zu schätzen. Man muß den Leuten glauben, die schon hinter sich haben, was man noch vor sich hat. Man muß glauben, was sie sagen, und danach handeln, bis man es selber ausprobiert hat. Mit der Zeit lernen Sie selbst, die Geheimnisse der Keramik und ihre Tücken zu entdecken.

Dieses Buch ist kein Vorbereitungskursus für den Freidreher, Former oder Brenner. Denn Sie wollen sich ja nicht zum Spezialisten verbilden lassen und Ihre Freiheit aufgeben. Die Freiheit, zu tun, was Sie möchten.

Wenn Sie, gespannt auf das Ergebnis, den Ofen öffnen und sich dann darüber freuen, wie es im Brand geworden ist, — wenn Sie der Natur auf die Schliche kommen, — wenn Sie Ihre gestalterische Aufgabe, die Sie sich selbst gestellt haben, nicht wieder los läßt, dann werden Sie froh darüber sein, sich mit der Keramik eingelassen zu haben. Denn wie Ihre Neigung auch beschaffen sein mag, Sie können aus ihr etwas machen und in Ihrer Entwicklung weiterkommen. Nicht umsonst ist die Keramik seit Urzeiten zum Symbol der Schöpfung überhaupt geworden.

Es ist vielleicht ganz hübsch, mal darüber nachzudenken, was die Wis-

senschaft zur Schöpfung »aus dem Erdkloß« zu sagen hat, die wir mit
Recht als Gleichnis hinnehmen, mit weniger Recht gedankenlos.

Ganz zurück bis zur Erschaffung der Welt, sagen die Gelehrten, können wir dieses Gleichnis in der religiösen Vorstellungswelt nicht verfolgen, sondern nur bis etwa 4000—3000 vor Christi Geburt, denn aus
dieser Zeit sind uns sumerische Mythen erhalten, die — also lange vor
der Schöpfungsgeschichte des hebräischen Alten Testaments — über
die Erschaffung der Menschen aus Lehm berichten. Und zwar wurden
die menschlichen Wesen vom Gott des Wassers und der Weisheit auf
Veranlassung der Muttergöttin (die alle Götter geboren hat) nur zu
dem Zweck geschaffen, um die hungernden Götter durch Opfer zu er-
nähren. Aber die Wesen waren selbst noch nicht fähig, Nahrung aufzunehmen. Erst mit Hilfe des Rindergottes und der Getreidegöttin konnte der Mensch entstehen, der sich mit Fleisch und Brot ernährte und
durch seine Opfer auch den Hunger der Götter stillte. In einer anderen
Sage der Sumerer erschuf die Muttergöttin aus zweimal sieben Ton-
stücken zweimal sieben Mutterleiber, denen der männliche Gott Ea
den Nabel öffnete. Diese Vorstellungen waren also in dem Lehmland
Mesopotamien mit Beobachtungen bei der Tierzucht, mit Seßhaftig-
keit und Ackerbau verbunden. Aber nicht nur aus Lehm, auch aus der
Stimme des Schöpfergottes wurde in (wieder anderen) sumerischen
Überlieferungen — das Land war groß — der Mensch erschaffen. So
weit gehen philosophischer Idealismus (»am Anfang war das Wort«,
der Geist, die Idee) und philosophischer Materialismus (am Anfang
war der Lehm, die Materie) zurück. Und mindestens so weit geht auch
die biologische Erkenntnis zurück, daß zum Fortpflanzen überhaupt
ein männliches Wesen (ein »Schöpfer«) gebraucht wird. Und der form-
bare Erdkloß, das ist das Material, aus dem sich die oberste Erdkruste
zusammensetzt, die Sial-Schicht der Geologen, der materielle Humus,
aus dem alles auf der Erdoberfläche Bestehende hervorgegangen ist.
Der chemischen Zusammensetzung der Sial-Schicht (überwiegend saure
Aluminiumsilikate, daher Si und Al = Sial, und Quarz) entspricht
genau der Zusammensetzung der Keramik. Und weil wir in den Na-
turwissenschaften die Weisheiten der Alten als Symbole für die Natur-
vorgänge erkennen, wird es Sie gewiß auch interessieren, daß die Mi-
neralogen herausgefunden haben, daß die Tonminerale (die also aus
den chemischen Elementen der Sial-Schicht bestehen) sowohl für den
Aufbau großer Moleküle aus Kohlenhydraten und Eiweiß, als auch bei
der Eiweißspaltung als Katalysatoren (= Stoffe, die einen chemischen
Vorgang beschleunigen) zu wirken vermögen. Das bedeutet, daß die

Tonminerale tatsächlich den Beginn der Selbstvermehrung der organischen Substanz herbeigeführt haben können, die ein Kennzeichen des »Lebens« ist.

So viele Seiten hat die Keramik. Wen es interessiert, der kann sie durch die ganze Naturgeschichte, Kulturgeschichte, Technikgeschichte, Wirtschafts- und Kunstgeschichte hindurch verfolgen (Seite 224).

Da Sie kein Töpferlehrling sind, sondern ein Keramiker sein möchten, werden Sie sich nicht damit zufrieden geben, das »know-how« zu kapieren — das muß in der Fabrik perfekt beherrscht werden. Sie aber wollen es mit Leben erfüllen, es zu ihrer ganz persönlichen Sache machen — etwas, was die Fabrik nicht kann. Darin liegt Ihre Stärke und das ist es auch, was Ihnen das Gefühl der Genugtuung verschafft, das mit den Worten überliefert ist: »Und er sah, daß es gut war«.

## Beginnen Sie mit dem Kreativitätstest!

Nicht um festzustellen, ob Sie Talent haben, sondern um zu sehn, wo Ihr Talent liegt, sollten Sie sich selber testen!

Dabei geht es darum, in freier Selbstbeurteilung zu erkennen, ob Sie sich besser mit dem Auge (dem Gesichtssinn) oder mit der Hand (dem Tastsinn) gestaltend ausdrücken können. Sie gehören dann entweder zum »visuellen« oder zum »haptischen« Typ. Bei dieser Entscheidung wollen wir als ausschlaggebend ansehen, wozu Sie sich mehr hingezogen fühlen, wenn Sie sich auf beiden Gebieten Aufgaben stellen.

Für den gesamten Test brauchen Sie ungefähr je ein Kilogramm roten, schwarzen und weißen Ton. Sie können sich diese Tone aus dem Handel besorgen.

Zuerst versuchen Sie, sich vorzustellen, wie Sie den Charakter einer Keramik am besten zum Ausdruck bringen würden: als grobes steiniges Gebilde, als glatte gewellte Fläche, als farbigen gerundeten Gegenstand. Aus dieser Vorstellung entwickeln Sie Ihre Aufgabe. Beschränken Sie sich dabei auf einfache Formen, egal ob Sie sich mehr zur räumlichen oder zur flächigen Darstellung hingezogen fühlen. Stellen Sie sich zum Beispiel vor, Sie würden am Strand nach einem besonders hübschen Stein suchen. Probieren Sie, sich einen solchen Stein selbst zu schaffen. Er soll sich angenehm greifen lassen, er soll dekorativ wirken, von welcher Seite auch immer Sie ihn betrachten. Sie können natürlich — wenn Sie wollen — Ihren Stein auch so gestalten, wie er nie in der Natur vorkommen würde, so wie er eben nur künstlich aus einer plastischen glatten oder rauhen Masse hervorgebracht werden kann. Das wäre eine Möglichkeit für Ihre selbstgestellte »haptische« Aufgabe.

Eine zweite Möglichkeit könnte darin bestehen, die Oberfläche einer viereckigen Platte reliefartig so zu gestalten, daß Sie dadurch Ihre Vorstellung von Keramik am deutlichsten wiedergeben. Sie sollen also gewissermaßen ein Werk schaffen, das Sie »Keramik« oder »gebrannter Ton« oder »gebrannte Erde« oder »plastisches Fließen« nennen würden. Versuchen Sie, in die Platte zu stechen, zu schneiden, sie zu stauchen, glatt zu streichen, aufzurauhen, zu wellen, und vergleichen Sie die Ergebnisse, um davon für Ihre Aufgabe das zu benutzen, was Ihnen am treffendsten den keramischen Charakter zu zeigen scheint.

Dieser »haptischen« Aufgabe soll eine »visuelle« entsprechen. Hierbei geht es um andere Anforderungen, zum Beispiel um die harmonische Gliederung einer Kreisfläche, sei es durch streng geometrische, durch freie oder gar figürliche flächige Formen. Versuchen Sie auch diese Aufgabe so zu lösen, daß Sie dieses Werk »keramische Kreisfläche« nennen können. Sie dürfen sich genau so gut auch die Gliederung einer quadratischen Fläche zur Aufgabe stellen. Wichtig ist nur die Anwendung grafischer oder malerischer keramischer Mittel zur Versinnbildlichung Ihrer Vorstellungen von typisch keramischer Ausdrucksfähigkeit.

Wie für die »haptische« Aufgabe, so sollten Sie auch für die »visuelle« nicht bloß Papier und Bleistift, sondern keramische Mittel verwenden. Haben Sie für Ihre erste Arbeit den weißen Ton verwendet (die Wahl des Tones ist Ihnen freigestellt), so können Sie jetzt den roten Ton benutzen und nach der Beschreibung auf Seite 36 eine runde oder quadratische Platte herstellen, die Sie lederhart trocknen lassen und dann mit einem aus Wasser und schwarzem Ton angerührten Brei übergießen. Schlagen Sie dazu Seite 88 (»Engobieren«) auf. Die etwas angetrocknete (= »lederharte«) Platte saugt das Wasser aus dem Brei an, und es bildet sich eine dünne schwarze Tonschicht auf dem darunterliegenden Modellierton. Mit einem Hölzchen, das Sie wie einen dünnen Schraubenzieher zuspitzen, können Sie eine Zeichnung in den Überzug ritzen oder mit einem Messer durch Schaben den roten Grundton freilegen. Sie werden sofort erkennen, welche reizvollen Gestaltungsmöglichkeiten sich Ihnen dabei in Schwarz-Rot eröffnen. Stellen, die Sie zuviel weggeschabt haben, können Sie mit dem Pinsel ausbessern, indem Sie mit dem schwarzen Tonbrei malen.

Wenn Ihnen die Pinselmalerei überhaupt sympathischer wäre, können Sie den Tonüberzug ganz weglassen und sich nur auf die Schlickermalerei mit dem Pinsel auf den lederharten Modellierton beschränken.

Sollten Sie nicht ohne weiteres damit zurechtkommen, so sehen Sie auf Seite 98 nach. Sie können sich alle drei Tone, den weißen, den roten und den schwarzen, zu Brei anrühren und damit malen.

Natürlich dürfen Sie sich vorher auf einem Blatt Papier darüber klar werden, wie Sie ihre Aufgaben lösen wollen.

Ihre Proben aus diesem Test brauchen Sie erst später zu brennen, wenn Sie wissen, welche Temperatur Sie dazu benötigen und wenn Sie genügend Ware für diese Brenntemperatur beisammen haben, um Ihren Brennofen zu füllen. Die gebrannten Proben würden sich von den ungebrannten nicht wesentlich unterscheiden. Sie können also jetzt schon Ihre Ergebnisse kritisch mustern und vergleichen.

Ihr Test hatte nur den einen Zweck, festzustellen, was Ihnen zunächst am meisten Spaß machen würde, denn damit sollen Sie sich den Zugang zur Keramik eröffnen.

Haben Sie sich für Ihr plastisches Werk entschieden, so können Sie sich als haptischen Typ betrachten. Sie sollten mit dem Modellieren beginnen und erst allmählich, soweit Sie dazu überhaupt Lust verspüren, zum Glasieren und Malen übergehn.

Hat Sie Ihr grafischer oder malerischer Versuch mehr befriedigt, so können Sie sich zu den visuellen Typen zählen. Sie sollten Ihren Neigungen entsprechend beginnen und sich erst nach und nach die Grundformen, auf die Sie Ihre Malerei oder grafische Darstellung aufbringen möchten, selbst herstellen. Bis dahin können Sie vorgebrannte Halbfertigware aus dem Handel beziehen.

Welchen der beiden Wege Sie auch beschreiten, sie münden beide in der Herstellung von Keramik, die in allen ihren Teilen vom ersten bis zum letzten Zug eigenschöpferisch entworfen und ausgeführt ist.

Wie Sie dabei am besten vorgehen, lesen Sie im nächsten Kapitel, auf Seite 23—25.

Wenn Sie den »Weg zur Meisterschaft« (Seite 26) beschreiten, werden Sie sicher daran interessiert sein, Ihre Erfahrungen allmählich zu erweitern, sei es um alle Möglichkeiten auszuschöpfen, sei es um unter den verfügbaren Techniken diejenige auszusuchen, die Ihnen auf den Leib geschneidert ist.

Es gibt sechs Gruppen keramischer Techniken, nämlich:

| *haptische* | *visuelle* |
|---|---|
| Figurenplastik | Grafische Techniken |
| Reliefs und plastische Strukturen | Malerische Techniken |
| Gefäßplastik | Glasurtechniken |

Diese Gruppen sind im Kapitel »100 Schritte zur Meisterschaft« weiter untergegliedert, so daß sich etwa 25 verschiedenartige plastische und etwa 50 grafisch/malerische Gestaltungsmöglichkeiten für Sie ergeben.

Darüber hinaus werden Sie bald erkennen, daß sich diese rund 75 Einzeltechniken sowohl in den Gruppen untereinander als auch mit den Techniken der anderen Gruppe kombinieren lassen, wodurch Ihnen im wahrsten Sinne des Wortes tausenderlei Ausdrucksmöglichkeiten zur Verfügung stehen (Seite 130). Über ein so reiches Angebot an Kombinationen verfügen zu können, wird als »Flexibilität« zu Ihren kreativen Fähigkeiten gehören.

Kreativ bedeutet schöpferisch. Dieser Begriff schließt — so sagen die Kreativitätsforscher — neben der Flexibilität die Flüssigkeit, die Originalität und die Elaborationsfähigkeit ein. Über »Flüssigkeit« — das Hervorsprudeln künstlerischer Ideen — und »Originalität« — das Entdecken und Erfinden von Neuem — werden wir im nächsten Kapitel sprechen. Die »Elaborationsfähigkeit« — das Ausarbeiten der Details — ist Gegenstand des Kapitels »100 Schritte zur Meisterschaft«. Und auf die »Flexibilität« werden wir im Kapitel »Tausenderlei Möglichkeiten« noch genauer zu sprechen kommen.

## Täglich eine neue Idee

Ihre Selbsteinschätzung soll sich nicht in der Feststellung erschöpfen, ob Sie zu den haptischen oder visuellen Typen zu zählen sind. Beobachten Sie sich weiter, ob es Ihnen mehr Spaß macht, die Dinge so wiederzugeben, wie sie ein Photoapparat wiedergeben würde, oder ob Sie lieber das hervorheben, was Ihnen wichtig erscheint oder was Ihrer Phantasie entspringt. Nach dieser Erkenntnis werden Sie selber finden, in welcher Richtung fürs erste Ihre größte Leistungsfähigkeit zu erwarten sein wird. Folgen Sie diesem geringsten Zwang und lassen Sie sich entweder von der Natur anregen oder im anderen Fall durch Bilder, Visionen, Gleichnisse, die Sie beeindrucken.

Wenn es geht, reservieren Sie sich eine bestimmte Tageszeit für das Produzieren von Ideen: im Bus, wenn Sie zur Arbeit fahren, oder vor dem Abendbrot, ehe die Tagesschau beginnt. Ihr Nervensystem gewöhnt sich dann an diesen Rhythmus wie an Essen und Schlafen.

Interessieren Sie sich für alles, lassen Sie sich durch möglichst vielerlei anregen, machen Sie sich Skizzen! Ein mittelalterlicher Stadtplan von

Jerusalem, die Schnittzeichnung einer Dampfmaschine oder ein Notenblatt von Stockhausen können Sie genauso inspirieren wie ein Löwenbaby oder eine Strelitzie, je nachdem, wofür Sie die geeignete Antenne besitzen. Unsere unterschiedlichen Antennen haben sich aus unserer Erfahrung und aus dem Milieu gebildet, aus dem wir kommen. Verhaltensforscher machten einmal einen Formerkennungstest mit afrikanischen Eingeborenenkindern und stellten fest, daß diese zwar die Spuren von Tieren ausgezeichnet deuten konnten, daß sie aber Schwierigkeiten hatten, geometrische Formen zu unterscheiden. Sie hatten für diese »Abstraktionen« keine Antenne. Ob wir nun unsere Welt »naturalistisch« wiedergeben oder »abstrakt«, beides sind Abstraktionen der Wirklichkeit, denn das menschliche Denken ist so beschaffen, daß es nur mit Abstraktionen arbeiten kann.

Genies aus früheren Generationen konnten noch mit traumwandlerischer Sicherheit aus sich heraus schöpfen. Bei uns heutigen Menschen sind manche Fähigkeiten, die aus Naturverbundenheit oder Übersinnlichkeit herrührten, verkümmert. Dafür sind wir rationaler, technischer, weltoffener geworden. Wer sich so empfindet, wird auch versuchen, sich diesem Bewußtsein gemäß zu verhalten und nicht so tun als lebe er noch in der »guten alten Zeit«. Er wird auch die Erkenntnisse der Wissenschaft heranziehen, um sich selbst und sein Tun verstandesmäßig zu erfassen.

Alles was wir tun ist dynamischer Ausdruck unseres Geistes. Neurophysiologen haben festgestellt, daß Geist nicht ohne Reize existieren kann, das heißt, daß es keine geistige Funktion gibt, die nicht mit äußeren oder inneren Anregungen zusammenhinge.

Seien Sie sich klar darüber, daß jede Art von Gestaltung eine geistige Funktion ist, die — wie alle geistigen Funktionen — auf einen Zustrom von Informationen aus der Umwelt angewiesen ist. Der Mensch, und schon gar der schöpferische Mensch, braucht ständig neue, abwechslungsreiche Anregungen aus seiner Umgebung. »Geistige Aktivität«, sagen die Biophysiker, »wird durch empfangene Information bedingt, die gespeicherte Information und vergangene Erfahrung aktiviert, wodurch Empfindungen und Ideen geschaffen werden.« Andere Wissenschaften ergänzen diesen Gedanken auf ihre Weise: »Du bist ein Teil von allem, was Dir je begegnet ist«, sagen die Philosophen. Die Verhaltensforscher erkannten: »Die Ausbildung eines symbolhaften Verhaltens ist genauso elementar wie der aufrechte Gang«. Und die Semantiker meinen: »Die Welt stellt sich in einem kaleidoskopartigen Fluß von Eindrücken dar, der durch unseren Verstand geordnet werden muß. Und dies geschieht weitgehend durch die sprachlichen Systeme in unseren Köpfen.« Das gilt nicht nur für die verbale, sondern auch für die Bildsprache. Was der bildende Künstler in seinen visuellen Symbolen darstellt, ist nicht die Wirklichkeit selbst, sondern seine Abstraktion aus der Wirklichkeit.

Künstlerische Kreativität ist ein Spezialfall der geistigen Aktivität. Diese zeigt sich in der Fähigkeit, schnell neue Verfahrensmuster zu entwickeln, jene in der Fähigkeit, die Abstraktionsweise zu verändern. Die Art, wie wir die Welt sehen, ändert sich ja auch ständig.

Geistige Originalität zeigt sich in der Fähigkeit, neue Verknüpfungen in früher erhaltenen Informationen zu entdecken. Auch hiervor ist die künstlerische Originalität wiederum nur ein Spezialfall: Sie besteht in der Fähigkeit, die gestalterischen Elemente zu einer eigenen Bildsprache zu verknüpfen. Diese Elemente sind wie Buchstaben, Laute oder Bausteine: in ihnen stecken viele Möglichkeiten, aber man muß sie erst ausschöpfen. In unserem Falle sind die Elemente — das Material, das in der Bildsprache zur Geltung gebracht werden muß — Ton, Glasur und Farbe.

Ton bringt sich zur Geltung als Erde, feucht geglättet oder rauh, mit Ritzspuren, typischen Graten, Steinchen, Mineralien; oder als Fels, dicht, hart, zerklüftet;

*Zu den Bildern auf der gegenüberliegenden Seite:*

1. *Die Luftwurzeln dieses riesigen Feigenbaumes sind von einer plastischen Wirkung, die die bildnerische Phantasie stark anregt.*
2. *Ein unter Schwingungen erstarrender Kaolinschlamm läßt Formen entstehen, die selbst bereits eine Reliefplastik darstellen könnten.*
3. *In feuchtplastischen Ton drückten die Babylonier (um 600 v. Chr.) die Buchstaben ihrer Keilschrift und versahen dadurch ihre Tontafeln mit einer plastischen Oberflächenstruktur, deren Lebendigkeit durch Licht- und Schatten noch gesteigert wird.*
4. *Die Struktur des Blattes der Pfeilwurz ist ein Naturvorbild für plastische Reihungen aus einfachsten Elementen.*
5. *Der Grundriß der Stadt Brasilia ist in seiner Flächigkeit wie für eine Engobegrafik geschaffen.*
6. *Form und Farblinien dieser Faltenschnecke erscheinen wie eine originelle Gefäßplastik.*

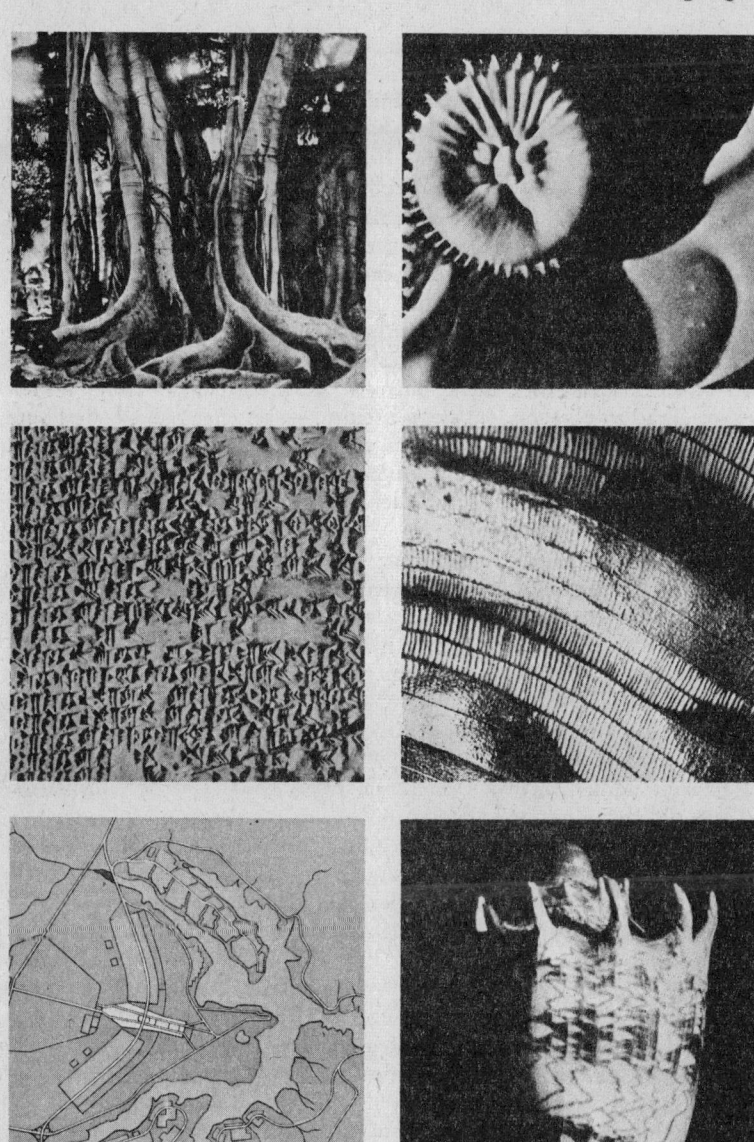

Glasur als Glas, glatt mattseidig oder hochglänzend, zähflüssig, gerundet, homogen, tropfenförmig;

Farbe als optisches Signal, leuchtend, zart abgestuft, harmonisch oder von optischer Illusionswirkung.

Das aus Anregungen gewonnene Bild in der Sprache des Materials auszudrücken, ist Ihr künstlerisches Problem.

Der Anregungen brauchen Sie sich nicht zu schämen, denn die Kreativitätsforscher haben — in Übereinstimmung mit den Neurophysiologen — herausgefunden, daß Neues nicht aus sich selbst heraus geschaffen wird, sondern als Ergebnis von Übertragungsketten entsteht, deren Auslöser schrittweise so verändert werden, daß am Ende etwas Neues da ist. In der Geschichte der Keramik verliefen solche Übertragungsketten über mehrere Generationen — denn die Entwicklung wurde durch Traditionsgebundenheit gebremst — seltener wurde die Verwandlung zu Neuem mehr oder weniger schnell von nur einem einzelnen vollzogen. Die Übertragungszeit kann geradezu als ein Maß für »Genialität« genommen werden: Je kürzer sie ist, desto genialer kommt uns die Leistung vor.

Die moderne Kreativitätsforschung hat festgestellt, daß der schöpferische Prozeß in vier Phasen verläuft:

1. Die Vorbereitung, in der man das künstlerische Problem entdeckt, das heißt eine Chance, gestalterische Mittel sinnvoll zur Anwendung zu bringen. Sinnvoll kann zum Beispiel auch eine rein dekorative Funktion sein.

2. Die Inkubations- oder Frustrationsphase, in der das Problem innerlich verarbeitet, »überschlafen« wird. Die Anregung, deren Brauchbarkeit noch nicht erwiesen ist, löst sich gedanklich aus ihrem ursprünglichen Zusammenhang.

3. Die Erleuchtung, bei der die Idee im neuen Zusammenhang, nämlich in unserem Falle als Keramik, zu einer deutlichen Vorstellung wird.

4. Die Verwirklichungsphase, in der das Werk ausgeführt wird, wobei die Idee noch abgewandelt werden kann.

Diese Analyse des schöpferischen Prozesses kann Ihnen für die vernünftige Einteilung Ihrer Arbeit von Nutzen sein. Sie werden am besten die Vorbereitungs- und Nebentätigkeiten, die handwerklichen Verrichtungen und Routinearbeiten in eine Frustrationsphase verlegen, in der Sie Ihr Problem überdenken. Aus diesem Grunde sind die im folgenden Kapitel aufgeführten »100 Schritte zur Meisterschaft« zum wahlfreien Zugriff bereitgestellt. Sie können also alle Nebentätigkeiten, die zur Vermehrung Ihrer handwerklichen Erfahrung notwendig sind, in Ihren schöpferischen Pausen erledigen. Und Sie sollten sich dazu Ihren individuellen Plan aufstellen, nach dem Sie vorgehen wollen:

Wenn sie als visueller Typ mit grafischen oder malerischen Techniken beginnen, so sollten Sie zuerst von der schon erwähnten Möglichkeit Gebrauch machen, vorgefertigte und vorgebrannte Gefäße und Platten zu kaufen und erst nach und nach — unter Bevorzugung der Ihren Neigungen am weitesten entgegenkommenden plastischen Techniken — zu selbst angefertigter Keramik übergehn. Die Vorbereitungen dazu treffen Sie am besten in Ihren Überlegungsphasen. Ihr individueller Plan (in dem die Schritt-Nummern entsprechend dem folgenden Kapitel aufgezählt sind) könnte dann zum Beispiel folgendermaßen aussehen, wobei die Brände durch halbfette Ziffern hervorgehoben wurden, um zugleich auch die Ofenbelegung planen zu können. Dazu brauchen Sie nur zweierlei Brände zu berücksichtigen, denn

a) der Schrühbrand (Schritt 8) kann mit dem Dekorbrand (Schritt 87) zusammengelegt werden und

b) der Glattbrand der normalen, durchsichtigen Betriebsglasur erfordert die gleiche Temperatur wie der Glattbrand der meisten Kunstglasuren (Schritt 72).

Für visuelle Typen käme also folgender Arbeitsplan in Frage:

| Schritte | Ergebnisse |
|---|---|
| 88, 91, 66, 67, 71, **72** | Halbfertigware mit Farbglasur |
| 88, 66, 67, **72**, 73-77, 63, 81, **87** | Halbfertigware mit Glasur und Aufglasurmalerei Ton in Ton |
| 88, 66, 67, **72**, 73-77, 46, 47, 63, 82, **87** | Halbfertigware mit Glasur, schabloniertem Aufglasurfond und bunter Aufglasurmalerei |
| 63, 64, 66, 67, 71, **72** | Halbfertigware mit Unterglasurmalerei |
| 63, 64, 66, 67, 71, **72**, 73-77, 82, 48, **87** | Halbfertigware mit Unterglasurkonturen sowie Aufglasurmalerei und Aufglasurbeschriftung |

| Schritte | Ergebnisse |
| --- | --- |
| 1, 6, 41, 42, 7, 88, 91, 66, 67, 7, 71, 72 | Keramikplatte mit Sgraffitodekor und Farbglasur |
| 1, 5, 24, 16, 7, 8, 88, 91, 97, 66, 67, 7, 71, 72 | Frei aufgebaute Keramik mit Farbglasuren im Zellenschmelz |
| 1, 26, 20, 7, 8, 88, 94, 66, 67, 7, 71, 72 | Freigedrehte Keramik mit Stempeldekor unter Laufglasur |
| 1, 5, 13, 7, 8, 88, 91, 66, 67, 7, 71, 72 | Reliefplastik mit Schattenglasur |
| 1, 5, 9, 7, 66, 67, 7, 71, 72, 73 bis 77, 86, 87 | Figurenplastik, mit Aufglasurfarben staffiert |

Bei den selbstgestellten gestalterischen Aufgaben dieses Programms sollten Sie sich nicht gleich zu viel zumuten, sondern mit einfachen Formen beginnen:
bei der zweiten Aufgabe zum Beispiel mit der Darstellung einer Kugel durch Glanzlicht und Schattierung in einer Farbe (siehe Seite 115);
bei der dritten Aufgabe sollten Sie eine Fliese verwenden, auf der Sie eine einfache Aussparung im Fond anbringen und in dieser Ihre ersten Schritte in der Buntmalerei versuchen;
bei der vierten und fünften Aufgabe wählen Sie einfache Teller als Versuchsobjekte!
Von der sechsten Aufgabe an beginnen Sie mit eigenen Tonarbeiten, auf denen Sie einfache Entwürfe ausführen.
Die Zeit, die Sie zum Erreichen der einzelnen Ergebnisse benötigen, wird unterschiedlich sein. Am Anfang werden Sie manches erst ausprobieren, ehe Sie Ihrem Entwurf die endgültige Gestalt geben. In mancher Stufe Ihres Programms werden Sie vielleicht ein paar Variationen ausführen, um möglichst viele Ihrer täglichen Ideen zu erproben.
Das Gleiche gilt für Sie, wenn Sie zu den haptischen Typen gehören. Sie könnten den »100 Schritten zur Meisterschaft« vom ersten bis zum letzten folgen, wenn Sie es nicht vorziehen, ebenfalls individuell vorzugehn. Ihr Programm könnte dann folgendermaßen aussehn:

| Schritte | Ergebnisse |
|---|---|
| 1, 5, 9, 7, 8 | Figurenplastik, gebrannt |
| 1, 5, 13, 7, 8, 88, 91, 66, 67, 7, 71, 72 | Reliefplastik, farbig glasiert |
| 1, 6, 41, 42, 44, 7, 88, 91, 66, 67, 7, 71, 72 | Keramikplatte mit Sgraffitodekor und Farbglasur |
| 1, 5, 28, 24, 16, 7, 8, 88, 94, 66, 67, 7, 71, 72 | Frei aufgebaute Keramikdose mit Ritzdekor und Laufglasur |
| 1, 25, 16, 7, 8, 88, 91, 66, 67, 7, 71, 72 | Freigedrehte Keramik mit Farbglasuren im Zellenschmelz |
| 1, 27, 60, 88, 91, 7, 71, 72 | Freigedrehte Keramik mit Schlikkermalerei (Barbotinetechnik) und Farbglasur |
| 1, 26, 7, 8, 63, 64, 66, 67, 7, 71, 72 | Freigedrehte Keramik mit Unterglasurmalerei |
| 1, 27, 7, 8, 88, 66, 67, 7, 71, 72, 63, 73—77, 84, 87 | Freigedrehte Keramik mit Aufglasurmalerei |
| 1, 26, 7, 8, 63, 64, 66, 67, 7, 71, 72, 73—77, 84, 87 | Freigedrehte Keramik mit Unterglasurkonturen und bunter Aufglasurmalerei |
| 1, 5, 9, 7, 66, 67, 7, 71, 72, 73 bis 77, 86, 87 | Figurenplastik, mit Aufglasurfarben staffiert |

Während Sie diese Schritte tun, beobachten Sie sich auch daraufhin, ob Sie mehr zur Perfektion, zum Fehlerlosen und Verfeinerten neigen oder ob Sie großzügig Unvollkommenes in Kauf nehmen, ja dieses sogar als Ihren persönlichen Ausdruck ansehen. In dem ersten Fall wird es sicher Ihre künstlerische Entwicklung fördern, wenn Sie versuchen, Vollkommenes auch im Unvollkommenen zu erkennen, wenn Sie die technischen Methoden nicht zu hoch schätzen und nicht am Detail kle-

ben, sondern immer den Abstand halten, der Ihnen das Ganze zu über-
blicken gestattet. Im anderen Fall, wenn Sie für sich die schöpferische
Freiheit des Zufälligen in Anspruch nehmen, sollten Sie sich im klaren
darüber sein, daß das scheinbar leicht dahingeworfene das verstandesmäßig durchdrungene Ergebnis einer harten Vorarbeit sein kann. Lassen Sie sich aber in keinem Fall von dem Vorurteil beirren, daß nur
eine dieser beiden Charaktergruppen von vornherein für die Keramik
tauge.

## 100 Schritte zur Meisterschaft

Bei Ihrem Kreativitätstest ist es Ihnen wahrscheinlich so ergangen wie
allen phantasiebegabten Menschen. Sie spürten förmlich, welcher
Ozean von Möglichkeiten in diesem Material schlummert, aber Sie
konnten diese Kraft noch nicht voll ansetzen. Dazu fehlte Ihnen die
Erfahrung der Wirkungen. In den folgenden 100 Schritten werden Sie
diese gewinnen können. Bleiben Sie aber nicht in den handwerklichen
Tätigkeiten stecken! Ihren Experimenten sollten Sie immer eine künstlerische Absicht zugrunde legen. Beobachten Sie das Material mit den
Augen eines Entdeckers. Seien Sie den Erfahrungen der anderen gegenüber skeptisch! Die meisten streben nämlich das Glatte, Vollkommene,
Fehlerfreie an, weil sie den Industrie-Erzeugnissen nacheifern. Aber
gerade in der Unvollkommenheit und in den Fehlern liegt Ihre Chance
zur Individualität. Der exakte »Spiegel« der Industrieglasur ist für
Speisegeschirre und Handwaschbecken wichtig. Für Sie kann er lang-
weilig sein. Sie brauchen auch kein betriebssicheres Rezept, das — einmal ausgearbeitet — jahrelang nach dem gleichen Schema abläuft,
denn Sie wollen sich ja von jedem Brand überraschen lassen. Und daß
diese Überraschungen erfreulich sind, dazu brauchen Sie die Erfahrungen der »100 Schritte«.

### Basistechniken des Formens und Brennens
Es gibt zwei verschiedene Einstellungen zur Keramik (und nicht nur
zu dieser): Anpassen und Gestalten.
Anpassen heißt, sich den Gegebenheiten unterordnen. Es ist das stati-
sche Prinzip, das nach möglicher Sicherheit strebt.
Gestalten heißt Verändern, die Gegebenheiten nach eigenen Vorstellungen einsetzen. Es ist das dynamische Prinzip, das Risiken in Kauf
nimmt.

Bei den folgenden ersten Schritten handelt es sich um Anpassung an die Erfordernisse des Materials, soweit sie als Voraussetzung zum Gestalten unerläßlich ist.

## Schritt 1.   Zubereiten des Tones

Es gibt dreierlei Zustandsformen, in denen man Tone kaufen kann:

a) zu handgerechten Massen aufbereitet, d. h. mit allen nötigen Zusätzen und der richtigen Wassermenge versehen, entlüftet (d. h. ohne die beim Brennen zu Zerstörungen führenden Lufteinschlüsse) und in Kunststoff-Folien verpackt,

b) in Stücken, wie sie in der Natur gewonnen wurden,

c) in Pulverform vermahlen.

Handgerechte Massen verarbeitet man wie sie sind; sie brauchen auch nicht mehr geknetet zu werden. Man schneidet mit einem Schneidedraht die Menge, die man voraussichtlich brauchen wird, in einem Stück ab. Das Übrige verpackt man wieder, damit es nicht austrocknet. In Stücken vorliegende Tone sumpft man entweder ein (siehe Schritt 2) oder man zerkleinert sie im Mörser zu Pulver.

Die Pulverform eignet sich am besten zur Erzielung homogener Mischungen mehrerer Tone miteinander oder mit Zusätzen. Man kann die verschiedenen pulverförmigen Versatzbestandteile in reichlich Wasser verrühren, das Ganze absetzen lassen, das oben anstehende klare Wasser abgießen (»dekantieren«), abschöpfen oder mit einem Gummischlauch abziehen und den festen Bodensatz zunächst durch Verdunstenlassen des Wassers eindicken, dann aber auf Gipsplatten oder porös gebrannten Tonplatten ausbreiten, die der Masse das Wasser bis zur handgerechten Konsistenz entziehen. Diese Masse muß dann so lange geknetet werden, bis sie den Zustand erreicht, in dem Sie sie (wie unter a angegeben) auch hätten kaufen können. Zur weiteren Verwendung verpacken Sie sie luftdicht in Kunststoff-Folien.

Wollen Sie dem pulverförmigen Ton nichts weiter zumischen, so geben Sie nur so viel Wasser zu, bis die handgerechte Konsistenz erreicht ist. Dann kneten Sie ihn und legen ihn ebenfalls in luftdichter Verpackung bereit.

Das Kneten hat den Zweck, die Masse zu homogenisieren und zu entlüften. Voraussetzung ist ein richtiger Wassergehalt. Ist er so hoch, daß die Masse noch klebt, muß sie noch eine Weile auf der Gips- oder Tonplatte ausgebreitet bleiben. Um nicht auf einer Seite zu stark auszutrocknen, wendet man die Masse auf der porösen Platte auch mal um oder man legt sie zwischen zwei Platten.

Auf welcher Unterlage soll nun geknetet werden? Sie brauchen einen festen Tisch mit einer ebenen Platte, denn es müssen sich auch die Rückstände leicht und vollständig wegschaben lassen. Die Platte kann aus Gips bestehen, dann darf sie aber nicht dünner als 6 cm sein, weil sie sonst (vor allem wenn sie etwas Wasser aufgesaugt hat) beim Aufschlagen und Aufdrücken leicht zerbrechen könnte. Am besten geeignet ist jedoch eine Marmorplatte oder eine Steinplatte mit Kunststoffbindung. Holz hat den Nachteil, daß Ton in den Ritzen zurückbleibt, wenn die Platte aus mehreren Brettern zusammengesetzt ist. Man sollte sie dann mit Zinkblech überziehen. In allen Fällen soll die Platte nicht kleiner als 30 x 30 cm sein.

*Zu den Bildern auf der gegenüberliegenden Seite:*

1. *In Plastikfolien verpackt, hält sich die homogenisierte, »aufbereitete«, entlüftete Masse frisch und läßt sich sofort verarbeiten. An den Schnittflächen der beiden rechten Stränge sind die Schamottekörner dieser (30%ig) »schamottierten« Massen zu erkennen; die beiden linken sind unschamottiert.*

2. *Kauft man Ton in Stücken oder gemahlen, so muß er erst mit Wasser angemacht und geknetet werden. Das gilt auch für das Verarbeiten von Abfällen. Beim Kneten, Walken und Schlagen darf keine Luft in die Masse eingeschlossen werden.*

3. *Zerschneiden des gekneteten Tonballens mit dem Draht erlaubt die Kontrolle der Knetwirkung an den Schnittflächen. Übereinanderlegen der zerschnittenen Teile bringt die Schichten besser durcheinander und fördert die Homogenisierung.*

4. *So schneidet man Blätter mit dem Draht über zwei Führungsleisten.*

5. *In einem kleinen Porzellanmörser lassen sich die Hartstoffe (z. B. Abfallscherben) zu Pulver zerreiben.*

6. *Siebe dienen nicht nur der Aussonderung von groben Teilen, sondern auch zur Homogenisierung von Aufschlämmungen. Feinmaschige, mit 0,5 mm Maschenweite, verwendet man für Glasuren und Farben, grobmaschige, mit 0,7 mm Maschenweite, für Engoben und Gießmassen.*

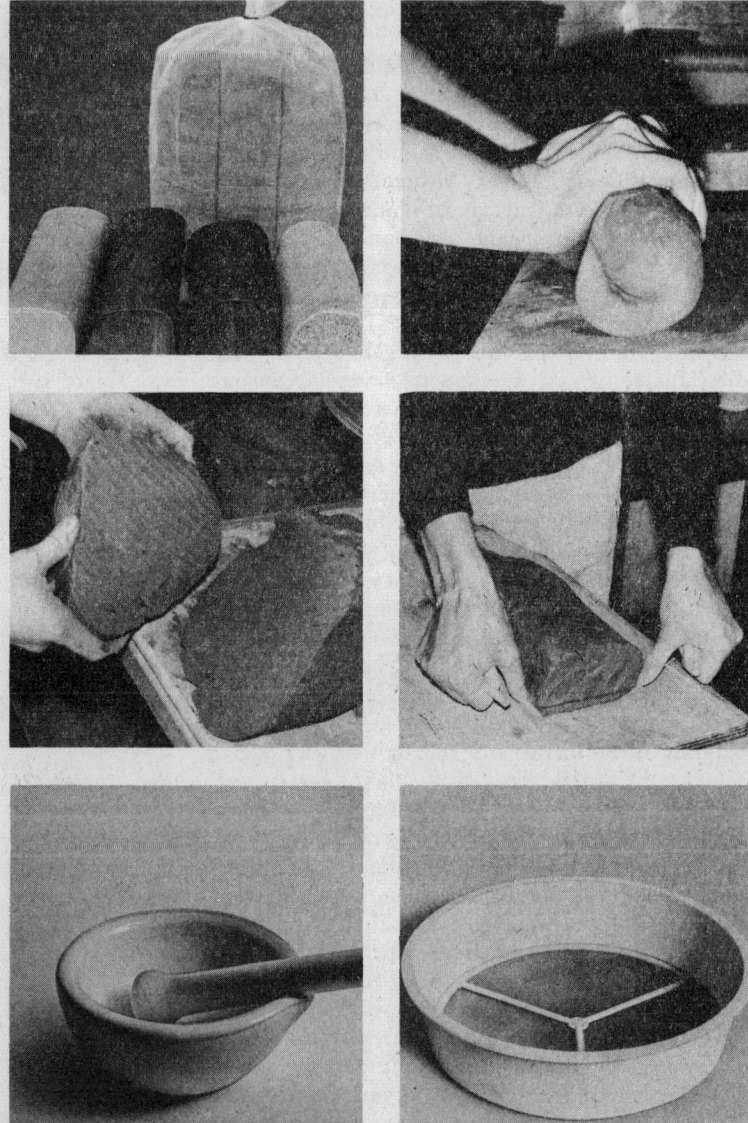

Wie knetet man richtig? Die eingeschlossenen Luftblasen werden herausgepreßt durch festes Aufdrücken der Handwurzeln (Abb. S. 29) oder durch Aufschlagen der Masse auf die Platte. Durch Umschlagen des flachgedrückten Massekuchens, wobei keine neue Luft eingeschlossen werden darf, werden die Schichten vermischt. Das Kneten bewirkt eine Verschiebung der Teilchen und ihre gleichmäßige Verteilung (natürlich wird dabei auch das Wasser in der Masse gleichmäßig verteilt). Um den Erfolg des Knetens zu kontrollieren, schneidet man die Masse mit dem Abschneidedraht auseinander. Zeigt die Schnittfläche noch Lufthöhlen oder Knollen, so muß weitergeknetet werden.

An Werkzeug und Einrichtungsgegenständen (Abb. S. 29 und 35) brauchen Sie also: einen stabilen Tisch mit einer Arbeitsplatte, möglichst aus Marmor oder kunststoffgebundenem Stein, 30 x 30 cm groß (diese Platte ist auch für andere Arbeiten günstig), einen Teigschaber aus festem Kunststoff, einen Schneidedraht aus 0,5 mm dickem Messing- oder Stahldraht, an beiden Enden mit Griffen (einfachen, hölzernen Paketgriffen) versehen, die etwa 25 cm auseinanderliegen. Ferner können sie jetzt und auch später ein paar Gipsplatten gut gebrauchen, die Sie sich nach Schritt 35 selbst herstellen können. Zum Zerkleinern brauchen Sie einen Mörser.

Machen Sie sich den Grundsatz zu eigen, den Platz, an dem Sie gearbeitet haben, sogleich sauber zu machen, damit die Reste nicht eintrocknen, auf den Boden fallen, zertreten und verschleppt werden, denn jede Staubbildung ist von Übel. Tonstaub soll nicht eingeatmet werden; außerdem kann er Ihre Glasuren und Farben verderben, und verschleppter Staub bringt Sie, wenn Sie in einem anderen Raum mit Aufglasurfarben malen wollen, zur Verzweiflung.

## Schritt 2.   Mauken und Verarbeiten von Abfällen

Beim Arbeiten mit Ton können verschiedene Abfälle anfallen. Plastische Tonüberschüsse oder Krümel kneten Sie am besten sofort zu einem Ballen zusammen, dem Sie noch ein wenig Wasser zusetzen, so daß Sie nach dem Kneten wieder einen Ballen handgerechter Masse erhalten, den Sie wie die übrige bereitgestellte Masse luftdicht aufbewahren.

Harte Abfälle, wie sie z. B. beim Abdrehen nach Schritt 29 anfallen, lassen sich nicht mehr so leicht verarbeiten. Im lederharten Zustand nehmen sie auch nur langsam weiteres Wasser an. Trockene Masse hingegen saugt gierig Wasser auf und zerfällt dabei. Lassen Sie deshalb diese harten Abfälle ruhig völlig vertrocknen (am besten in einer Plastikschüssel). Dann zerkrümeln Sie sie ein wenig und gießen Wasser darauf. Aus den feinen Teilchen bildet sich sofort ein Schlicker, in dem die gröberen Brocken liegen. Wenn Sie alles über Nacht oder auch länger stehen (=mauken) lassen, sind auch diese zerfallen. Durch die Finger gequetscht, wird die klütrige Masse homogener. Breiten Sie sie dann auf einer Gipsplatte aus. Wenn sie sich leicht von der Platte löst, wenden Sie sie um. Mit dem Daumen prüfen Sie die Konsistenz. Ist die Masse fest genug, kneten Sie sie auf der Gipsplatte ein wenig durch, wobei jedoch keine Gipskrümel in den Ton geraten dürfen. Deshalb sollen die Gipsplatten rund sein, um nicht so leicht an den Kanten auszubrechen. Für das endgültige Kneten benutzen Sie dann besser die Marmor- oder Kunststeinplatte, wie bei Schritt 1 angegeben.

Für diesen 2. Schritt brauchen Sie also ein Plastikgefäß (Schüssel oder Eimer) und eine oder mehrere Gipsplatten.

### Schritt 3.  Magern des Tones

Zu fette Tone, die sich beim Trocknen und Brennen verziehn und reißen, magert man am besten mit gemahlener Schamotte. Solche schamottierte Massen kann man auch fertig aufbereitet kaufen. Sie haben den unschamottierten gegenüber den Vorzug, weniger durch Spannungen gefährdet zu sein, denn die Schamotte ändert ihr Volumen auch beim Brennen nicht mehr (Frage 54).

Schamotte ist gemahlener gebrannter Ton, der in dreierlei Körnungen, fein, mittel und grob, gehandelt wird. Je gröber die Schamotte ist, desto geringer ist die Schwindung der Masse, der man sie beigemischt hat. Will man Schamotte einer plastischen Masse zukneten, so muß man verhindern, daß die porösen Schamottekörner der Masse das Wasser entziehen. Deshalb legt man die Schamotte erst in Wasser, damit sie sich vollsaugen kann. Erst dann knetet man sie in die Masse ein.

Aufgeschlämmter Masse, die ohnehin zuviel Wasser enthält und die erst noch entwässert werden muß, kann man die Schamotte natürlich ohne vorheriges Anfeuchten zumischen.

Sand als dichtes Magerungsmittel kann ohne weitere Vorsichtsmaßnahmen der Masse zugemischt werden; das gleiche gilt auch für Kalk. Diese beiden Zusätze verändern jedoch die chemische Zusammensetzung der Masse und dürfen deshalb nicht allein vom Standpunkt der Bildsamkeit betrachtet werden (Fragen 28 und 30).

### Schritt 4.  Feststellen der Schwindung

Jeder Ton und jede Masse (die aus mehreren Tonen und Zusätzen bestehen kann) schwinden beim Trocknen und beim Brennen: die Gegenstände werden kleiner. Um festzustellen, in welchem Maße sie sich verkleinern, fertigt man aus der Masse kleine Riegel von etwa 12 cm Länge, 4 cm Breite und 1 cm Dicke an (vgl. Schritt 36 und S. 205). Solange sie noch plastisch und weich sind, ritzt man in ihre Unterseite eine Linie von genau 10 cm Länge ein. Die Enden der Linie markiert man durch kurze Querstriche. Nach dem Harttrocknen mißt man nach und stellt die lineare Trockenschwindung in Prozenten fest, nach dem Brennen die Brennschwindung. Jetzt weiß man, um wieviel größer man ein Objekt anfertigen muß, damit es im fertiggebrannten Zustand eine bestimmte Größe hat ( Schritt 32 und Fragen 39 und 57).

Machen Sie sich den Grundsatz zu eigen, bei allen Prüfungen und Experimenten, die Sie vornehmen, Buch zu führen (vgl. S. 204). Am besten verwenden Sie dazu ein Schreibheft mit festem Einband, in das der Reihe nach alles eingetragen wird. In dieser »Kladde« können Sie immer nachschlagen, wenn Sie später einmal auf alte Proben zurückgreifen wollen. Wichtig ist dabei, daß Sie die fortlaufende Nummer nach der Kladde auch in das entsprechende Probeplättchen einritzen. Tun Sie das auch, wenn Sie nur ein einziges Plättchen prüfen, denn später kommen dazu sicher noch viele weitere, mit Engoben, Glasuren, Farben. Heben Sie die Plättchen in einem Karton auf! Sie sind ein wichtiges Anschauungsmaterial Ihrer Erfahrungen, die von Schritt zu Schritt differenzierter werden.

### Schritt 5.  Modellieren und Formen

Als Modellieren wollen wir das »freie« Gestalten bezeichnen, als Formen das Gestalten mit Hilfe von Formen (Gipsformen oder geschrühten Tonformen). Für beide Kategorien gibt es gemeinsame Grundsätze:

a) Der Scherben soll möglichst gleichmäßig dick sein. Dickenschwankungen sind zu vermeiden. Schroffe Dickenunterschiede führen zu Rissen. Die Dicke soll möglichst 1 cm nicht überschreiten. Dickere Objekte müssen ausgehöhlt werden. Dazu benutzt man Modellierschlingen (im Notfall kann man sich auch mit einem Löffel behelfen).

b) Lufteinschlüsse sind zu vermeiden. Ausgehöhlte Objekte müssen mit einem Luftloch versehen werden. (Die Luft dehnt sich beim Erhitzen aus und würde den Scherben sprengen.)

c) Ton will gedrückt und rund geformt werden, nicht auseinandergezogen und auch nicht mit scharfen Kanten. Sonst entsteht die Gefahr des Reißens. Gefäßböden, die zum Reißen neigen, soll man am

Schluß des Formens noch vom Rand her zusammendrücken, die Wände von großen Gefäßen, wie Gartenkeramiken, klopft und schlägt man mit einem flachen Holz.

d) Geschlossene Objekte, die zum Aushöhlen im lederharten Zustand mit dem Schneidedraht auseinandergeschnitten werden mußten, klebt man mit Tonschlicker wieder zusammen. Dazu rührt man in einem Schälchen etwas Ton mit soviel Wasser an, daß ein steifer Brei (der »Schlicker«) entsteht. Dann rauht man mit einem spitzen Gegenstand (z. B. einem Modellierholz) oder besser noch mit den Zähnen eines Plastiksägemessers (wie Sie es auf jeder Flugreise zum »Gabelimbiß« serviert bekommen) die Klebefläche in Form einer Kreuzschraffur etwas auf, ohne jedoch zu tief einzuritzen. Beide aufgerauhten Flächen beschmiert man (mit Hilfe des Modellierholzes) mit Schlicker und preßt sie behutsam aber fest aufeinander. Der herausquellende Schlicker läßt sich leicht abstreifen. Die Nahtstelle muß zugedrückt, verschmiert und geglättet (»verputzt«) werden. Durch geringfügiges Verschieben können Sie den Klebeeffekt prüfen. Führen Sie diese Arbeit sorgfältig aus, damit die Naht beim Brennen nicht auseinandergeht oder hervortritt.

e) Beim Formen aus Gipsformen darf kein Gips in die Masse geraten. Mit Gips verunreinigter Ton muß weggeworfen werden.
Gegenüber der heute durch die Industrie verbreiteten Verwendung von Gipsformen, die in den Schritten 36—40 beschrieben werden, haben Formen aus (bei 900° C) verschrühtem Ton einen großen Vorteil, der von den Römern und Chinesen geschätzt wurde: die Formenherstellung ist einfach und fügt sich besser in den Umgang mit Ton ein, während die Gipsstube immer einen Fremdkörper im Keramikbetrieb darstellt. Nachteil der Tonformen ist das schwierige Ablösen des geformten Stückes; deshalb pudert man die Form vorher mit Quarzmehl ein und verwendet keinen allzuweichen Ton zum Ausformen. Auch läßt sich das Gießverfahren dabei kaum anwenden.
Von den alten Chinesen sind pilzartige Tonformen bekannt, über denen sie Schalen formten. Auf der Außenfläche des Pilzhutes konnten Muster eingeritzt oder eingestempelt sein. Der Pilzfuß enthielt eine Durchbohrung, durch die man blasen konnte, um die frisch geformte Schale von der Form abzuheben. Der Pilzfuß war so breit ausgebildet, daß man die Form auf die Töpferscheibe stellen und die freie Fläche der Schale glattdrehen konnte.
Die alten Römer benutzten zur Herstellung ihrer plastisch dekorier-

ten Terrasigillata poröse Formschüsseln, in die sie den Ton hineinstrichen. Diese Formschüsseln besaßen also innen eingestempelte
oder eingeritzte Muster, die dann im geformten Stück erhaben er-
schienen (Abb. S. 51/4).

*Zu den Bildern auf der gegenüberliegenden Seite:*

1. *Modellierschlingen, Modellierhölzer aus Ahorn und eine Brennzan-
   ge, mit der man die heißen Objekte aus dem Ofen nehmen kann.*
2. *Naturschwamm und Abschneidedraht aus Stahl, Messing, einer
   dünnen Darmsaite oder Perlon.*
3. *Teigschaber aus gut biegsamem Kunststoff, Arbeitsmesser und Holz-
   leisten verschiedener Dicke zum Plattenschneiden oder -formen.*
4. *Arbeits- und Schleifplatte aus Kunststein mit polierter Oberfläche.*
5. *Werkzeug zum Freidrehen: gerade und tropfenförmige Drehschiene, darunter Profilschiene mit beliebigem Profil. Zum Abdrehen der
   Böden lederharter Stücke hat sich eine um einen Stock gebundene
   Uhrfeder besser bewährt als Abdreheisen (die bald stumpf werden).
   Mit der Stockschiene kommt man auch in enghalsige Gefäße, wenn
   die Hand nicht mehr durch den Hals kann. Zum Aufsaugen des Bo-
   denwassers während des Drehens leistet ein Schwamm an einem
   Holzstab gute Dienste.*
6. *Werkzeug für Gipsarbeiten: Einseitig feingezahnte Ziehklinge aus
   Federstahl, Graviereisen und feingezahnter Gipskratzer. Darunter:
   Glasierzange mit Dreipunktauflage zum Glasieren durch Tauchen.*

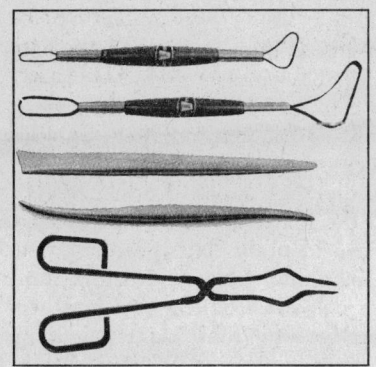
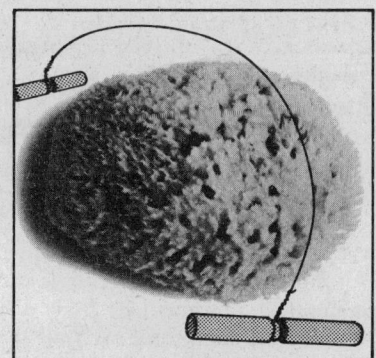

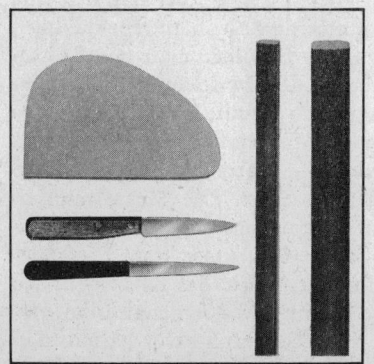
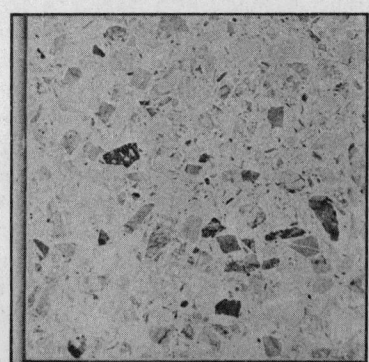

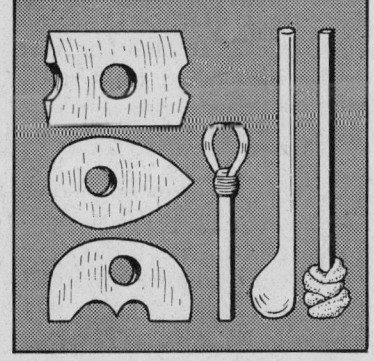
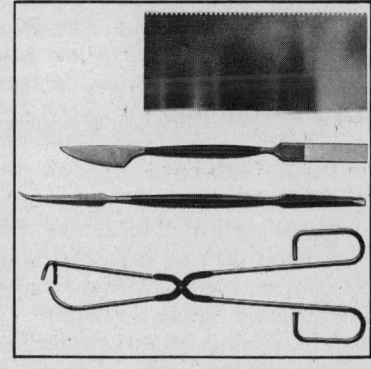

## Schritt 6.   Plattenschneiden

Neben dem Modellieren und Formen gibt es noch eine dritte Art von Gestaltung, nämlich mit Hilfe von Schablonen. Die einfachste Schablone ist eine Führungsleiste, an der man entlangschneidet. Um viereckige Platten mit möglichst gleichmäßiger Dicke zu erhalten, braucht man zwei parallelliegende Leisten, zwischen denen man die Masse flachdrückt. Mit einer dritten Leiste, die abgerundete Kanten besitzt (oder mit einer Holzwalze), läßt sich die Platte auf einer ebenen Unterlage glattstreichen oder mit einem Schneidedraht glattschneiden.

Aus einem großen Masseballen kann man auch mehrere Scheiben hintereinander abschneiden: Man drückt den Masseballen zwischen den beiden Führungsleisten auf die Unterlage und fährt dann mit dem Schneidedraht über die Leisten (Abb. S. 29/4). Auf diese Weise schneidet man eine Scheibe von dem Ballen unten ab, der dadurch eine gerade Unterseite erhält. Nach dem Entfernen dieser unregelmäßigen Oberflächenscheibe, die man abgeschnitten hat, legt man den Masseballen mit der geraden Schnittfläche nach unten zwischen die Führungsleisten zurück. Jetzt trennt man Schnitt um Schnitt eine Scheibe nach der anderen von dem darüberliegenden Masseballen ab, wobei man natürlich nach jedem Schnitt die gewonnene Platte (Scheibe) zwischen den beiden Führungsleisten herausnehmen muß. Die Masse muß so weich sein, daß man mit dem Schneidedraht in einem Zuge durchkommt. Sie darf aber auch nicht zu weich sein, sonst klebt die abgeschnittene Scheibe wieder fest. Ist es nicht möglich, das Kleben (bei zu fettem Ton) durch Einhalten eines bestimmten Wassergehaltes zu vermeiden, so muß man entweder den Masseballen so klein halten, daß er nicht zu schwer auf die abgeschnittene Platte drückt, oder man beginnt das Scheibenschneiden von oben. Dazu braucht man allerdings mehrere aufeinandergetürmte Führungsleisten, die man von Schnitt zu Schnitt abbaut. Die Leisten haben am Masseballen Halt und können notfalls auch von den Außenseiten her noch mit einem Tonwall verstärkt werden.

## Schritt 7.   Trocknen

Tone und Massen trocknen an der Luft von selbst. Solange noch an den Objekten gearbeitet wird, muß ihre Austrocknung verhindert werden. Dazu hüllt man sie bei Arbeitsunterbrechung in feuchte Tücher, über die man noch eine Plastikhaube (einen Einkaufs-Tragebeutel) stülpt. Trocknen die Tücher bei längerer Unterbrechung trotzdem aus, so muß man sie — ohne sie abzunehmen — mit Wasser besprengen. Man kann

die Objekte auch in einen Feuchtschrank stellen, der so gut abgedichtet
sein muß, daß nichts austrocknen kann.
Die fertigen Objekte, die zum Trocknen freigegeben werden, sollen
nicht im Zug stehn oder einseitig der Hitze ausgesetzt werden. Grundsatz für das Trocknen ist möglichst gleichmäßige Wasserverdunstung
von der gesamten Oberfläche (Frage 38). Deshalb soll — wenn man
nicht über technische Trocknungsanlagen verfügt — der Trocknungsverlauf möglichst nicht forciert werden. Auf Objekte, die beim Trocknen reißen, sollte man verzichten und sie lieber von neuem anfertigen.
Will man sie unbedingt retten, so hilft nur ganz allmähliches Befeuchten; geschieht das zu schnell, zerfallen sie vollends. Sie brauchen nur
so viel Wasser (oder Wasserdampf) aufzunehmen, daß sie ihre Sprö-
digkeit verlieren. Dann kann man sie mit Schlicker zusammenkleben.
Stellenweises Befeuchten würde zu Spannungen und damit zu neuen
Rissen führen.

### Schritt 8.   Verschrühen (Rauhbrennen)

Mit Verschrühen, Verglühen, Rauhbrennen bezeichnet man das Brennen unglasierter Gegenstände, sei es um eine poröse Keramik zu erzielen, wie sie z. B. für Verdunstungsgefäße (in den porösen Wasser-
behältern der Tropenländer hält sich das Wasser infolge Verdunstungs-
kälte kühl) gebraucht wird, sei es um dem Scherben genügend Festigkeit zum Glasieren zu geben. Im Schrühbrand, der nur bis 880—980° C
reicht, bildet sich auf der Keramik keine klebrige Oberfläche. Die
Ware darf sich deshalb gegenseitig (jedoch nicht die Heizleiter) berühren. Kleinere Gegenstände können in größere gestellt werden. Das
Aufstapeln empfiehlt sich jedoch nicht, da die unteren Gegenstände
durch die auf ihnen ruhende Last leiden könnten. Man wird also
Brennhilfsmittel verwenden, um das Brenngut im Ofen anzuordnen
(Frage 51). Grundsätzlich soll die Ware locker und gleichmäßig im
Ofen verteilt sein. Als Brennhilfsmittel dienen etwa 2 cm dicke Ein-
satzplatten aus feuerfester Keramik, die — auf Stützen gestellt —
Etagen bilden. Stützen und Platten bieten eine begrenzte Zahl von Va-
riationsmöglichkeiten, über die man sich am besten schon klar werden
sollte, wenn der Ofen aufgestellt wird. Fertigen Sie sich also ein paar
Skizzen an, in denen Sie die Variationen des Ofeneinsatzes festhalten,
z. B. die Aufstellung ganzer Einsatzplatten auf kleinen, mittelhohen
oder hohen Stützen, die Verwendung halber Platten, die gemischte
Aufstellung beider Plattengrößen usw. Auf diese Weise erkennen Sie
sogleich, wie Sie Ihren Ofen am besten ausnützen können, indem Sie

bei der Konzeption Ihrer Keramik-Objekte ein wenig auf die Maße Rücksicht nehmen, die Sie aus Ihrer Skizze herauslesen können. Bedenken Sie dabei jedoch, daß glasierte Objekte beim späteren Glattbrand noch auf Dreispitze oder Dreikantstäbe gestellt werden müssen! Vergessen Sie auch nicht, in Ihre Sizze die Lage des Schaulochs einzuzeichnen, damit es nicht durch eine Platte verdeckt wird! Wenn Sie Segerkegel zum Temperaturmessen einsetzen, so sollen diese 15 cm tief im Ofen vor dem Schauloch stehen. Stellen Sie die Platten auch nicht auf vier, sondern nur auf drei Stützen, die Stützen übereinander, sonst werden die Platten auf Biegung beansprucht und können brechen.

Das Brennen selbst wird Ihnen keine Schwierigkeiten bereiten, wenn Sie bis 650° C langsam (beim Elektroofen mit einem Drittel oder mit der Hälfte der Leistung) aufheizen, damit Wasserdampf und gasförmige Zersetzungsprodukte Zeit haben zu entweichen und nicht durch explosionsartige Ausdehnung die Keramik zerstören. Damit diese Zersetzungsprodukte abziehen können, müssen die Abzugsöffnungen (bei manchen Öfen unter dem Abdeckstein, bei anderen in der Ofenrückwand) oder auch die zum Einführen von Reduktionsmitteln vorgesehenen Kanäle den ganzen Brand hindurch geöffnet bleiben (erst bei den höheren Temperaturen des Glattbrandes werden sie geschlossen). Objekte, die im Schrühbrand reißen, können Sie nicht mehr retten. Im Glattbrand würden die Risse nur noch größer werden. Sie können sie im Mörser zerstoßen und als Schamottemehl verwenden.

## Techniken der Figurenplastik

Unsere 100 Schritte haben mit der mathematischen Zahlenreihe nicht nur die Numerierung gemeinsam, sondern auch noch eine weitere Eigenschaft, die wir erst beim näheren Hinsehen erkennen. Jede Lücke zwischen zwei ganzen Zahlen ist mit unendlich vielen Bruchzahlen ausgefüllt. Eine Unendlichkeit im Endlichen, eine neue Dimension, eine Tiefe, die man nicht ausschöpfen kann. Die ganzen Zahlen sind eine Punktreihe, die die Unendlichkeit überbrückt.

Bei unseren 100 Schritten sind wir jetzt an einem solchen Punkt angelangt — und wir werden noch mehr davon kennenlernen — an dem Sie unbegrenzte Zeit verweilen können, ohne die Gestaltungsmöglichkeiten völlig auszuschöpfen. Das liegt daran, daß bei der Schaffung räumlicher Objekte aus Ton die technischen Voraussetzungen minimal, der Anteil von Phantasie und Gestaltungskraft maximal ist. Wie Sie diese wachhalten und mit immer neuen Anregungen versorgen können, sagte Ihnen schon der Abschnitt auf Seite 18—26.

### Schritt 9.  Modellieren nach Natur oder Phantasie

Denken Sie bei dem Wort »Modellieren« nicht an die Porzellanfiguren, die heute auf dem Antiquitätenmarkt hohe Preise erzielen. Auch nicht an die Majolikaplastiken Max Laeugers oder gar an die antiken griechischen Tanagrafiguren. Das alles sind keine Vorbilder für Sie. Gehen Sie vom eigenschöpferischen Experiment aus! Versuchen Sie wirklich einmal Ihre Katze oder ein Tier im Zoo so genau zu beobachten, daß Sie sie in Ton nachbilden können (Abb. S. 41/2). Wenn Ihnen diese Aufgabe Spaß macht, bleiben Sie dabei!

Arbeiten Sie bei solchen Objekten nach der Natur von innen nach außen! Vergegenwärtigen Sie sich das Knochengerüst Ihres Modells und formen Sie danach Ihr Grundkonzept! Denken Sie dabei an die Besonderheiten des Materials, in dem Sie arbeiten! Es ist im gebrannten Zustand spröde und steinartig. Sie dürfen ihm also keine so zarten, frei abstehenden Teile zutrauen wie einem Metall. Die »geschlossene« Form wird dem tonigen Material besser gerecht.

Zur Ausarbeitung der Oberfläche tragen Sie nur ganz kleine Tonkrümel auf die Grundform, die die Bewegung angibt, auf; denn die Oberflächengestaltung erfordert ein ständiges Prüfen, Kontrollieren und Vergleichen jedes kleinsten Fortschritts Ihres Werkes mit dem Objekt. Unterbrechen Sie Ihre Arbeit, wenn es geht, auch für einige Tage. So gewinnen Sie einen Abstand, von dem aus Sie wieder neue Gesichtspunkte erkennen.

Bei größeren Objekten (bei deren Bemessung Sie natürlich die Innenmaße Ihres Ofens berücksichtigen müssen) ist es erforderlich, ein mit der Unterlageplatte fest verbundenes Gerüst aus Holz oder Draht anzufertigen, das dem Ganzen Halt gibt und um das herum der Ton aufgetragen wird. Solche Objekte können natürlich nicht gebrannt werden. Man muß sie in Gips abformen (Schritt 36—38) und aus der Form erst die zu brennende Keramik gewinnen, die dann aber hohl ist. Das Zerschneiden, Aushöhlen und Wiederzusammenkleben nach Schritt 5 bleibt Ihnen auch bei kleineren Objekten nicht erspart, sofern ihre Massendicke 3 cm überschreitet; grob schamottierte, magere Massen vertragen jedoch eine größere Dicke. Als Arbeitsplatte für alle Objekte, die nicht um ein Gerüst herum gebaut werden, eignet sich am besten eine Tischränderscheibe (Abb. S. 113/5), das ist eine drehbare runde Metallplatte über einem kurzen Fuß. Sie können mit ihrer Hilfe Ihr Werk stets von allen Seiten betrachten.

Für größere Stücke ist auch eine Arbeitsweise interessant, die dem freien Aufbauen von Gefäßen (Schritt 24) entspricht. Dabei wird die ganze Skulptur von vornherein hohl, nämlich aus Platten, wie eine große Vase aufgebaut. Um dem auflastenden Druck standhalten zu können, muß dabei die untere Partie schon trocken und fest sein, während oben noch plastisch gearbeitet wird. Solche Unterschiede im Wassergehalt ergeben natürlich Spannungen, denen nur eine schamottierte Masse standhält.

Bei dreidimensionalen Objekten, die nicht der Natur nachgebildet sind, sondern der freien Phantasie entstammen (Abb. S. 41/1, 4—6), sollten Sie erst recht von Experimenten ausgehen. Versuchen Sie zunächst, Ihre Vorstellungen in einem Tonmodell zu realisieren! Beginnen Sie ein neues, wenn Sie noch nicht zufrieden sind, stellen Sie das erste beiseite und vergleichen Sie dann beide. Stellen Sie alles für ein paar Tage in den Feuchtschrank, während sie sich gedanklich weiter mit Ihrer Aufgabe auseinandersetzen. Dann gehen Sie erneut an einen Entwurf. An den Ergebnissen prüfen Sie, ob Ihnen der erste, intuitive Wurf besser glückte als der ausgereifte, der vielleicht an Frische verlor.

Bei Ihrer Motivwahl sollten Sie pseudonaturalistische Darstellungen möglichst vermeiden, d. h. aus dem Gedächtnis nachgebildete Natur-

*Zu den Bildern auf der gegenüberliegenden Seite:*

1. *Lucio Fontana aus Mailand nennt seine Plastik »Concetto Spaciale-ovale«.*

2. *Waldemar Grzimek modellierte 1959 in Berlin diese Tonplastik eines Wildschweins, die er mit schwarzen Farbstrichen bemalte.*

3. *Bernard Palissy (1510—1599), der große französische Renaissance-Keramiker, modellierte Abgüsse von Reptilien, Meerestieren und Pflanzen auf Schüsseln und Schalen, die er mit Farbglasuren, ebenfalls nach Naturvorbildern, überzog.*

4. *Hans de Jong, der im holländischen Laren ein Keramik-Studio betreibt, modellierte 1964 diese Plastik »Heulpeter« aus cremefarbenem Ton mit ein- und aufgestempelten Ornamenten und Ascheglasur.*

5. *Günter Ferdinand Ris aus Oberpleis im Rheinland schuf dieses Relief aus konturierten Platten.*

6. *Von Herbert Peters, München, stammt dieses Relief »Ambroso«, ein Beispiel für die strukturellen Möglichkeiten der Keramik.*

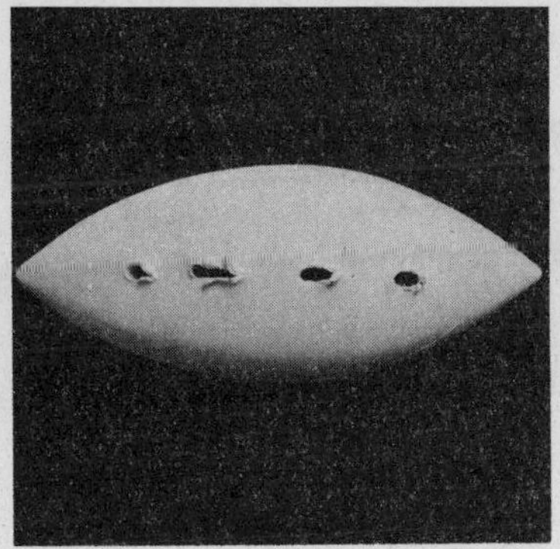

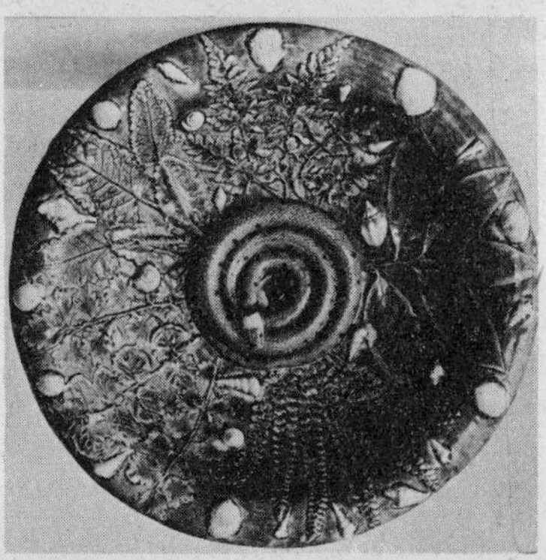

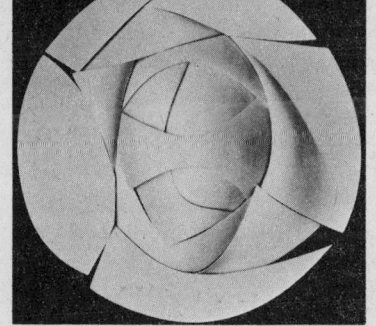

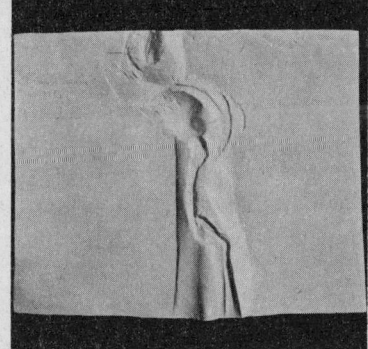

objekte. Versuchen Sie lieber, die Natur an Phantastik zu übertrumpfen.

Eine Besonderheit plastischen Gestaltens ist die Herstellung von keramischem Schmuck, Bilderrahmen, Pfeifen, Besteckgriffen usw. Es ist ein Feld, in dem Sie Ihrer Phantasie freien Lauf lassen können. Schwierigkeiten ergeben sich oft beim Aufbrennen der Glasur: allseitig glasierte Perlen müssen auf Chrom-Nickel-Drähte oder anderes feuerfestes Material aufgesteckt gebrannt werden. In die freien Fädellöcher steckt man kleine Holzstäbchen, die das Schließen der Löcher durch den Glasurbrei verhindern und später verbrennen (siehe auch Schritt 15). Für Besteckgriffe können Sie aus der gleichen Masse eine Platte mit Spitzen formen, auf die Sie die allseits glasierten Griffe zum Glattbrand aufstecken können.

## Schritt 10.   Objekte aus gedrehten Teilen

Eine besondere Art von keramischen »Kubismus« geht (zwar nicht vom Würfel, sondern) von Zylindern aus, die auf der Töpferscheibe gedreht und zu räumlichen Objekten zusammengestellt werden. Wenn Sie sich einmal mit dieser Gestaltungsmöglichkeit vertraut gemacht haben, werden Sie erkennen, welcher reizvolle Weg sich Ihnen damit eröffnet. Die zwangsläufige Auflösung der Flächen räumlicher Gebilde durch Zylinderabschnitte (Sie können die Schnitte ganz beliebig wählen) stellt ein Stilmittel dar, das Ihre Phantasie zu immer gewagteren Konstruktionen anregen wird. Stellen Sie sich das Ganze auch noch farbig vor und realisieren Sie diese Vorstellungen nach den bei Schritt 86 gegebenen Hinweisen.

Ovale, muschelartige Gebilde können Sie aus runden, auf der Töpferscheibe gedrehten Formen herstellen, indem Sie, ähnlich wie beim Plattenschneiden (Schritt 6), mit dem Schneidedraht, an einer Führungsleiste entlang, in parallelen Schnitten zwei gleiche Kugelabschnitte abschneiden und zusammenkleben. Natürlich müssen Sie noch ein Luftloch anbringen, wenn es sich um ein geschlossenes Objekt handelt.

## Schritt 11.   Bossieren

Das Zusammenkleben von Einzelteilen zu einem Ganzen heißt Bossieren. Um das Abformen in Gips nicht zu kompliziert zu machen, werden die abstehenden Teile abgeschnitten und getrennt geformt. So kann z. B. eine Figur mit ausgebreiteten Armen durch drei Gipsformen vervielfältigt werden: der Form für den Körper und je einer Form für jeden Arm. Die Anfertigung solcher Formen ist als Schritt 37 beschrieben. An den ausgeformten Körper müssen die Arme angeklebt werden. Das besorgt in den Manufakturen der »Bossierer«. Teile, die (mit Schlicker, wie in Schritt 5 beschrieben) zusammengeklebt werden sollen, müssen alle aus der gleichen Masse bestehen und gleichen Wassergehalt haben. Besteht die Gefahr, daß die abstehenden, angeklebten Teile durch die Schwerkraft deformieren, so müssen sie bis zur vollständigen Trocknung durch Tonwülste gestützt werden. Diese Stützen können auch noch im Brand Verwendung finden. Da sie aus der gleichen Masse wie das Objekt selbst bestehen, schwinden sie beim Trocknen und Brennen genauso wie diese.

## Techniken der Reliefplastik

Man kann ein Relief als Erweiterung grafischer Möglichkeiten ins Räumliche ansehen (Abb. S. 41/5). Der Übergang von den freistehenden dreidimensionalen zu den zweidimensionalen Objekten ist fließend und verläuft über Hochrelief und Flachrelief (französisch »Basrelief«). Dieses kann bereits genauso aussehen wie der Druckstock eines Linolschnitts.

Eine besondere Art keramischer Reliefs entstand im 19. Jahrhundert unter der Bezeichnung »Litophanie«. Das waren Porzellanreliefs, durch die das Licht je nach Dicke der Platte verschieden stark hindurchschimmerte und ein plastisches Bild erkennen ließ. Natürlich eignete sich dafür nur der transparente Scherben des Porzellans. Um die Wirkung abzuschätzen, formte man das Relief zunächst in Wachs, das die gleiche Transparenz besitzt. Dieses Wachsrelief wurde abgeformt und in Porzellan ausgeführt. Aus Lithophanien stellte man hauptsächlich Lampenschirme her.

## Schritt 12.   Hochreliefs

Weisen Reliefs Unterschneidungen auf, so kann man sie als Hochreliefs bezeichnen. Unterschneidungen sind Einbuchtungen, die es unmöglich machen, eine Plastik durch eine einfache, einteilige Gipsform abzuformen (vgl. Schritt 38). Im Gegensatz zu freistehenden Objekten, die von allen Seiten betrachtet werden können, besitzen Reliefs eine Schauseite. Sie werden aus der Fläche (die auch konkav oder konvex gekrümmt sein kann) herausgearbeitet, wozu Sie Ihre Modellierschlingen verwenden können. Für Hochreliefs gelten ähnliche Überlegungen wie wir sie bei Schritt 9 (Modellieren nach Natur und Phantasie) angestellt haben. Vergessen Sie auch hier nicht, daß Ihnen viele Möglichkeiten der farblichen Gestaltung zur Verfügung stehen (Schritt 86).

Hochreliefs müssen auf der Rückseite bis auf eine Scherbendicke von etwa 1 cm ausgehöhlt werden; plastische Massen verlangen einen dünneren Scherben als magere.

## Schritt 13. Flachreliefs

Mit dieser Reliefart sind Sie schon bei Ihrem Kreativitätstest bekannt geworden. Sie können auf viererlei Arten vorgehen:

a) aus einer dicken Platte herausarbeiten, wobei die Platte zum Schluß auf der Rückseite ausgehöhlt werden muß (entsprechend Schritt 12, jedoch ohne Unterscheidungen),

b) von einer geschnittenen Platte (siehe Schritt 6) ausgehen, auf die Sie flächige Stücke auflegen (wenn die Masse weich genug ist, um zu verkleben, brauchen Sie die ausgeschnittenen Stücke nur mit einer Walze behutsam anzudrücken, damit keine Luftbläschen eingeschlossen werden; diese Flachreliefs entsprechen den oben erwähnten Linolschnitt-Druckstöcken),

c) ebenfalls von einer Platte ausgehen, in dieser jedoch verschiedene Gegenstände durch Eindrücken abformen (eine solche »Objektmontage« ist ein plastisches Gegenstück zur Collage; durch die Zusammenstellung werden die Realitätsfragmente verfremdet),

d) in anderem Material vorgeformte Strukturen mit Tonbrei hintergießen. So kann man z. B. gipsgetränkte Tücher raffen, in Falten legen, über Dorne ausbreiten, zwischen Erhebungen durchhängen lassen usw. Sie trocknen in diesen Lagen fest und lassen sich, wenn Sie mit Gießmasse hintergossen werden, leicht vom lederhart getrockneten Ton lösen.

Benutzen Sie bei Ihren Experimenten getrost solche Techniken, die Ihnen vielleicht zunächst etwas mechanistisch erscheinen. Sie als »unkeramisch« zu bezeichnen wäre ein Vorurteil aus der Mottenkiste.

## Schritt 14. Konturenplatten

Bei der Glasmalerei werden bunte Flachgläser nach Schablonen zurechtgeschnitten und mit Bleistegen zu einem Bild verbunden. Ähnliches läßt sich auch mit keramischen Platten machen, die — wenn auch nicht durchsichtig, so doch bunt glasiert — nach Schablonen zugeschnitten und zu flächigen, in Putz (statt in Bleistegen) eingelassenen Bildern zusammengestellt werden. Diese Technik ist genauso alt wie einfach. Wegen der Frostbeständigkeit (Frage 62) und zur Vermeidung von Längendifferenzen beim Trocknen und Brennen stellt man die etwa

1 cm dicken Platten nach einer der in Schritt 6 geschilderten Methoden aus schamottierter Masse her. Den Entwurf des gesamten Bildes überträgt man 1 : 1 auf festes Papier und zerschneidet dieses in einzelne Teile wie bei einem Puzzlespiel. Diese Papierteile dienen als Schablonen, nach denen man die Tonplatten mit einem spitzen, dünnen Messer ausschneidet. Diese Konturenplatten können verschiedenfarbig glasiert oder — wie bei der Glasmalerei — mit Binnenzeichnungen bemalt werden. Auf der Rückseite numeriert man sie und trägt die gleiche Nummer auch in die Zeichnung ein, die dem Maurer beim Verlegen in Putz helfen soll, sich zurechtzufinden. Das Ganze läßt sich natürlich auch in kleinerem Maßstab transportabel, als Bild oder Tischplatte in Gips oder Kunststoff eingelassen, herstellen (Abb. S. 41/5).

## Plastische Oberflächenstrukturen
Es ist nur ein kleiner Schritt von den Reliefs zu den Strukturen, die zur Auflösung der Oberflächen von räumlichen Gebilden dienen können. Plastische Strukturen sind für die Keramik typisch und unübertrefflich, wenn sie im feuchtplastischen Zustand entstehen und diesen erkennen lassen.

## Schritt 15.   Rauhigkeit und Glätte
Jede Tonoberfläche, die beim plastischen Formen glatt geworden ist, können Sie im lederharten Zustand durch Abschaben der obersten Schicht mit einer Ziehklinge aufrauhen. Enthält die Masse grobe Körner, so wird die Rauhigkeit durch die Furchen verstärkt, die diese Körner beim Schaben zurücklassen.

Als »Elefantenhaut« bezeichnet man eine Rauhstruktur, die sich nur auf einer solchen grobschamottierten Masse erzielen läßt. Man färbt die Furchen, die sich beim Schaben gebildet haben, mit einem Brei aus dunkelbrennendem Manganton durch Auftupfen mit dem Schwamm ein. Dann schabt man nach dem Antrocknen ein wenig nach, um die Höhen wieder freizulegen, sofern sie von dem Manganton bedeckt wurden. Der dunkle Ton, der durch Zusatz von Metalloxiden (Frage 97) noch verstärkt werden kann, bleibt dann nur in den Furchen zurück.

Einen seidigen Glanz hingegen erhält Ihre Keramik durch »Rohpolieren« mit einem Elfenbein- oder Achatstift in lederhartem Zustand. Der Glanz bleibt auch nach dem Brennen erhalten. Das Rohpolieren eignet sich u. a. besonders für keramischen Schmuck, wenn Sie ihn unglasiert lassen möchten (Schritt 9).

**Schritt 16. Linien und Bänder**

Ritzdekore gehören zu den ältesten keramischen Verzierungsarten. Es sind eingeritzte Linienornamente, auch schnurartig eingepreßte Verzierungen (»Schnurkeramik« der Jungsteinzeit, 3000 v. Chr. in Europa, Abb. S. 47/1). Von Kämmen spricht man, wenn mehrere Ritzspuren bandartig verlaufen (jungsteinzeitliche »Bandkeramik«, auch gestochene Bänder als »Stich-Bandkeramik«).

Im 17. Jahrhundert entstand im Westerwald eine Ritztechnik, die man als »Redmachen« (auch »Radmachen«) bezeichnete. Die Töpfer ritzten mit ihren Redhölzern Ornamente und figürliche Konturen in den lederharten Ton. Die Ritzspuren dienten zugleich als Begrenzungen der Malerei (Abb. S. 47/2).

Bei einer weichen, plastischen Masse lassen sich auch nur mit einer einfachen Holzleiste, die ein geschärftes Ende haben kann, plastische Strukturen hervorzaubern. Versuchen Sie es mit schaukelnden Zickzackbändern oder führen Sie das Holz fächerförmig oder ganz im Kreis um einen Mittelpunkt! Das ist die sehr wirkungsvolle »Knibistechnik« (Abb. S. 47/3), die bei den rheinischen Steinzeugtöpfern im 18. Jahrhundert beliebt war. Die erfinderischen Römer hatten sie bereits angewandt. Mit dem Knibisholz können Sie auch gerade Striche

*Zu den Bildern auf der gegenüberliegenden Seite:*

*1. Schnurkeramik aus dem 3. Jahrtausend v. Chr., als die Menschen begannen, seßhaft zu werden. Eingepreßte Schnurverzierungen.*

*2. Steinzeugteller, in Redtechnik verziert, die zugleich die Konturen und Strukturen für die Malerei ergibt. Westerwald, 2. Hälfte des 18. Jh.*

*3. Teekanne aus salzglasiertem Steinzeug, in sehr feiner Knibistechnik verziert. Westerwald, 18. Jh.*

*4. Teekanne mit Kerbschnittverzierung. Salzglasiertes Steinzeug, Westerwald, Mitte des 18. Jh.*

*5. Siebverschluß eines Tonkruges aus Kairo, 12. bis 13. Jh. Durchbrucharbeit.*

*6. Flachgeschnittenes pflanzliches Ornament unter durchsichtiger, graubrauner Seladonglasur aus Feinsteinzeug (Nord-Sung-Seladon, China, Sung-Dynastie, 960—1279).*

durch senkrechtes Auftupfen nebeneinandersetzen. Oder mit einem Stück gespaltenem Bambusrohr halbkreis- oder mondförmige Kerben stechen, Rillen ziehen, Flächen beleben und Bänder bilden.

## Schritt 17.  Kerbschnitt

Im lederartigen Zustand läßt sich Ton wie weiches Holz schneiden. Kerben sind spitz zulaufende Einschnitte, die sich wegen ihrer Geradlinigkeit besonders für geometrische Strukturen, Reihungen, Flächengliederungen eignen (Abb. S. 47/4). Dicht aneinanderliegende Kerbschnitte erzeugen fellartig strukturierte Flächen, weit auseinanderliegende wirken wie gefaltetes Papier, rautenförmige Kerbschnitte können wie Netze aussehen. Natürlich muß der Scherben für diese Technik dicker gehalten werden als üblich. Sie können die Kerben auch stempeln.

## Schritt 18.  Durchbrüche

Alte ägyptische Keramikkrüge besitzen häufig einen siebartigen Verschluß. Man hat lange gerätselt, was sie wohl für eine Bewandtnis haben könnten, bis man dahinterkam, daß die Ägypter ihr Bier in diesen Krügen gebraut haben und daß das Sieb die Gerste zurückhalten sollte. Diese runden Siebe sind sehr hübsch gestaltet, mit Figuren oder Ornamenten versehen (Abb. S. 47/5). Derartige Durchbrucharbeiten lassen sich bei feuchtplastischer Masse mit einer Stahlnadel (in einen Griff gesteckt), im lederharten Zustand mit einem spitzen, dünnen Messer ausführen. Man muß sehr sorgfältig arbeiten, um die Stege nicht zu verletzen. Wenn es sich um geometrische Gliederungen oder Reihungen handelt, benutzt man am besten eine Schablone, nach der man die Schnittstellen vorritzt.

Mehr noch als netzförmige Durchbrüche vermögen Spitzen eine Fläche aufzulösen. Die Technik des »Spitzenporzellans« bedient sich wirklicher Textilspitzen, die sich in einem Massebrei vollsaugen. Durch Anblasen öffnen sich die feinen Löcher des Gewebes. Dann werden die massegetränkten Spitzen, in Falten gelegt, an die Formen angarniert. Im Feuer brennt die Seide aus, und das keramische Gerüst bleibt zurück. Wenn Sie etwas für Pop Art übrig haben, machen Sie einmal den Versuch, diese Technik bei »Objektmontagen« (Schritt 13) anzuwenden!

## Schritt 19.  Wellen, Ausbuchtungen, Abplattungen

Zu Großmutters Zeiten haben die Töpfer Napfkuchenformen hergestellt, die sie mit schräglaufenden Wellen versahen. Das machten sie auf der Töpferscheibe, solange die Masse noch weich war, nur mit ihren geschickten Fingern. Deformierungen (Abb. S. 129/6) lassen sich gut in der weichen Masse anbringen. Dabei können Sie sich die Arbeit erleichtern, wenn Sie von außen ein flaches Schälchen, ein konkaves Uhrenglas oder eine Untertasse dagegenhalten, in die Sie die Masse hineindrücken können. Ein Stück Seidenpapier dazwischengelegt, verhindert das Ankleben. Formen Sie die Keramik aus Gipsformen aus, so lassen sich freilich solche Buckel, Knöpfe, Punkte am besten in die Form eingraben.

Abplattungen, wie sie für Feldflaschen, Pilgerflaschen, Bocksbeutel charakteristisch sind, erhält man durch Zusammenkleben zweier flacher Schalen oder im Gießverfahren aus einer Gipsform. Geringere Abplattungen kann man auch durch Zusammendrücken weicher, frisch gedrehter Gefäße mit zwei Brettchen erzielen.

## Schritt 20.   Stempel und Rollsiegel

Stempel können Sie zu Reihungen oder zu »Objektmontagen« (Schritt 13) verwenden. Rollsiegel sind reliefierte Walzen. Sie lösten um 3000 v. Chr. bei den Sumerern die Stempelsiegel ab, weil sie mehr Bild zeigten als die Stempelsiegel (Abb. S. 51/3). Die Herrscher des Alten Orients konnten damit ihre Propaganda verbessern. Für Sie können solche Abrollungen in weichem Ton Anregungen zu neuen Gestaltungen sein. Stempel schnitzen Sie am besten aus lederhartem Ton, den Sie verschrühen, oder aus einem Gipsklötzchen. Rollsiegel brauchen eine Längsbohrung, in die man eine hölzerne Achse steckt, um das Siegel abrollen zu können.

## Schritt 21.   Reliefauflagen

Reliefs können entweder in die Gipsform (bei den alten Römern in eine keramische Negativform) eingeritzt oder eingestempelt sein, also mit der Wandung als eine Einheit ausgeformt werden, oder man kann sie auch nachträglich (wie Medaillons) aufgarnieren. Beide Techniken besitzen ihre historische Tradition. Sie dienten in der Antike und Renaissance zur Nachahmung von Silbergefäßen und fanden vor allem bei der römischen Terrasigillata und beim salzglasierten Steinzeug weite Anwendung (Abb. S. 51/4, 5).

Daß traditionelle keramische Techniken trotz ihres Alters nicht »verbraucht« sind, bewies Josiah Wedgwood, als er mit Hilfe der viele tausend Jahre alten Relieftechnik Ende des 18. Jahrhunderts einen neuen Typ schuf, der einen Ehrenplatz in der Geschichte der Keramik einnimmt. Er klebte dünnwandige, in Gipsformen gesondert abgeformte, weiße Flachreliefs auf taubenblau, salbeigrün, graurosa, lichtviolett und schiefergrau gefärbte Massen (später auf Engoben) auf. Diese Keramik kam dem klassischen Zeitgeschmack entgegen und ist bis heute in Produktion (Abb. S. 51/6).

**Schritt 22.   Intarsien**
Einlegearbeiten in Ton sind von alters her eine Domäne der Steinzeug-Fußbodenfliesen. Es gibt aber auch eine Fayencegattung, die Henry-Deux- oder fälschlich Oiron-Fayencen, bei denen es sich vermutlich (die Gelehrten sind sich darin nicht einig) um Einlegearbeiten handelt.

*Zu den Bildern auf der gegenüberliegenden Seite:*

1. *Schon ein einfacher, unregelmäßiger Flachschnitt kann der Keramik eine derb-plastische Wirkung von großem Reiz verleihen. Diese Teeschale (chawan) stammt aus dem japanischen Ort Seto, der als Wiege der japanischen Keramik gilt.*
2. *Der japanische Keramiker Kato Mineo schuf 1964 diese kraftvolle, durch eingepreßte Schnüre plastisch strukturierte Vase mit grüner Glasur.*
3. *Abdruck eines Siegels aus Mohenjo daro, West-Pakistan, um 2000 v. Chr.*
4. *Terrasigillata-Kelch des Töpfers Tigramus aus Arezzo, um 25 v. Chr. Der reliefierte Teil wurde in einer Tonform (»Formschüssel«) hergestellt, die die Reliefs eingestempelt (unter Verwendung von Einzelstempeln) enthielt. Diese Technik hatten schon die Griechen angewandt.*
5. *»Pulle« aus Steinzeug mit Bartmaske und fünf Rundauflagen. Siegburg 1566.*
6. *Im Gegensatz zu den griechischen und römischen Töpfern hat Josiah Wedgwood auf seiner »Jasper ware« weiße Reliefs (in einteiligen, offenen Gipsformen geformt) auf gefärbte Massen oder Engoben aufgeklebt. Sein berühmtestes Stück ist diese Portlandvase, die Nachbildung einer Glasvase aus dem 1. Jh., die sich im Besitz des Herzogs von Portland befand, in keramischem Material. Sie wird heute noch auf Bestellung produziert.*

Bei diesen Fayencen sind braune Tone in einen weißen Grundton eingelegt (oder auf ihn aufgelegt, das ist der strittige Punkt).
Bei den Steinzeugfliesen sind verschieden gefärbte Tone eingelegt. Bei
dieser Technik arbeitet man mit Schablonen, denn die geschnittenen
Einlegeplättchen müssen genau in die Aussparungen des Grundtones
passen. Sie werden im plastischen, nicht zu weichen Zustand eingelegt, mit einem Blatt Papier bedeckt und dann behutsam mit einer
Walze oder einem Brettchen angedrückt. Dadurch schließen sich die
Nähte an den Schnittflächen, das Papier verhindert das Verschmieren;
es fällt beim Trocknen von selbst ab.
Nach einem anderen Verfahren werden gestempelte Vertiefungen mit
gefärbtem, gemagertem Tonschlicker eingestrichen. In der Farbgebung
kann man sich, wie bei den Engoben (Schritt 41), entweder auf die
Tonfarben Weiß, Gelb Rot, Braun, Schwarz beschränken oder einen
weißen Ton mit Farboxiden oder Farbkörpern einfärben (Frage 97).

## Schritt 23.   Marmorierung

Legt man verschiedenfarbige plastische Massen in Schichten übereinander und knetet das Ganze ein wenig durch, so erhält man eine marmor-
artige Maserung. Die Massen dürfen dabei nicht zu hart sein, weil sie
sich sonst schlecht verbinden und auseinanderblättern. Wird durch das
Glätten der Oberfläche beim Formen die Marmorierung verwaschen,
so kann man sie durch Abschaben der obersten Schicht mit feinstem
Sandpapier im trockenen Zustand wieder klar hervortreten lassen. Die
Marmorierung war im Klassizismus ein beliebter Effekt zur Gesteins-
nachahmung. Im übrigen läßt sich Marmorierung auch durch Auf-
malen von Farben oder durch Ineinanderlaufen verschiedenfarbiger
Engobeschlicker erzielen.

## Techniken der Gefäßplastik

Gefäße sind raumhaltige Gebilde, deren küstlerische Probleme darauf
warten, von Ihnen entdeckt zu werden. Denken Sie z. B. an die Blu-
menkeramik: Sie haben gewiß schon einmal festgestellt, daß zu
bestimmten Schnittblumen bestimmte Vasenformen besonders gut passen. Einzelblumen verlangen andere Formen als Buketts, langstielige
oder Ikebana-Arrangements andere als kurzstielige oder Biedermeier-
Sträußchen. Wenn Sie sich zu einem bestimmten Blumenstrauß eine
Vase besonders gut vorstellen können und wenn Sie dann die Probe
aufs Exempel machen und eine solche Vase tatsächlich herstellen, dann
haben Sie schon den ersten Schritt zu einer »Forschungsarbeit« getan,

die Ihr Hobby in eine ganz neue Richtung lenken könnte. Auch Blumentöpfe brauchen nicht unbedingt so nüchtern auszusehn, daß man sie in Übertöpfen verstecken muß.

Wie man eine gute Form von einer schlechten unterscheidet, lernen Sie teils dadurch, daß Sie gute Formen, wie die Keramiken der Sungzeit (Abb. S. 107/6), studieren, teils dadurch, daß Sie Formen selbst gestalten, vergleichen, wiederholen, verwerfen, abwandeln oder sich von ihnen angerührt fühlen. Eine gute Form ist nicht nur schön. Sie läßt sich auch gut formen und brennen, denn sie besitzt jene geschwungene Linie, die sich technisch als Gestaltfestigkeit zu erkennen gibt.

## Schritt 24.  Freies Aufbauen von Gefäßen

Fassen Sie das Aufbauen von Gefäßen aus Tonwülsten oder -platten nicht als primitiv-kindliche Beschäftigung auf! Es ist, wie die klassischen Gefäße der japanischen Teekeramik zeigen, vielmehr eine Kunstgattung, die durch Strenge und Ebenmaß mit der Schriftgrafik verglichen werden kann. (Das japanische »Raku« — ein dickwandiges, poröses Geschirr, meist Teeschalen, das bei 750° C mit einer bleireichen Glasur glasiert wird — formt man sogar in der Hand, ohne es dabei hinzustellen.)

Die Technik des freien Aufbauens ist einfach (Abb. S. 55). Sie stellen sich aus gut plastischer, weicher Masse ein paar Tonwülste her, die Sie mit einem feuchten Tuch bedecken, damit sie weich und geschmeidig bleiben. Dann formen Sie den Boden aus einem Stück — wie ein Schälchen mit einem kleinen Rand. Jetzt legen Sie am Innenrand einen Ihrer Tonwülste als Ring an. Kleben mit Schlicker ist nur dann erforderlich, wenn die Masse zu fest ist. Prüfen Sie deshalb die Klebewirkkung durch Andrücken und geringfügiges Verschieben eines kleinen Tonwulstes. Ist die Masse feucht und weich genug, so merken Sie sofort, wie fest sie zusammenklebt. Das Verstreichen mit den Fingern genügt dann zur Homogenisierung der Wandung. Benutzen Sie dazu ein wenig Wasser, keinen Schwamm und kein Modellierholz, versuchen Sie, nur mit den Fingern auszukommen. Vollenden Sie das Gefäß durch Auflegen von Ring auf Ring, spiralförmig oder als Kreisringe die Wandung von innen nach außen aufbauend. Die Wülste können auch, wie die Wand einer Blockhütte, unverstrichen bleiben.

Sie können natürlich statt der Tonwülste auch Platten verwenden, vor allem wenn Sie eckige Formen herstellen wollen. Diese Platten müssen Sie allerdings an den Verbindungsstellen aufrauhen und mit Schlicker verkleben (Schritt 5). Die Nahtstellen werden nach dem Andrücken

»verstochen«, d. h. mit einem Modellierholz wie bei einem Reißver-
schluß mit kleinen Strichen rauf und runter (quer zur Naht) verzahnt,
dann mit den Fingern geglättet. Plattennähte, auf die Sie zu wenig
Sorgfalt verwandt haben, können noch beim Glattbrand auseinander-
gehen und das ganze Objekt unbrauchbar machen. Arbeiten Sie deshalb beim Zusammenmontieren der Platten nicht zu trocken! Zu dünn
gewordene Nähte oder Ecken können durch aufgelegte dünne Tonwülste, die man verstreicht, verstärkt werden, damit die Wand überall
möglichst gleichmäßig wird. Solange Sie noch ungeübt sind, halten Sie
die Wandungen, vor allem auch den Boden, etwas dicker (etwa 1 cm
dick) und verjüngen Sie nach oben nur wenig. Sie sollten Ihre Arbeit
auch mal auf den Kopf stellen und den Fuß bearbeiten oder zumindest die untere Partie kontrollieren und korrigieren. Dazu muß der

*Zu den Bildern auf der gegenüberliegenden Seite:*

1. *Ganz ohne Hilfsmittel läßt sich der Ton in der Hand zu einer Schale
   formen, eine Technik, die die Japaner zur Herstellung ihrer Raku-
   Teeschalen benutzten, die sich besonders gut der Hand anschmiegen.*
2. *Diese Teeschale stammt von dem bedeutendsten Raku-Meister,
   Nonko (1599—1656). Er nannte seine schwarze Glasur mit den
   weißen Tupfen »Regenpfeifer«.*
3. *Freies Aufbauen eines Gefäßes aus Tonwülsten, die auf einem
   feuchten Tuch bereitliegen.*
4. *Über dem Boden des Gefäßes wird die Wandung aus übereinander-
   gelegten Tonwülsten aufgebaut. Die Wülste sind an der Klebestelle
   aufgerauht und mit Schlicker oder Wasser bestrichen. Sie werden an
   der inneren Oberkante angesetzt, angedrückt und verstrichen.*
5. *Eine andere Methode besteht im Aufbauen von Gefäßen aus Platten.
   Die Klebestellen werden aufgerauht, mit Schlicker bestrichen, anein-
   andergedrückt, reißverschlußförmig »verstochen« und geglättet.*
6. *Diese aus Platten frei aufgebaute Vase mit dem eingedrückten Blatt
   von Antje Brüggemann-Breckwoldt erhielt den Bampi-Preis 1969.
   Er wurde von Richard Bampi, Kandern, für junge Keramiker bis
   zu 30 Jahren gestiftet und wird seit 1969 von der »Gesellschaft
   der Keramikfreunde«, Köln, vergeben.*

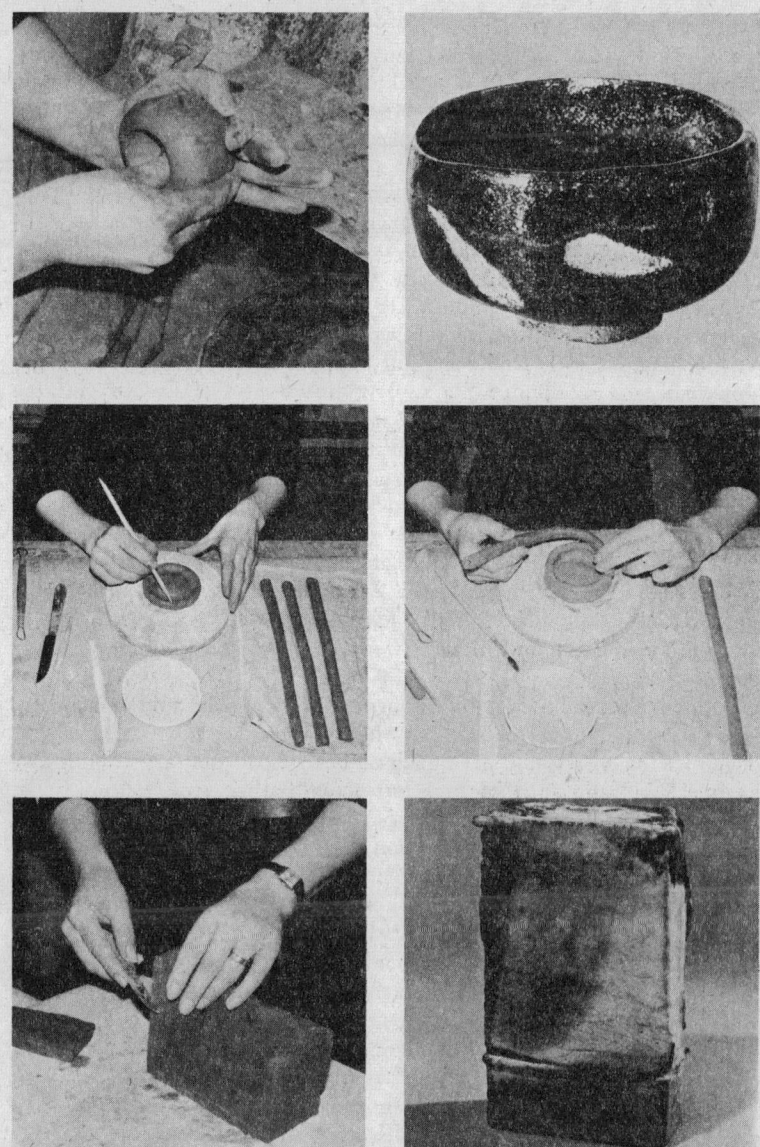

Ton aber schon etwas fester geworden sein, sonst deformiert das Gefäß.

Im Idealfall fassen Sie das freie Aufbauen einer Form als eine spezielle bildhauerische Aufgabe auf, indem Sie das Werk unter ständigem Abwägen und Prüfen vollenden. Wollen Sie jedoch nur schnell ein Gefäß herstellen, um vielleicht Ihre grafischen oder malerischen Ideen zu erproben, so können Sie sich auch erleichternder Hilfsmittel bedienen. So haben bereits die jungsteinzeitlichen Töpfer Körbe als Formgebungshilfen benutzt, in die sie den Ton hineinstrichen. Römer und Chinesen waren ebenfalls erfinderisch, wenn es darum ging, sich die Arbeit des Formens zu erleichtern. Da brauchen auch Sie kein schlechtes Gewissen zu haben, denn schließlich kommt es Ihnen ja auf die Verwirklichung Ihrer Ideen, nicht auf die Einhaltung einer technischen Vorschrift an. So können Sie z. B. zylindrische Gefäße auf einfache Weise aus Tonplatten gewinnen, wenn Sie eine Papprolle als Kern benutzen, um die die Tonplatte herumgelegt wird. Um die Rolle am Schluß leicht wieder herausziehen zu können, muß sie vorher mit einem Blatt Seidenpapier umwickelt werden. Natürlich darf der Tonzylinder nicht an der Rolle trocknen, da er ja schwindet und beim engerwerden reißen würde. Derartige Erleichterungen gestatten jedoch nur offene Formen (Teller, Schalen) und Zylinder. Bei geschlossenen Hohlformen können Sie sich die Arbeit höchstens mit einer Kontrollschablone oder durch Zusammenkleben zweier Flachformen (s. unten) erleichtern.

Ist Ihnen eine Hohlform mißlungen, so können Sie noch versuchen, sie mit einem Plastikschaber, den Sie zwischen den Fingern etwas gebogen halten, von unten nach oben zu bearbeiten. Bei fast schon lederhartem Ton kann auch Klopfen mit einem flachen Holz helfen. Er ist ja noch plastisch und noch nicht spröde getrocknet (Frage 38). Im lederharten Zustand läßt sich der Ton auch mit der Ziehklinge noch gut bearbeiten. Durch kreuzschraffierendes Kratzen wird die Abtragung verteilt und man erhält eine willkommene Oberflächenbelebung. Gefäße mit weiten Öffnungen oder Schalen können Sie auch umgekehrt aufbauen, also mit dem Rand unten beginnend, immer enger werdend, bis der Boden als letztes aufgesetzt wird. Auf diese Weise können Sie auch nur die untere (ausladende) Hälfte eines größeren Hohlgefäßes aufbauen, es dann aufrecht stellen und den Rest ergänzen oder mit einem ebenso hergestellten Oberteil zusammenkleben.

Frei aufgebaute Gefäße haben den gedrehten gegenüber den Vorteil der größeren Lebendigkeit, die sich auch in der Oberflächenstruktur ausdrückt. Dieser Vorteil soll durch die Glasur nicht vergeben werden. Wenn Sie sich nicht nur mit einer Innenglasur zufrieden geben wollen, so lassen Sie doch wenigstens Teile der Außenhaut unglasiert (Abb. S. 51/1).

## Schritt 25.    Freidrehen von niedrigen Zylindern

Das Arbeiten auf der Töpferscheibe erlernt man nicht nur durch Üben, sondern auch durch Überlegen. Stellen Sie sich eine tiefe Schüssel mit Wasser an die Scheibe, damit Sie ihre Hände immer wieder darin eintauchen können. Sie soll einen steilen Rand haben, damit Sie den Schlicker von Ihren Händen daran abstreifen können.

Der Ton soll unter Ihren feuchten Händen und Fingern möglichst ungebremst dahingleiten. Das ist die erste Regel. Ist die Reibung zu groß, so kommt kein Gefäß heraus, sondern ein Korkenzieher. Bedenken Sie, daß die Masse nur eine begrenzte Scherfestigkeit besitzt. Benutzen Sie also genügend Wasser, jedoch nicht zu viel, damit die Masse nicht zu sehr erweicht und zusammensinkt. Mit einem an einen Stab gebundenen Schwamm (Abb. S. 35/5) können Sie das Wasser auch aus dünnhalsigen Gefäßen innen aufsaugen.

Das zweite, worauf Sie achten müssen, ist der ruhige, zentrierte Lauf des Tones während der ganzen Arbeit. Sobald sich auch nur das geringste Anzeichen von beginnender Schlagseite zeigt, müssen Sie sich nur darauf konzentrieren, dieses Schleudern wieder zu beseitigen, indem Sie beide Hände solange schützend (zentrierend) um das rotierende Werk legen, bis es wieder ruhig läuft.

Drittens stellen Sie sich das Werk unter Ihren Händen immer im Schnitt vor!

Man beginnt bei langsam laufender Scheibe (Abb. S. 59), indem man einen handlichen Tonballen (der einer Kugel von etwa 12 cm Durchmesser entspricht) in die Mitte der Scheibe wirft. Jetzt taucht man die Hände ins Wasser und drückt den Ballen ins Zentrum, hoch zu einer Säule und wieder herab; von nun an muß der Ton gerade und ruhig rotieren. Fangen Sie nicht eher mit dem Gestalten an, als bis diese Forderung erfüllt ist!

Das Gestalten beginnt mit dem Eindrücken der beiden Daumen. Ziehen Sie die Hände ein wenig auseinander (die Ellbogen stützen Sie am Körper auf), so wird der Zylinder breiter. Mit dem Daumen formen Sie den Boden und geben ihm bereits jetzt die endgültige Dicke und Ausdehnung. Sie haben nun einen niedrigen Zylinder mit einer sehr dicken Wand, die zwischen den Daumen und den übrigen Fingern beider Hände hindurchläuft. Machen Sie am Anfang den Boden nicht zu klein! Dehnen Sie ihn auf etwa 12 cm Durchmesser aus und versuchen Sie, ihn etwa 1,5 cm dick zu bekommen! Tauchen Sie die Hände jetzt wieder ins Wasser! Legen Sie erneut beide Hände rechts und links an den Zylinder an, wie Sie ihn soeben verlassen haben, und formen Sie durch leichtes Drücken der Finger die Wände etwas höher, jedoch so, daß der Wandquerschnitt sich möglichst gleichmäßig verdünnt. Es besteht sonst nämlich die Gefahr, daß Sie mit den Fingerspitzen zu stark gegen die Daumen drücken, daß an dieser Stelle die Wandung also dünner wird als oben und daß der dicke Randwulst vom unteren Teil abgeschert wird (vor allem wenn Sie vergessen, Ihre Hände mit Wasser gleitfähig zu halten). Sie sehen also, daß Sie in jedem Stadium

*Zu den Bildern auf der gegenüberliegenden Seite:*

1. *Elektrisch betrieben ist diese kleine Töpferscheibe für Hobby-Keramiker. Die Geschwindigkeit wird mit dem rechten Fuß über den kurbelartigen Hebel gesteuert. Gegenüber den fußbetriebenen Töpferscheiben hat sie den Vorteil, daß sie beim Arbeiten nicht abgebremst wird.*
2. *Das Zentrieren des Tonballens beginnt mit dem Hochziehen des vollen Ballens zu einer Säule, wobei grobe Verunreinigungen und Luftblasen zum Vorschein kommen und jetzt noch beseitigt werden können. Die hochgezogene Säule wird daraufhin wieder herabgedrückt.*
3. *Das Ergebnis des Zentrierens ist ein Kegelstumpf, der genau in der Mitte der Scheibe rotiert und als Ausgangspunkt für die eigentliche Formungsarbeit dient.*
4. *Das Formen beginnt mit der Ausbildung des Bodens in endgültiger Dicke und Weite.*
5. *Die zwischen beiden Händen zusammengedrückte Wandung wird dünner und steigt in die Höhe. So bildet man zunächst einen geraden Zylinder. Danach kann man auch eine gerade Drehschiene benutzen.*
6. *Aus dem Zylinder läßt sich jede beliebige Hohlform gewinnen. Zum Schluß wird die Lippe (der Rand) geformt. Dabei kann auch eine Profilschiene gute Dienste leisten. Mit dem Schwamm (am besten eignet sich ein flaches Stück, das man »Elefantenohr« nennt) oder einem Stück Leder erhält man eine runde Lippe.*

der Arbeit die Wandung möglichst gleichmäßig halten sollen. Solange
Sie üben, sollten Sie die Gefäße in verschiedenen Stadien mit dem
Schneidedraht senkrecht durchschneiden, um die Wanddicke zu kontrollieren (natürlich müssen Sie dann von vorn beginnen, aber Sie sind
um eine Erfahrung reicher).

Ist der Zylinder so hoch gediehen, daß Sie mit dem Daumen nicht
mehr bis zum Boden reichen, so verlegen Sie Ihre Arbeit auf die rechte
Seite oder — falls Sie Linkshänder sind — auf die linke. Tauchen Sie
wieder die Hände ins Wasser und beginnen Sie jetzt, den Zylinder
von unten nach oben, mit dem Zeigefinger der einen Hand innen, mit
dem der anderen Hand außen, höher zu ziehen. Drücken Sie dabei
gleichmäßig mit den Fingern (egal ob mit den Fingerkuppen — wobei
Rillen entstehen — oder mit der Breitseite) gegen die Wand, nicht
zu fest, sonst erhalten Sie wieder einen Tonwulst, der abscheren könnte. Aber auch nicht zu zaghaft, sonst geht das Gefäß zu sehr in die
Breite. Begnügen Sie sich mit einer etwa 1 cm dicken Wandung. Bei
der angegebenen Tonmenge kann der Zylinder dabei etwa 12 cm
hoch werden. Im Idealfall sind (bei dieser Übung) die Wände an jeder
Stelle 1 cm, der Boden 1,5 cm dick. Haben Sie es nicht geschafft, die
Zylinderwand völlig senkrecht zu bekommen und wurde das Ganze
zu breit, so brauchen Sie nur Ihre feuchten Hände von beiden Seiten
mit kaum merklichem Druck um den rotierenden Zylinder zu legen.
Das Gefäß wird dann wie von selbst höher und schlanker.

Um Wände und Innenboden ganz gerade zu bekommen, brauchen Sie
eine »Schiene«. Das ist ein Holzbrettchen (Abb. S. 35/5), etwa 8 × 5 cm
groß, an den Längsseiten abgeschrägt und in der Mitte mit einem Griff-
loch (für Ihre glitschigen Finger) versehen. Auch dieses Werkzeug muß
feucht sein, um den Ton nicht abzubremsen. Wenn Sie die Schiene etwas schräg von außen gegen die rotierende Zylinderwand halten und
innen den Zeigefinger der anderen Hand zur ständigen Dickenkontrol-
le mitgleiten lassen, so erzielen Sie eine ganz gerade, senkrechte Wand.
Jetzt müssen Sie nur noch den oberen Gefäßrand glattbekommen. Das
erreichen Sie, indem Sie ihn zwischen Zeige- und Mittelfinger der rechten Hand durchlaufen lassen. Sollte sich Wasser im Zylinder angesam-
melt haben, so entfernen Sie dieses mit einem Schwamm. Wenn Sie
jetzt den Schneidedraht in beide Hände nehmen und ihn, mit den Daumen gegen die stillstehende Drehscheibe gepreßt, unter dem fertigen
Zylinder hinwegziehen, so können Sie mit trockenen Händen das Werk
von der Scheibe heben und am besten auf eine Gipsplatte stellen, denn
der Boden des Gefäßes ist beim Arbeiten sehr feucht geworden. So

trocknet das Gefäß gleichmäßig: oben durch die Verdunstung, auf der Standfläche durch die Saugwirkung des Gipses.

Ihr Werkzeugbestand hat sich für das Freidrehen um Schiene und Schwamm erweitert. Die Schiene können Sie leicht selbst anfertigen. Außer der beschriebenen rechteckigen ist auch eine mandelförmige mit scharfer Spitze oft von Vorteil: Sie können mit der Spitze während des Drehens ungerade Ränder abschneiden. Als Schwamm genügt für die beschriebene Übung ein etwa 6 cm großes Stück Naturschwamm (Kunstschwämme sind ungeeignet). Für Gefäße mit engen Öffnungen werden Sie später den Schwamm besser an einem Stäbchen befestigen, um den Boden innen trockenlegen zu können (Abb. S. 35/5).

## Schritt 26.  Freidrehen von Hohlkörpern

Egal was Sie herstellen wollen, gehen Sie immer von einem geraden Zylinder aus! Halten Sie den Boden ruhig etwas dicker als es dem fertigen Gefäß entspricht, denn Sie werden ihn später noch von unten bearbeiten müssen (Schritt 29)!

Hohlkörper umschließen einen Raum, sind also im Oberteil eingezogen. Sie werden jetzt ohne die Schiene nicht mehr auskommen. Drehen Sie mit ihrer Hilfe einen exakten Zylinder, dessen Durchmesser von der Standfläche des beabsichtigten Gefäßes bestimmt wird. Lassen Sie die Wandung unten zunächst ruhig breit ausladend aus dem Scheibenkopf emporwachsen! Die dicke Wand des Zylinders ist Ihre Materiallieferantin; aus ihr müssen Sie den Bauch und den Hals des Gefäßes von unten nach oben hervorholen. Denken Sie beim Formen an die »Gestaltfestigkeit«: ein überhängender Bauch sackt ab, ein gut geschwungener stützt sich selbst durch seine Gestalt. Der Ton — das haben Sie schon gemerkt — folgt mühelos Ihren formenden Händen, die ihn nach außen drücken, hochziehen, wieder nach innen drücken. Dieses Einwärtsformen zur Erzielung eines engen Halses muß sehr langsam erfolgen, denn die Wand darf sich dabei ja nicht wellen (»rippeln«) oder überlappen, sondern soll durch behutsames Stauchen die Masse aufnehmen, die ihr durch das Verengen zugeschoben wird. Damit sie sich dabei nicht verdickt, wird sie zugleich in die Höhe gezogen. Das alles geschieht, indem man die Wand (wie in Schritt 25 beim Formen des Randes) zwischen Zeige- und Mittelfinger der rechten Hand durchlaufen läßt, wobei man sie langsam zur Mitte hin schiebt. Die linke Hand dagegen drückt von außen, den Druck auf die Wandung verteilend, ebenfalls zur Mitte. Beide Hände führen dabei eine leichte Aufwärtsbewegung aus, die — mit der Linken schiebend, mit der Rechten ziehend — den Gefäßhals aufwärts streckt. Wie hoch Sie das Gefäß ziehen können, hängt aber nicht nur von der Massereserve in den Wänden, sondern auch von der Geschicklichkeit ab, mit der Sie es verstehen, den Ton ruhig zentriert laufen zu lassen. Wenn Sie es höher als 42 cm schaffen, dürfen Sie sich schon zu den Könnern zählen.

Ist der obere Gefäßrand unregelmäßig geworden, so kann man ihn entweder mit der Spitze der mandelförmigen Schiene oder mit dem Schneidedraht abschneiden. Dabei besteht jedoch die Gefahr, daß abgeschnittene Teile wieder festkleben. Wurde nicht der ganze abgeschnittene Ring durch die Fliehkraft weggeschleudert, so müssen Sie die Scheibe anhalten, die Teile entfernen und die betroffenen Stellen mit dem Schwamm auf der rotierenden Scheibe von den schlickrigen Unebenheiten befreien. Den glattgewordenen Rand lassen Sie entweder zwischen Zeige- und Mittelfinger oder zwischen drei Fingerkuppen hindurchlaufen, um die »Lippe« zu formen (Abb. S. 59/6).

### Schritt 27.    Freidrehen von Flachkörpern

Weit ausladende Schüsseln herzustellen, bedeutet einen weiteren Schwierigkeitsgrad, denn je weiter der Rand eines Gefäßes vom Mittelpunkt entfernt ist, desto leichter kommt er ins Schleudern. Außerdem ist bei Schalen die Gefahr besonders groß, daß man den Bauch zu tief herabdrückt. Lassen Sie deshalb recht viel Tonmasse im Fuß stehen, denn ein Nacharbeiten von unten (Schritt 29) ist bei Tellern und Schüsseln ohnehin unerläßlich. Diese dickere Masse gibt Ihnen mehr Halt und Sicherheit. Die Beachtung der Gestaltfestigkeit ist hier noch wichtiger als bei Hohlgefäßen.

### Schritt 28.    Konstruieren von Deckelgefäßen

Deckel müssen nach Maß gearbeitet werden. Will man dem Grundgefäß nicht einfach eine Haube aufsetzen, so muß es eine Deckelauflage erhalten, in die der Deckel passend angefertigt werden muß. Sie brauchen dazu einen feststellbaren Greifzirkel zum Abgreifen des Maßes. Dieses müssen Sie (wegen der Trockenschwindung) im feuchtplastischen Zustand von der Öffnung des Grundgefäßes abnehmen und auf den Durchmesser des Deckelrandes übertragen. Machen Sie sich Ihre Konstruktion an einer Skizze klar!

Den Deckel selbst drehen Sie am besten auf den Kopf (der zugleich der »Knopf« ist) gestellt, in einem Stück mit dem Knopf, wobei Sie den jetzt oben befindlichen Deckelrand gut nach dem Zirkelmaß bemessen können. Den Deckel müssen Sie dann im lederharten Zustand nacharbeiten (Schritt 29); fertig getrocknet, läßt sich sein Sitz notfalls noch endgültig korrigieren.

Sie können den Deckel entweder direkt als Einzelstück oder — was einfacher ist — »vom Stoß« drehen. Dabei nehmen Sie eine größere Portion Masse auf die Scheibe, zentrieren Sie und drehen auf dem vollen Masseberg Ihren Deckel, den Sie dann mit dem Schneidedraht abtrennen. Die alten Töpfer drehten die Deckel vom Stoß, um gleich ein halbes Dutzend aus einem Masseballen herauszuholen. Natürlich können Sie aus der auf der Scheibe übriggebliebenen Masse auch ein ganz neues Gefäß drehen.

## Schritt 29.    Abdrehen der lederharten Keramik

Die Bodenbearbeitung im lederharten Zustand ist nicht in allen Fällen erforderlich. Bei schlanken Gefäßen kommen Sie auch ohne sie aus. Schneiden Sie das Gefäß einfach mit dem Draht vom Scheibenkopf, so erhalten Sie eine Standfläche (die Art des Abschneidens — bei langsam rotierender oder feststehender Scheibe mit einem gedrillten Schneidedraht ergibt ein Muster, an dem man die Herkunftsorte alter Steinzeugkrüge und japanischer Teekeramik erkennen kann). Die gerade Standfläche kann einfach abgeplattet sein, sie kann aber auch etwas über die Form hinausragen und ist dann eine »abgesetzte« Standfläche. Bilden Sie hingegen die Unterseite des Gefäßes gewölbeförmig aus, so bleibt nur noch ein Standring stehen. Als dritte Möglichkeit bietet sich die Ausbildung eines Fußes, das ist eine erneute Ausladung des Gefäßes, die als gesondertes, trichterförmiges Gefäß auf den Grundkörper geklebt wird (die Klebestelle ist dann doppelwandig, weil so die Rundung besser bewahrt wird). Ist der Fuß aus einem Stück mit dem Grundkörper hergestellt, erweitert er also den Hohlraum durch erneutes Ausweiten nach unten, so spricht man von einer fußförmig abgesetzten Standfläche.

Zur Formung einer gewölbeförmigen Unterseite, einer abgesetzten Standfläche oder zum Nacharbeiten des Deckels brauchen Sie ein oder zwei verschiedene Abdreheisen (etwa 5 cm lange, 5 mm dicke, mit scharfen Schneiden versehene Stahlplättchen, im rechten Winkel an einen Griff montiert) oder eine Schlinge aus einer Uhrfeder (Abb. S. 35/5), mit denen Sie die Keramik spanabhebend (wie ein Drechsler) bearbeiten. Zu diesem Zweck müssen Sie das lederharte Stück zuerst auf der Scheibe zentrieren. Zur Erleichterung besitzt der Scheibenkopf dazu konzentrische Ringmarkierungen (wenn nicht, sind sie auch schnell mit einem Bleistift gezogen). Sie legen also das Gefäß in die Mitte, lassen die Scheibe langsam drehen und klopfen dabei mit der Fingerspitze das Gefäß notfalls noch etwas zurecht. Wenn es genau sitzt und ruhig rotiert, können Sie es mit einem Finger der linken Hand im Mittelpunkt festhalten und mit der Rechten einen weichen Tonwulst um das Gefäß legen. Er hält, ein wenig angedrückt, das Gefäß im Zentrum fest. Trotzdem werden Sie, wenn Sie jetzt das Abdreheisen anlegen, immer darauf bedacht sein, es mit der linken Hand vor dem Herabfallen zu schützen (Abb. S. 65/6). Schlanke Zylinder halten Sie mit einem Finger im Mittelpunkt fest. Mit der linken Hand können Sie auch der Rechten Halt geben, damit diese das Abdreheisen sicher führen kann. Wellen, die sich bei fehlerhaftem Abdrehen bilden, können Sie mit der Spitze des Abdreheisens durch Rillen, senkrecht zu den Wellen, beseitigen.

Die gewölbeförmige Ausbildung des Gefäßbodens hängt wiederum mit der Gestaltfestigkeit zusammen. Sie ist besonders bei Schalen und Tellern aus sinternder Masse (Steinzeug oder Porzellan) wichtig, die im Brand einen glatten »Spiegel« (hierunter wird — im Gegensatz zum »Glasurspiegel«, siehe Seite 188 — bei der Form die Innenfläche eines

*Zu den Bildern auf der gegenüberliegenden Seite:*

1. *So formt man die Schnaupe einer Kanne, solange sie noch weich ist, gleich auf der Scheibe.*
2. *Jetzt wird die Kanne mit dem Draht von der Scheibe geschnitten.*
3. *Ist der Kannenkörper lederhart getrocknet, so kann der Henkel angesetzt werden. Dazu wird zuerst der Henkel aus einem Klumpen Ton mit der feuchten Hand gezogen; der restliche Ton wird abgetrennt.*
4. *Der auf der Ansatzfläche aufgeraute und mit Schlicker bestrichene Henkel wird erst oben an die Kanne angedrückt.*
5. *Dann klebt und drückt man den Henkel an seiner unteren Ansatzstelle fest.*
6. *Die Unterseiten der von der Scheibe abgeschnittenen Gefäße werden, wenn sie lederhart getrocknet sind, spanabhebend abgedreht. So formt man den Standring und die Bodenwölbung. Das zentrierte Gefäß wird dabei mit plastischen Tonwülsten auf dem Scheibenkopf festgehalten.*

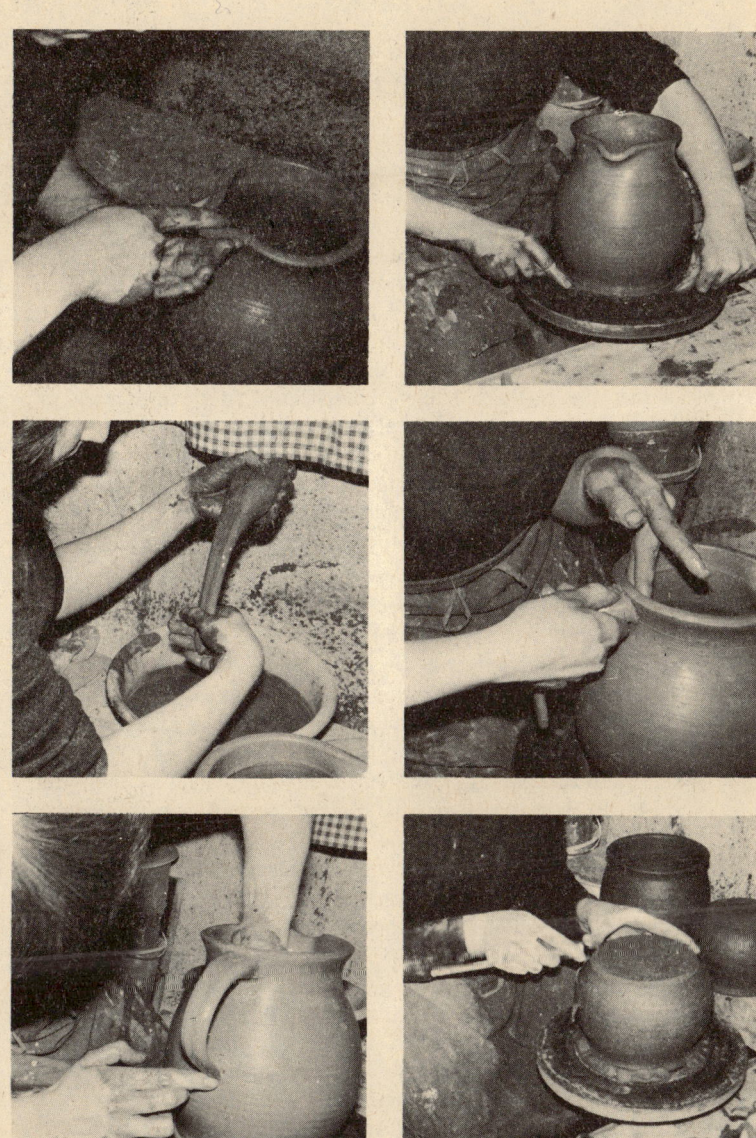

Tellers verstanden, er ist vom Steigbord, von der »Fahne« und schließlich vom Rand umgeben) behalten sollen.

## Schritt 30.  Henkelziehen

Üben Sie das Henkelziehen erst an einem festen Brett, ehe Sie es an Ihren fertiggedrehten Gefäßen anwenden! Sie können den Henkel auch aus der freien Hand formen, wie auf Seite 65/3 gezeigt. Geübte Töpfer kleben die erforderliche Menge Ton (er soll recht weich sein) gleich an die obere Ansatzstelle und ziehen den Henkel am weichen, soeben fertiggedrehten Gefäß aus, das sich ja, wenn es dabei etwas deformieren sollte, wieder zurechtbiegen läßt. Mit der feuchten rechten Hand gleiten Sie nun den Strang entlang und ziehen ihn in die Länge, wobei Sie zugleich seinen Querschnitt (der rund oder flach sein kann) bestimmen. Der Henkel verjüngt sich dadurch; er wächst aus dem Gefäß heraus. Ist die richtige Länge erreicht (die Masse ist durch die Feuchtigkeit Ihrer Hände geschmeidig genug geworden, um ein mehrmaliges anpassendes Probieren zuzulassen), so kleben Sie den Henkel an seiner unteren Ansatzstelle fest (Abb. S. 65/3—5).

## Schritt 31.  Formen von Schnaupen und Tüllen

Als »Schnaupe« wollen wir eine zum Gießen ausgezogene Lippe bezeichnen, als »Tülle« ein Rohr wie bei einer Gießkanne. Das Ausziehen einer Schnaupe muß noch im feuchtplastischen Zustand geschehen, also möglichst gleich auf der Scheibe nach dem Drehen. Dazu zieht man den Gefäßrand an einer Stelle, die man mit Daumen und Zeigefinger der linken Hand begrenzt, mit dem Zeigefinger der Rechten durch mehrmaliges Entlangstreichen aus. Solche ausgezogenen Schnaupen sind nur sehr klein; will man eine größere anbringen, so modelliert man diese in einem vollen Stück auf das fast lederharte Gefäß (am besten in umgestülpter Lage) und schneidet nach dem Lederharttrocknen mit einem Messer die Schnaupe samt dem darunter befindlichen Teil der Gefäßwand innen aus.

Eine Tülle hingegen dreht man gesondert als schlankes Gefäß auf der Scheibe, während man das Grundgefäß noch in den Feuchtschrank stellt. Es soll nämlich den gleichen Trockenzustand aufweisen wie die Tülle. Sind beide fast lederhart, so schneidet man die schräge Ansatzstelle der Tülle von dieser und aus der Wand des Grundkörpers aus. Dann klebt man die kreuzweise aufgerauhten Stellen mit Schlicker zusammen. Die Klebestelle muß noch sauber verputzt werden.

## Schritt 32.   Arbeiten nach Maß

Die Masse, mit der Sie arbeiten, besitzt eine Gesamtschwindung, die Sie bereits ermittelt haben (Schritt 4). Beträgt diese z. B. 7 %, so überlegen Sie, daß eine gedachte Strecke von 100 cm Länge nach dem Brand nur noch 93 cm lang sein wird. Damit sie aber im fertigen Zustand 100 cm beträgt,

$$100 : 93 = x : 100$$
$$x = \frac{10\,000}{93} = 107,5$$

muß sie 107,5 cm lang angefertigt werden. Sie müssen also die verlangten 100 (und somit sämtliche Längenmaße, Höhen und Durchmesser) mit 1,075 multiplizieren, um auf das Ausgangsmaß der Herstellung zu kommen (einen Krug, der 18 cm hoch werden soll, müssen Sie also 18 · 1,075 = 19,3 cm hoch herstellen).

Wenn Ihnen das Rechnen nicht behagt, können Sie auf dem folgenden Diagramm auch ablesen, wieviel Sie bei einer gegebenen Schwindung zugeben müssen, um auf das gewünschte Maß zu kommen:

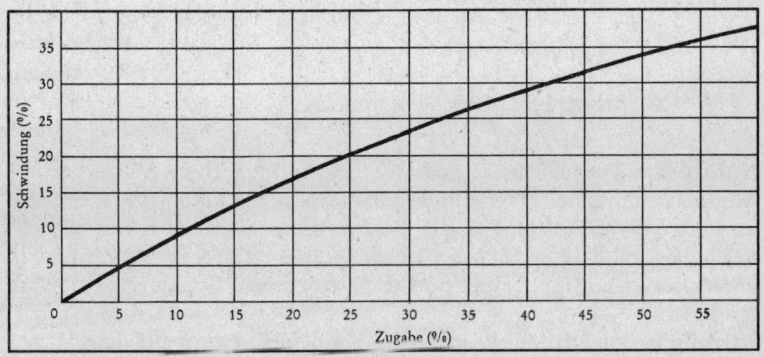

Wie ist es nun bei Literangaben? Gehen Sie von einem vorhandenen Gefäß einer bestimmten Form aus, das einen gegebenen Literinhalt besitzt (den Sie ja mit einem Meßbecher bestimmen können) und möchten Sie ein gleichgeformtes Gefäß mit einem anderen Literinhalt herstellen, so messen Sie Durchmesser und Höhe (oder auch noch weitere wichtige Maße) des gegebenen Gefäßes ab. Da Sie einen bestimmten Rauminhalt fordern, müssen sich die gegebenen und gesuchten Längenmaße zueinander verhalten wie die Kubikwurzeln der gegebenen und gesuchten Inhalte. Diese Kubikwurzeln können Sie der folgenden Tabelle entnehmen:

| Liter | $\sqrt[3]{}$ | Liter | $\sqrt[3]{}$ | Liter | $\sqrt[3]{}$ | Liter | $\sqrt[3]{}$ | Liter | $\sqrt[3]{}$ |
|---|---|---|---|---|---|---|---|---|---|
| 1/16 | 0,397 | 0,5 | 0,794 | 1,25 | 1,08 | 3,5 | 1,52 | 10 | 2,15 |
| 0,1 | 0,464 | 0,6 | 0,843 | 1,5 | 1,15 | 4 | 1,59 | | |
| 1/8 | 0,5 | 0,7 | 0,888 | 1,75 | 1,21 | 5 | 1,71 | | |
| 0,2 | 0,585 | 0,75 | 0,909 | 2 | 1,26 | 6 | 1,82 | | |
| 0,25 | 0,630 | 0,8 | 0,929 | 2,25 | 1,36 | 7 | 1,91 | | |
| 0,3 | 0,669 | 0,9 | 0,965 | 2,75 | 1,40 | 8 | 2 | | |
| 0,4 | 0,737 | 1 | 1 | 3 | 1,44 | 9 | 2,08 | | |

Haben Sie also z. B. ein schlankes Gefäß von 5 cm Durchmesser, das 2 Liter Inhalt (nach der Tabelle entsprechend 1,26) besitzt, so muß der Durchmesser nach dem Brennen nur 3,15 cm groß sein, wenn Sie ein Gefäß der gleichen Form mit nur 0,5 Liter Inhalt (nach der Tabelle entsprechend 0,794) herstellen wollen:

$$1,26 : 5 = 0,794 : x$$
$$x = \frac{5 \cdot 0,794}{1,26} = 3,15$$

Natürlich müssen Sie jetzt noch die Schwindung Ihrer Masse berücksichtigen, um zum Herstellungsdurchmesser zu kommen. Wenn Sie an Hand der Überlegungen am Beginn dieses Schrittes richtig gerechnet haben, muß er bei 7 % Schwindung 3,15 · 1,075 = 3,38 cm, d. h. unter Berücksichtigung der praktisch möglichen Genauigkeit 3,4 cm lang sein.

Komplizierter wird es, wenn Sie nach einem Entwurf auf dem Papier von vornherein die Größe so wählen möchten, daß sie einem geforderten Literinhalt entspricht. Ist das Gefäß ein gerader Hohlzylinder oder eine andere einfache geometrische Form, so können Sie deren Volumen nach den Formeln der Geometrie berechnen. Das Volumen eines Zylinders z. B. ist $V = r^2 \cdot \pi \cdot h$. Das kennen Sie ja noch von Ihrer Schulzeit her, wenn Sie es auch längst vergessen haben. Ist Ihre Form auf dem Papier jedoch zu kompliziert, um so einfach zum Ziel zu kommen, so müssen Sie die Schnittzeichnung Ihres Entwurfs horizontal durch Linien in lauter 1 cm hohe Streifen teilen. So erhalten Sie eine Anzahl aufeinandergetürmter Zylinder mit der Höhe = 1, so daß Sie nur noch die Quadrate der Halbmesser ($r^2$) mit 3,14 ($= \pi$) multiplizieren und die Ergebnisse addieren müssen.

Nehmen wir als Beispiel die folgende Skizze eines Gefäßes, das im fertiggebrannten Zustand 0,75 Liter Inhalt haben soll. Wir messen

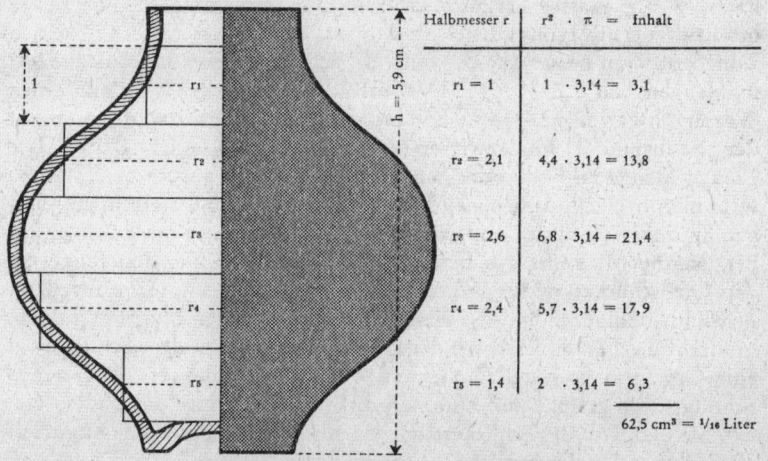

| Halbmesser r | $r^2 \cdot \pi =$ | Inhalt |
|---|---|---|
| $r_1 = 1$ | $1 \cdot 3,14 =$ | 3,1 |
| $r_2 = 2,1$ | $4,4 \cdot 3,14 =$ | 13,8 |
| $r_3 = 2,6$ | $6,8 \cdot 3,14 =$ | 21,4 |
| $r_4 = 2,4$ | $5,7 \cdot 3,14 =$ | 17,9 |
| $r_5 = 1,4$ | $2 \cdot 3,14 =$ | 6,3 |

62,5 cm³ = ¹/₁₆ Liter

die Skizze aus und erhalten nach Multiplikation der verschiedenen Halbmesser mit 3,14 und Addition der Ergebnisse einen Inhalt von 62,5 cm³, das entspricht ¹/₁₆ Liter (nach der vorigen Tabelle 0,397). Der größte Halbmesser, $r_3$, ist dabei 2,6 cm, die Höhe 5,9 cm. Für einen Inhalt von 0,75 Liter (nach der Tabelle entsprechend 0,909) müßten im gebrannten Zustand $r_3 =$ rd. 6 cm und die Höhe 13,5 cm groß sein. Berücksichtigt man jetzt noch die Gesamtschwindung von 7 %, um auf das Herstellungsmaß zu kommen, so erhält man für $r_3 = 6,4$ und für die Höhe 14,5 cm. Dabei ist zu beachten, daß sich der in den Greifzirkel zu nehmende größte Durchmesser aus den beiden Halbmessern und den zwei Scherbendicken von je etwa 3 mm zusammensetzt. Er beträgt somit $2 \cdot 6,4 = 12,8 + 0,6 = 13,4$ cm.

## Schritt 33.   Zubereiten eines Gießschlickers

Man kann einen Gießschlicker herstellen, indem man einfach einer
Masse so viel Wasser zusetzt, bis sie zu Brei wird. Ein solcher Gießschlicker hätte aber zu viel Wasser. Es würde sehr lange dauern, bis
die Gipsform durch Absaugen einen Scherben gebildet hat. Die Form
würde zu naß werden, ihre Lebensdauer würde sich verkürzen, die
»Standzeit« (die zur Scherbenbildung erforderlich ist) würde unsere
Geduld strapazieren. Gründe genug, um durch einen geringen Zusatz
eines Verflüssigungsmittels zu versuchen, einen Gießschlicker mit genauso wenig Wasser herzustellen, wie man für eine plastische Masse
braucht. Verflüssigungsmittel sind Soda oder Wasserglas (die einen
Tone reagieren besser auf das eine, die anderen besser auf das andere)
in Mengen von 0,2—0,4 %. Der fertige Gießschlicker hat dann einen
Wassergehalt von 32—34 % und ein spezifisches Gewicht (das man mit
der Senkspindel kontrollieren kann) von 1,6 — 1,7 g/cm³. Die
genaue Menge an Soda oder Wasserglas muß man ausprobieren. Dazu
setzt man in Flaschen nebeneinander Gießschlicker mit steigenden Mengen an diesen Zusätzen an, schüttelt sie gut durch und merkt schon dabei, welche Mischung am beweglichsten ist. Wenn Sie den Finger in
den Gießschlicker stecken, so muß er in einem dünnen, nicht abreißen-
den Faden ablaufen und dieser soll sofort, ohne einen Hügel zu bilden,
in der Oberfläche verschwinden. Gießen Sie dann den Schlicker in
eine Gipsform und stellen Sie fest, wie lange es dauert, bis er einen
Scherben von etwa 3 mm Dicke ergibt! Ist diese Dicke erreicht, so gießen Sie den Rest des Schlickers wieder aus der Form aus. Die Standzeit
aber merken Sie sich für das Schlickergießen.

## Schritt 34.   Schlickergießen

Man unterscheidet zwischen Hohl- und Kernguß. Beim Hohlguß wird
nur die Außenseite der Keramik durch die Gipsform geformt, der die
Innenflächen genau parallel folgen. Beim Kernguß werden Innen- und
Außenflächen von der Gipsform geformt. Teller z. B. erfordern im
Gießverfahren den Kernguß, weil sich sonst der Standring im Teller-
spiegel als ringförmige Vertiefung abzeichnen würde. Bei Hohlgefäßen
dagegen ist das unwichtig; sie werden im Hohlgußverfahren hergestellt. Natürlich müssen, wenn sich im Kernguß Hohlräume zwischen
den gebildeten Wänden im Innern der Keramik ergeben, Luftlöcher
gestochen werden. Wenn Sie Teller gießen (siehe Schritt 40), so werden Sie diese Hohlräume (die z. B. bei Waschbecken nicht zu umgehen
sind) vermeiden, indem Sie den Schlicker lange genug stehen lassen.

Dabei besteht die Gefahr, daß Luft unbeabsichtigt eingeschlossen wird. Deshalb müssen Sie beim Kernguß die Form schräg auf ein Klötzchen stellen, damit die Luftaustrittsöffnung bis zum Schluß offen bleibt. Am besten zerschneiden Sie das erste Probestück mit dem Draht, um zu sehen, ob sich der Teller einwandfrei bildet. Solche Schwierigkeiten haben Sie beim Hohlguß nicht; hier müssen Sie lediglich darauf achten, daß der Schlicker nicht zu lange stehen bleibt, weil sonst die Wandung zu dick wird.

## Gipsformen

Der »Modellgips«, den Sie für die Herstellung von Formen kaufen, muß vor Feuchtigkeit geschützt aufbewahrt werden. Achten Sie auf die Gipsqualität, denn minderwertiger Gips bereitet ihnen nur Ärger. Es muß guter Modellgips sein! Denken Sie auch daran, daß der Ton, sobald er mit Gips in Berührung gekommen ist (weil er z. B. zum Abdichten oder Einbetten verwendet wurde) für keramische Arbeiten untauglich ist. Machen Sie möglichst nur soviel Gips an wie Sie sofort verbrauchen können. Erfahrungsgemäß bleibt immer etwas Gipsbrei übrig. Legen Sie sich deshalb, wie auf Seite 75/2 gezeigt, eine Nebenform (wie für eine einteilige, offene Form nach Schritt 35 oder 36) zurecht, in der Sie den überschüssigen Brei zu Platten gießen, die Sie immer gut gebrauchen können. Gießen Sie Gipsbrei nicht in den Ausguß und spülen Sie gebrauchte Werkzeuge zwar sofort (bevor der Gips hart wird) aber nicht über dem Ausguß ab, sondern in einer bereitgestellten Schüssel mit Wasser!

Grundsätzlich ist zwischen Modell und Form, zwischen Abformen und Ausformen zu unterscheiden. Ein Modell kann aus beliebigem Material (Gips, Kunststoff, Metall, Holz, Stein, Keramik, Glas) bestehen. Es bildet den »Prototyp«, das Vorbild, das in Keramik vervielfältigt werden soll.

Dazu wird es in Gips abgeformt. Die Formen bestehen heute immer aus Gips (die alten Römer und Chinesen dagegen hatten Formen aus gebranntem porösem Ton), weil dieser nach dem Abbinden (je nach dem Anteil Gips zu Wasser mehr oder weniger) saugfähig ist. Die Gipsformen werden mit plastischem Ton oder mit Gießschlicker ausgeformt.

Die Herstellung von Geschirr-Modellen aus Gips wird hier nicht beschrieben, weil sie Einrichtungen (z. B. eine Modelleurscheibe) erfordert, die man nur in den Design-Centern der Industrie findet. Trotzdem kann es auch in Ihrer Werkstatt vorkommen, daß Sie mal etwas

(z. B. Stempel) aus Gips schnitzen möchten. Für die Bearbeitung von abgebundenem Gips brauchen Sie ein Gipsmesser, ein Graviereisen, einen Gipskratzer, eine Ziehklinge und Sandpapier in zweierlei Feinheitsgraden. Wenn Sie Gips mit Hilfe dieser Werkzeuge schnitzen wollen, so können Sie sich die Arbeit erleichtern, indem Sie ihn anfeuchten. Haben Sie ein Gipsmodell geschnitzt und wollen es abformen, um mit Hilfe der Gipsformen Keramik herzustellen, so müssen Sie die Poren des Gipsmodells durch mehrmaliges Anstreichen mit einer Lösung aus Schellack in Spiritus abdichten. Die Schellacklösung muß einziehen und darf keine Haut bilden. Das Gipsmodell wird durch den aufgesaugten Schellack hellbraun. Nun müssen Sie es vor dem Abformen noch mit einer dünnen Seifenschicht, der »Formenschmiere«, umhüllen, wozu Sie am besten Kernseife in wenig Wasser verkochen lassen und mit Rüböl vermischen; es geht aber auch mit Rasierseife, mit der Sie das schellackierte Gipsmodell einpinseln müssen. Die Seife ist das Trennmittel, das es Ihnen erleichtert, die abgebundene Gipsform vom Gipsmodell zu trennen. Benutzen Sie dieses Trennmittel grundsätzlich vor jedem Abguß eines festen Stoffes, außer bei frischem Ton!

Außenflächen von Gipsformen können Sie im halbabgebundenen Zustand mit der ungezahnten Seite der Ziehklinge bearbeiten, das ist z. B. der Fall, wenn Sie scharfe Kanten brechen oder Keilformen (Schritt 38) abschrägen wollen. Das abgeformte Modell muß natürlich so lange in der Form bleiben, bis diese völlig abgebunden und fest ist.

## Schritt 35. Herstellen von Gipsplatten

Zum Entwässern der Masse bei ihrer Zubereitung, zum Modellieren und zum Abstellen der gedrehten Gegenstände können Sie runde Gipsplatten von etwa 2 cm Dicke und 21 cm Durchmesser (entsprechend dem Scheibenkopf Ihrer Töpferscheibe) gut gebrauchen. Um sie herzustellen, verfahren Sie genauso wie eine Hausfrau, die einen flüssigen Kuchenteig in eine Springform füllt. Sie umgeben also eine runde Platte (z. B. den Scheibenkopf) rundum mit einem etwa 10 cm breiten Pappstreifen (der dazu mindestens 70 m lang sein muß), den Sie an den überlappenden Enden mit je einer Wäscheklammer festhalten (Abb. S. 75/4). Außerdem müssen Sie diesen Pappzylinder außen noch fest mit einer Schnur zusammenbinden. Sollte die Konstruktion zwischen Boden und Wand dieser primitiven Form nicht dicht genug sein, so stellen Sie sie auf den Tisch und umgeben sie außen mit einem Tonwulst, der das Ganze abdichtet. Dann streichen Sie die Form innen mit Hilfe eines alten Rasierpinsels ganz dünn mit Seifenschaum ein, damit der Gips nicht auf der Unterlage festklebt und damit diese — wenn sie aus Eisen ist — nicht rostet (natürlich ist ein rundes Holzbrett genauso gut, wenn nicht noch besser geeignet). Für die Pappe hat das Isolieren mit Seife auch noch den Sinn, den Gipsbrei vor Wasserentzug zu schützen, denn der Gips könnte sonst »verdursten«; er braucht zum Abbinden Wasser.

Planparallele Gipsplatten können Sie aus einer Form erzielen, bei der die Flächen an parallel liegenden Glasscheiben, wie in der Zeichnung 3 auf Seite 75, abgeformt werden.

Zum Anrühren des Gipsbreies nehmen Sie ein genügend großes Gießgefäß, in das Sie so viel Wasser gießen wie Sie für Ihre Platte für erforderlich halten (es ist nicht schlimm, wenn mal eine Platte dünner oder dicker wird als vorgesehen). Das Gipspulver schütten Sie über Ihre Hand, mit der Sie eventuelle Krümel noch zerkleinern, in das Wasser, bis eine Spitze Gipsberg herausragt, ungefähr so groß wie die herumstehende Wasserfläche (Abb. S. 75/1). Nun können Sie mit einem Holzquirl oder Holzlöffel (den Sie gleich wieder abspülen sollten) den Gipsbrei verrühren, ohne jedoch Luft mit einzurühren. Diesen Brei gießen Sie jetzt langsam in die eingeseifte Form. Durch Schütteln am Tisch erreichen Sie, daß die Luftblasen aufsteigen und platzen und die Oberfläche der entstehenden Gipsplatte glatt und eben wird. Der Gips dehnt sich übrigens beim Abbinden um 1 % aus, wobei er sich erhitzt (Abbindewärme durch Umkristallisation unter Wasseraufnahme: Hydratationswärme).

## Schritt 36.   Einteilige, offene Form

Zum Anfertigen von Probeplättchen (Schritt 4 und Abb. S. 75/6) brauchen Sie nur eine einfache, offene Form aus Gips, in die Sie die plastische Masse hineindrücken, die Oberfläche glatt verstreichen und warten bis die Masse so weit von der Gipswand abgeschwunden ist, daß das geformte Plättchen herausfällt.

Zunächst brauchen Sie zum Abformen ein Modell, also ein fertiges Plättchen in Form eine flachen Kegelstumpfes von 1 cm Höhe, 12 cm Länge und 4 cm Breite. Das können Sie sich aus Ton fein säuberlich modellieren. Dieses »Modell« legen Sie mit seiner größeren Fläche auf eine Unterlage, grenzen in einem Abstand von etwa 2 cm alles mit etwa 2 cm dicken Holzleisten ein, die Sie außen mit Tonklümpchen festhalten, isolieren Holz und Unterlage mit Seife und übergießen das Modell mit Gipsbrei. Nach dem Abbinden ist die Form fertig, das Modell wird nicht mehr gebraucht.

Wollen Sie ein Plättchenmodell aus Gips schnitzen, so ist es ratsam, dieses mit seiner Unterlage-Platte fest zu verkleben, weil Sie sonst das Plättchenmodell allein nach dem Abbinden der Form nur schwer aus dieser entfernen können, auch wenn Sie es mit Schellack abgedichtet und eingeseift haben (Abb. S. 75/5).

## Schritt 37.   Quetschformen

Das Abformen des flachen Pyramidenstumpfes (des Plättchens) war einfach, denn da gab es nur eine Schauseite und nur eine Richtung, in

*Zu den Bildern auf der gegenüberliegenden Seite:*

1. *Zum Anrühren wird Gips in Wasser gegeben, indem man das Gips-pulver zwischen den Fingern hindurchrieseln läßt. Der Gips soll als Berg aus dem Wasser herausragen. Von oben betrachtet, sollen Gips-berg und Wasser gleich große Flächen einnehmen. Der Gipsbrei wird mit dem Quirl verrührt, ohne Luft einzurühren.*

2. *Zuviel angemachter Gips läßt sich zu Platten verwerten. Die Holz-leisten, die als Form für das Plattengießen dienen, können nach Be-darf enger oder weiter gestellt werden. Sie müssen durch Tonwülste unten abgedichtet sein.*

3. *Planparallele Gipsplatten gießt man senkrecht in einer Form aus Glasplatten in einem Holzrahmen.*

4. *Für viele Zwecke sind runde Gipsformen günstiger, da bei ihnen keine Ecken abbrechen können. Man kann sie in einer Umrandung aus festem Karton gießen. Wer eine Töpferscheibe besitzt, legt die Umrandung um den Scheibenkopf.*

5. *Modelle mit nur einer Abheberichtung können mit einer einteiligen offenen Form vervielfältigt werden. Das Modell wird umrandet; ist es aus Gips, so wird es mit Schellack, in Spiritus gelöst, mehrmals bestrichen, dadurch abgedichtet, dann mit Formenschmiere (Kern-seife) isoliert und mit Gipsbrei übergossen.*

6. *Der eingegossene Gips erhärtet und ergibt die einteilige, offene Form, in deren Vertiefung die plastische Masse eingestrichen wird. Beim Trocknen schwindet sie in der Form und läßt sich ganz leicht heraus-nehmen.*

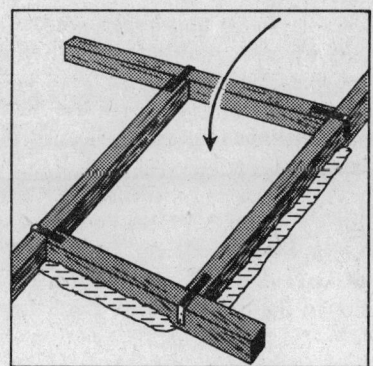

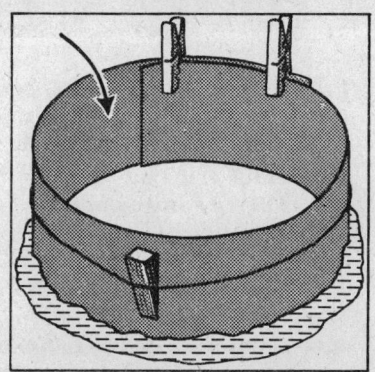

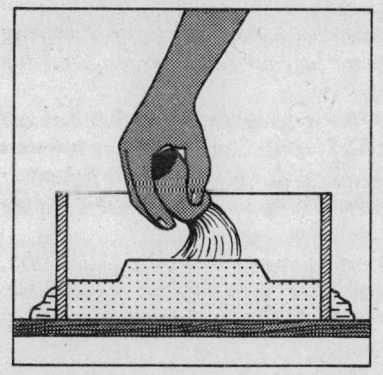

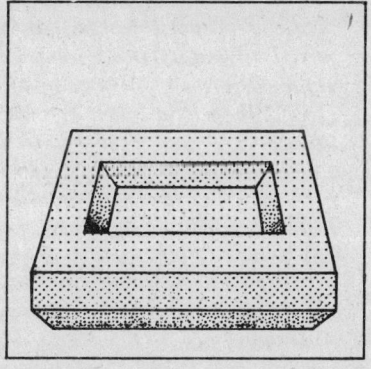

der die Form abgehoben werden konnte, nämlich nach oben. Stellen Sie sich aber nun vor, Sie sollten ein Ei abformen. Rundrum. Da müssen Sie erst einmal eine Linie um das Ei herum ziehen, am besten in der Längsrichtung, durch die Sie das Ei in zwei Hälften teilen. Diese Bleistiftlinie teilt zugleich auch die beiden Abheberichtungen, die für die Form maßgebend sind: Zwei Abheberichtungen bedeutet, daß Sie zwei Formteile (also eine zweiteilige Form) brauchen, um das Ei abzuformen (Abb. S. 77/1).

Legen Sie eine kleine Menge plastischen Tones auf eine Unterlageplatte, darauf das Ei so, daß die Trennungslinie horizontal verläuft, und betten Sie das Ei bis zu dieser Linie in Ton ein. Die Linie, die Sie mit

*Zu den Bildern auf der gegenüberliegenden Seite:*

1. *Will man ein rundes Objekt abformen, so zieht man mit einem Tintenstift erst eine Scheitellinie, die die beiden Abheberichtungen der späteren Form voneinander trennt.*

2. *Das Modell bettet man so in Ton ein, daß sich die Scheitellinie beim Abguß der ersten Formhälfte abzeichnet, denn bis dahin muß die Form abgeschliffen werden.*

3. *Dann werden zwei Schlösser eingeschnitten. Über der mit Formenschmiere isolierten ersten Formhälfte, in die man das Modell wieder zurücksteckt, wird die zweite Formhälfte abgegossen.*

4. *In beide Formhälften schneidet man um die Formmulde eine Rinne, in die der überschüssige Ton ausweichen kann, wenn die Formen mit Ton ausgestrichen und zusammengequetscht werden (daher »Quetschform«).*

5. *Drei Abheberichtungen erfordern eine dreiteilige Form. Handelt es sich dabei — wie hier — um eine Gießform, so muß diese auch noch eine Schonung erhalten, deren Innenrand durch einen Pappzylinder geformt wird, der hier in die untere Öffnung des abzuformenden Kannendeckels geschoben ist.*

6. *Die fertige Gießform des Deckels, in die oben der Gießschlicker eingefüllt wird. Entlang der Schonung wird die gebildete Massewandung abgeschnitten, sobald der Restschlicker (nach abgelaufener Standzeit) aus der Form ausgegossen ist.*

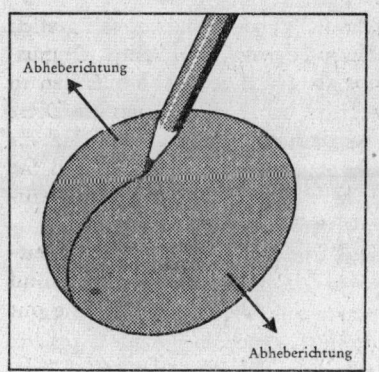

Abheberichtung

Abheberichtung

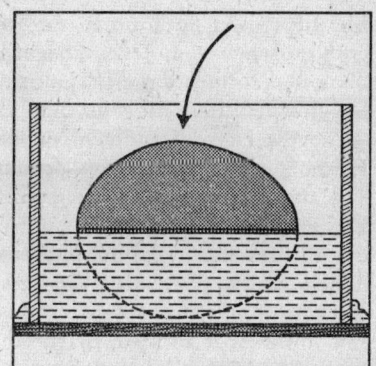

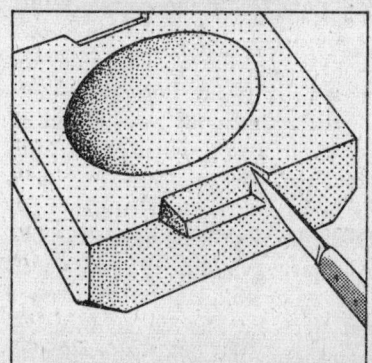

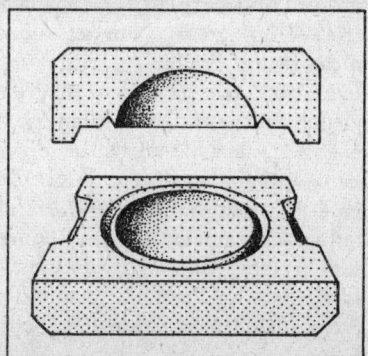

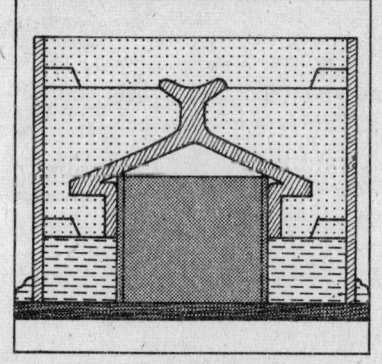

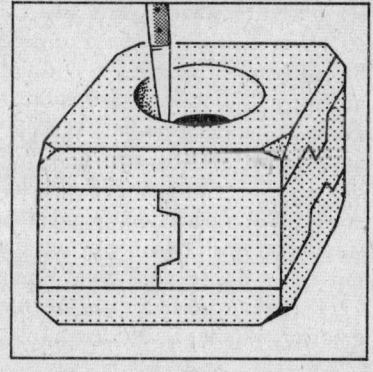

Bleistift (besser noch mit einem Tintenstift) gezogen haben, soll gerade noch zu sehen sein. Jetzt umgeben Sie wieder alles mit einer Umrandung und formen das Oberteil in Gips ab. Nach dem Abbinden haben Sie eine einteilige Form in der Hand, die sich von der aus Schritt 36 — abgesehen vom anderen Modell — dadurch unterscheidet, daß die Formoberfläche nicht so schön gerade ist, weil Sie den einbettenden Ton nicht so sauber glätten konnten wie es eine gerade Platte kann. Da Sie aber den Strich nicht mit eingebettet haben, zeichnet er sich in der Eiform innen ab. Sie müssen jetzt die fertige Formhälfte bis zu diesem Strich abschleifen. Das ist einfacher als es sich anhört, wenn Sie eine Marmor- oder Kunststeinplatte zur Verfügung haben (notfalls tut es aber auch ein Blatt Sandpapier). Feuchten Sie die Gipsform an und schleifen Sie mit kreisenden Bewegungen diese Seite der Form auf der Marmorplatte ab (auf dem Sandpapierblatt müssen Sie freilich trocken arbeiten). Nun ist die eine Formenhälfte glatt, aber noch nicht fertig. Stellen Sie sich vor, daß Sie jetzt das Ei wieder in die Form tun, alles einseifen, umgrenzen und die zweite Formhälfte aufgießen würden, dann hätten Sie zwar die Formen für zwei Eihälften gegossen, aber Sie hätten beim Ausformen in Ton Schwierigkeiten mit dem Aufeinanderlegen der beiden Hälften. Sie brauchen also noch eine Führung, damit die Hälften nur in einer ganz bestimmten Lage aufeinandergesetzt werden können. Diese Führung wird durch »Schlösser« erzielt. Das sind zwei konische Aussparungen, die Sie in die zuerst fertiggestellte Formhälfte mit dem Messer einschnitzen müssen, etwa 3 cm lang, 1,5 cm breit und ebenso tief. Jetzt können Sie das Ei in die Form zurücklegen, alles einseifen, umranden und die zweite Formhälfte gießen. Diese hat dann an den beiden Stellen, wo Sie die Schlösser geschnitten haben, konische Zapfen, die genau in die Schlösser passen. Damit ist die Quetschform des Eies immer noch nicht fertig, denn Sie müssen sich vorstellen, daß Sie jetzt die Form mit plastischer Masse auslegen, die Ränder aufrauhen, mit Schlicker bestreichen und die Form zusammenpressen. Aus der Nahtstelle wird Ton beim Pressen nach außen heraustreten und verhindern, daß sich die beiden Formhälften dicht aufeinanderlegen können. Für diese überschüssige Masse müssen Sie einen Kanal schneiden, eine Einkerbung, die in einem Abstand von nur etwa 1 mm um den Ei-Hohlraum beider Formhälften mit einer Breite von etwa 5 mm und ebenso tief verläuft (Abb. S. 77/4). Jetzt können Sie ans Ausformen gehen, dürfen aber bei dem ausgeformten Ei das Luftloch nicht vergessen!

## Schritt 38.   Mehrteilige Formen mit Mantel

Gewiß werden Sie sich auch ein Modell vorstellen können, das infolge von Unterscheidungen so kompliziert ist, daß es nicht mehr in zwei, sondern in drei oder mehr Abheberichtungen abgeformt werden müßte. Zum Beispiel das Modell eines Deckels, dessen Knopf eine trichterförmige Vertiefung aufweist. Der Deckel und der Unterteil des Knopfes, von oben nach unten durch eine Mittellinie getrennt, ergeben zwei Abheberichtungen: nach links und nach rechts. Die Vertiefung im Knopf des Deckels hingegen verlangt eine Form, die sich nach oben abheben läßt. Nehmen wir im Hinblick auf die folgenden Schritte 39 und 40 an, daß der Deckel im Gießverfahren vervielfältigt werden soll, so müssen wir dazu noch eine Schonung vorsehen, deren Funktion in Schritt 39 erläutert ist. Sie besteht aus einer kreisrunden Öffnung im obersten Formteil. Zu ihrer Ausbildung verwenden Sie am besten einen (möglichst nahtfreien) Pappzylinder, den Sie, wie in Abb. S. 77/5 gezeigt, unten in die Deckelöffnung stecken. Alle Formteile sind durch Schlösser miteinander verbunden. Sie können die Einzelteile der Form, wie es in der Zeichnung zu sehen ist, herstellen. Den Deckelkörper müssen Sie halb einbetten, um erst die eine, dann (nach dem Schneiden der Schlösser) an ihr die zweite Formhälfte zu gießen.

Man kann die beiden Hauptformenhälften auch mit einem etwa 3 cm dicken Mantel aus Gips umgeben, der wie eine Dose mit Deckel gestaltet ist; im unteren Dosenteil befindet sich die Knopfmulde, im oberen die Schonung. Solche Formen mit Mantel werden auf der Modelleurscheibe in den Gipsstuben der Fabriken hergestellt.

Mehrteilige Formen mit Mantel erfordern auch alle Plastiken, die viele Unterschneidungen aufweisen, für die man entsprechend viele Keilstücke braucht. Über diese mit Seife isolierten Gipskeile wird dann ein zweiteiliger Gipsmantel gegossen, der stellenweise selbst auch (für flache Partien der Plastik) als Form dient und in dem die Keilstücke stekken (sie sind an ihrem keilförmigen Ende der Abheberichtung des Mantels entsprechend geformt). Beim Auseinandernehmen des Mantels (beim Entformen) bleiben die Keile an der Plastik, von der sie erst unter Berücksichtigung ihrer jeweiligen Abheberichtungen abgenommen werden.

## Schritt 39.   Gießformen für Hohlgefäße (Hohlguß)

Nach den in den drei vorangegangenen Schritten gewonnenen Erfahrungen wird Ihnen die Herstellung einer Hohlform für Kannen keine besonderen Schwierigkeiten mehr bereiten. An sich ließe sich jede offe-

ne, einteilige Form (z. B. die Plättchenform aus Schritt 36) mit Gießschlicker füllen, den man nach Bildung des Scherben von gewünschter
Dicke wieder ausgießt. Da jedoch der Gießschlicker infolge seines all-
mählichen Wasserverlustes in der Form einsinkt, würde der Rand eines
solchen Gefäßes, auch wenn man während der Standzeit Schlicker
nachgießt, ungleichmäßig ausgebildet; an ihm würde sich der absin-
kende Schlickerspiegel abzeichnen. Aus diesem Grunde setzt man einer
solchen Form eine »Schonung« auf. Das ist ein Gipsring, dessen Höhe
diese Schlickerschwankungen aufnimmt. Der Schonungsring wird um
den Betrag der Scherbendicke enger gehalten als der Außendurchmes-
ser des Gefäßes (wenn es sich, wie in Schritt 38, um einen senkrechten
Wandabschluß handelt). Man erhält also nach dem Ausgießen des
Restschlickers an der Stelle des Randes eine nach innen gehende Stufe,
deren Tiefe der Scherbenstärke entspricht. Schneidet man mit einem
schmalen Messer zwischen der Gipswand (die deshalb in Schritt 38 glatt
und ohne Naht sein mußte) und dem Scherben an der Schonung entlang, so trennt man das überflüssige Stück innen am Rand ab, während
der äußere und obere Rand (die Lippe) selbst noch an der Gipsform gebildet wurden. So war es bei der Gießform des Deckels in Schritt 38.
Etwas komplizierter wird die Form, wenn eine Kanne mit Tülle und
Henkel abgeformt werden soll. Bei ihr muß man die Deckelauflage,
die ja stufenförmig nach innen verläuft (also vom Standpunkt der
seitlichen Abheberichtungen unterschnitten ist), und den gewölbeförmigen Boden durch besondere Formteile abformen, da ihre Abheberichtungen nach oben und unten verlaufen, während der Kannenkörper selbst eine zweiteilige Form (wie das Ei in Schritt 37), also zwei
Formenhälften erfordert, die nach rechts und links abzuheben sind.
Wir nehmen auch hier wieder an, daß eine fertige Kanne als »Modell«
dient und abgeformt werden soll.
Man beginnt (wie bei dem Ei) damit, eine Mittellinie senkrecht über
die ganze Kanne, über Tülle und Henkel zu ziehen (sehen Sie unter
Frage 63 nach, wie es die Maler machen, wenn sie auf der Glasur einen
Bleistiftstrich ziehen wollen. Als nächstes sucht man die höchste Erhe-
bung der Kannenschulter und zieht auch da eine Linie über den Grat,
die natürlich im rechten Winkel zur Mittellinie verläuft und diese
schneidet. Jetzt modellieren Sie aus Ton einen etwa 4 cm hohen, dicken,
vollen Stöpsel, der sowohl die Eingußöffnung als auch die Deckelauflage überdeckt, unten bis an die Scheitellinie der Schulter reicht und
darüber trichterförmig breiter wird. In gleicher Weise, nur entgegenge-
setzt konisch, also nach unten breiter werdend, modellieren Sie einen

etwa gleich hohen zweiten vollen Kegelstumpf über den Fuß der Kanne. Rund um die Mitte beider Kegelstümpfe bringen Sie noch eine etwa 1 cm breite Rille mit halbkreisförmigem Querschnitt an. Einen dünneren Kegelstumpf, der genauso hoch reichen muß wie der Kegel über der Deckelöffnung, modellieren Sie noch über den Ausguß der Tülle. Die Kanne mit diesen angelegten Kegelstümpfen betten Sie jetzt, auf die Seite gelegt, genauso wie in Schritt 37 das Ei, bis zur Mittellinie in Ton ein (Abb. S. 83/1). Damit sich die Kegelstümpfe nicht mit dem Einbett-Ton vermengen, isolieren Sie sie mit Seidenpapier. Nun grenzen Sie alles mit viereckigen Platten ab, und zwar so, daß diese ganz an den Kegelstümpfen anliegen. Durch Ausgießen mit Gipsbrei erhalten Sie die eine Formhälfte, die Sie wieder, wie in Schritt 37, abschleifen, mit Schlössern versehen, mit Seife isolieren und samt dem Modell plus Ton-Kegelstümpfen zum Abformen der zweiten Hälfte verwenden. Nach dem Abbinden auch dieser Formhälfte brauchen Sie die Tonkegel nicht mehr; ihre Rille hat sich in den Formen als Wulst abgebildet; dieser Wulst dient als »Schloß«. Das »Bodenstück« können Sie sehr einfach herstellen, indem Sie die Form mit dem Modell darin auf den Kopf stellen und den Raum, in dem der Tonkegel saß, mit Gipsbrei ausfüllen. Zur Anfertigung der »Schonung« stellen Sie die Form mit dem Modell darin wieder aufrecht hin, dann formen Sie aus Pappe eine Spitztüte, die wiederum möglichst keine Naht aufweisen soll und die sie — mit Ton gefüllt — fest in die Öffnung der Kanne hineinpressen. Da der inzwischen entfernte Tonkegel einen größeren Durchmesser als diese Spitztüte hatte (er ging ja bis zur Kannenschulter), klafft zwischen dieser Spitztüte und der Formwand ein Zwischenraum, den Sie mit Gipsbrei ausgießen (Abb. S. 83/2). Sie erhalten den Schonungsring, in den Sie nun nach Entfernen des Modells und des schmalen Kegelstumpfes an der Tülle den Gießschlicker eingießen können. Die Öffnung über der Tülle dient dabei als Luftaustritts- und Steigöffnung. Eine zweite Luftöffnung müssen Sie vor dem Gebrauch noch an der höchsten Stelle des Henkels anbringen, indem Sie in beide Formhälften an der gleichen Stelle einen Kanal nach oben schneiden. Wenn Sie jetzt die Form in Gebrauch nehmen, gießen Sie sie so voll, daß auch noch die Schonung mit Gießschlicker gefüllt ist. In ihrer ganzen Höhe kann der Gießschlicker nachsinken, wenn ihm durch die Poren des Gipses das Wasser entzogen wird. Im Innern der Schonung bildet sich also kein gleichmäßig dicker Scherben. Ist die Standzeit des Schlickers abgelaufen, so gießen Sie den Rest aus und lassen die Form so lange stehen, bis Sie merken, daß der Ton von der Gipswand abschwindet. Jetzt können Sie mit einem schmalen Messer an der Gipswand der Schonung entlangschneiden. Sie trennen dadurch mit der Messerspitze den überflüssigen Schonungsscherben genau an der richtigen Stelle ab, nämlich dort, wo der Deckel der Kanne hineinpassen soll. Zum Entformen legen Sie die Form auf die Seite und heben die obenliegende Formenhälfte ab. Sie legen damit den halben Kannenkörper mit den darauf befindlichen Teilformen (Bodenstück und Schonung) frei. Wenn Sie sich davon überzeugt haben, daß die Kanne überall locker sitzt, fassen Sie Bodenstück und Schonung an, heben mit ihrer Hilfe die Kanne aus der Form und stellen sie, auf dem Bodenstück bleibend, aufrecht hin. Jetzt können Sie die Schonung von der Kanne und die Kanne vom Bodenstück abheben. Sie lassen die ausgeformte Kanne noch etwas fester trocknen und verputzen dann die

*Zu den Bildern auf der gegenüberliegenden Seite:*

1. *Kanne, zum Abformen bis unter die Scheitellinie in Ton eingebettet. Die Bodenwölbung erfordert ein Bodenstück, die Deckelauflage wird durch die Schonung mitgebildet. Somit besitzt die Kanne vier Abheberichtungen. Schonung und Bodenstück erhalten Querrillen, die als Schlösser dienen.*
2. *Sind die beiden seitlichen Formhälften fertig, so wird die Kanne wieder in die Form gesteckt. Zwischen einem Pappzylinder in der Kannenöffnung und der mit Seife isolierten Formenwand wird die Schonung ausgegossen.*
3. *Die fertige Kannenform, aufgeklappt. Das Bodenstück ist voll, die Schonung im Schnitt gezeichnet.*
4. *Zum allseitigen Abformen eines Tellers im Gießverfahren benötigt man eine Kerngußform. Sie besitzt einen Einfüllkanal, eine Steigöffnung und zwei Luftkanäle; zu deren Ausbildung müssen entsprechende Hölzer über dem Fuß und Rand des Tellers befestigt werden.*
5. *Ist die erste Formenhälfte, die die Kanäle enthält, gegossen, so schneidet man die Schlösser ein, legt das Modell (den Teller) in die Form zurück, seift sie ein, umrandet sie und gießt die zweite Formhälfte ab.*
6. *Die fertige Kerngußform muß schräg gestellt werden, damit der Gießschlicker, die Luft verdrängend, von unten nach oben aufsteigen und die Form füllen kann.*

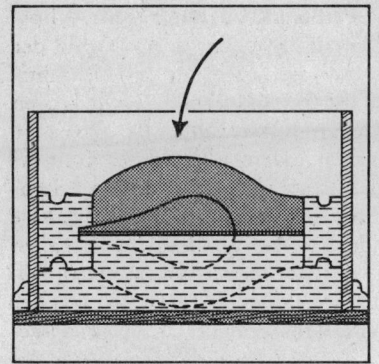

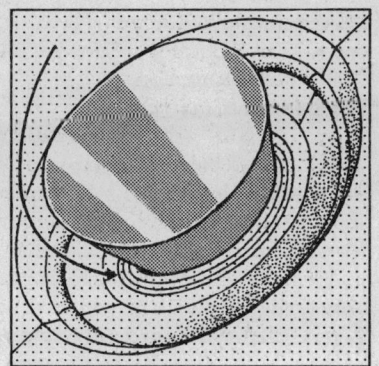

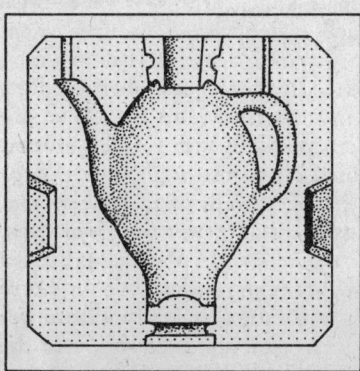

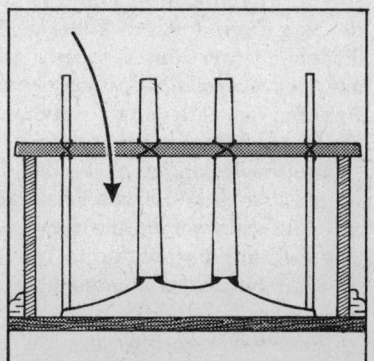

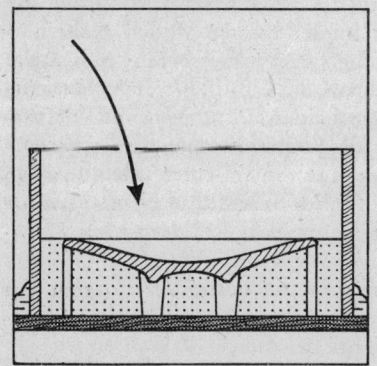

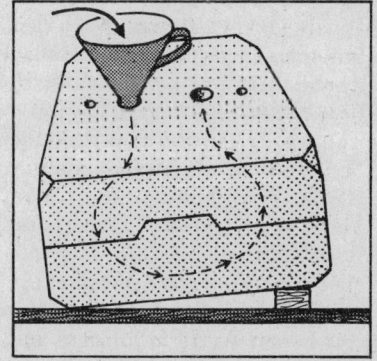

Nähte und die Ränder. Nach dem Weißtrocknen kann noch einmal endgültig verputzt werden.

## Schritt 40. Gießformen für Flachgefäße (Kernguß)

Beim Hohlguß zeichnen sich die Außenkonturen innen ab. Will man Teller und Schalen im Gießverfahren herstellen, so kann man entweder die Standring- und Fußspuren im Spiegel der zu plastischer Konsistenz getrockneten Gießmasse verschmieren und verputzen oder eine Kerngußform herstellen. (In der Industrie werden Teller über Gipsformen, die die Innenfläche formen, aus plastischer Masse maschinell »übergedreht«, wobei eine starre Schablone die Außenseite formt, dagegen Schalen »eingedreht«, wobei die Gipsform die Außenseite und die Schablone die Innenseite formt.)

Eine Kerngußform ist einfacher als eine Kannenform. Wir gehen wieder von einem fertigen Teller als Modell aus und legen ihn über einem Tonballen (nur damit er nicht verrutscht) mit dem Rand nach unten auf eine Unterlage. An zwei einander diagonal gegenüberliegenden Punkten des Tellerfußes (des Standrings) müssen wieder Kegelstümpfe errichtet werden, die aber diesmal zum Modell hin sich verbreitern und nach oben verjüngen. Außerdem benötigen wir in der gleichen Diagonale weiter draußen, am Tellerrand, je eine Luftöffnung; dazu können wir einfach zwei dünne runde Holzstäbchen verwenden. Um diese vier Öffnungsvorrichtungen festzuhalten, befestigen wir sie am besten an einer Holzleiste, die wir über die Umrandung, in der wir die Form ausgießen, legen (Abb. S. 83/4). Jetzt kann die erste Formhälfte ausgegossen werden. Man braucht sie nicht mehr abzuschleifen, nur die Schlösser sind noch einzuschneiden. Dann drehen wir die Form um, lassen den Teller darin, umgeben sie mit der Abgrenzung und gießen die zweite Formhälfte aus. Nach dem Abbinden müssen Modell, Keile und Stäbchen entfernt werden, dann ist die Form arbeitsbereit. Man stellt sie so schräg auf ein Holzklötzchen, daß die Öffnungen in aufsteigender Reihenfolge liegen. Die untere der beiden Öffnungen, die von den Tonkegeln gebildet wurden, dient als Eingußöffnung, die obere als Steigöffnung. In die Eingußöffnung kann man einen Metall- oder Kunststofftrichter stecken, damit reichlich Gießschlicker nachsickern kann. Die Gießmasse gelangt erst in den unteren Teil des schrägstehenden Tellers, verdrängt dort die Luft durch die untere Luftöffnung, steigt dann allmählich höher, gelangt an die obere Luftöffnung und schließlich an die Steigöffnung, wo sie hochsteigt (Abb. S. 83/6). Somit ist der ganze Hohlraum ausgefüllt. Bei diesem Verfahren ist eine lange Standzeit des Schlickers erwünscht; er soll also nicht schnell antrocknen, sondern das weitere Nachfließen so lange wie möglich gewährleisten. Sollten trotzdem Hohlräume zwischen den beiden gebildeten Scherben bleiben (was Sie an einem Schnitt durch ein Probestück feststellen können), so muß der Teller an der Unterseite ein Luftloch erhalten. Beim Entformen werden Sie erkennen, weshalb die Tonkegel diesmal nach unten breiter werden mußten. Beim Abheben der Form nach dem Abschwinden würden Sie sonst die überschüssigen Teile in der Einguß- und Steigöffnung abreißen. So bleiben sie am Formling und können behutsam abgeschnitten und die Stellen verputzt werden.

Diese nach dem Steigprinzip arbeitenden Kerngußformen lassen sich zu ganzen Türmen (»Turmformen«, »Etagenformen«) zusammensetzen, wobei die Einguß- und Steigöffnungen durch alle Formen hindurch als gerade Kanäle hindurchlaufen müssen. Die Gießmasse steigt dann von der untersten Form langsam durch alle Etagen nach oben. Auf diese Weise werden z. B. in der Industrie mit einem Guß 80 und mehr Henkel hergestellt.

### Grafische Techniken

Wie die »Originalgrafik«, so hat auch die Keramik materialabtragende und materialauftragende Techniken sowohl für Einzelstücke als auch zur Reproduktion entwickelt (Abb. S. 87). Unter den materialabtragenden Techniken entsprechen dem Kupferstich mit Grabstichel und kalter Nadel das Bearbeiten des trockenen Tones oder des geschrühten Scherben und von Unter- und Aufglasurfonds mit Messer und Nadel, der Schabkunst (Mezzotinto) die Sgraffitotechnik, der Radierung die Ätztechnik, der Gravur-Lithografie der Diamantriß. Unter den materialauftragenden Techniken entsprechen der Feder-Lithografie die Federzeichnung, der Kreide-Lithografie die Zeichnung mit dem Farbkörperstift, der Aquatinta die Poliergoldtechniken. Zur Reproduktion dienen, wie in der modernen Gebrauchsgrafik, Schablonen, Siebdruck, Stahldruck, Buntdruck und Fotografie.

Arbeitsflächen der grafischen Techniken sind in der Keramik die lederharten oder weißgetrockneten Tone und Engoben, die Fonds unter und auf der Glasur, die verschrühte Scherbenoberfläche vor dem Glasieren, die Glasuroberfläche, Goldgründe oder vollkommen galvanisierte Flächen. Allein diese Übersicht zeigt bereits, wie vielfältig die künstlerischen Möglichkeiten und Materialvariationen sind, die sich Ihnen auf dem grafischen Gebiet eröffnen.

## Schritt 41. Zubereitung der Engobe

Soll die Engobe naturfarbig (gelb, braun, rot, schwarz, weiß) sein, so genügt es, den entsprechenden Ton in Wasser aufzuschlämmen. Die Engobe verbindet sich um so besser mit dem Grundton, je mehr sie diesem in ihrem physikalischen Verhalten gleicht. Vor allem soll sie nicht zu plastisch sein, weil sie sonst beim Trocknen (durch ihre stärkere Trockenschwindung) reißen würde. Sie können die Keramik sowohl im rohen als auch im verschrühten Zustand engobieren. Sie darf nur nicht verstaubt sein oder fettige Fingerspuren aufweisen. Rohe Keramik wird lederhart engobiert und soll vorher abgeschwämmelt werden. Um sicher zu gehen, daß die Engobe gut sitzt, weder abblättert noch reißt, engobieren Sie ein Probeblättchen aus dem Rohton und ein verschrühtes, die Sie beide nach dem Trocknen bei der vorgesehenen Temperatur brennen.

Soll die Engobe eine künstliche Färbung erhalten, so können Sie einem weißen Engobeton Farbkörper oder -oxide in den Mengen, wie sie in Frage 97 angegeben sind, zusetzen. Verrühren Sie aber nicht einfach das Farbpulver mit dem Engobeschlamm, sondern verreiben Sie einen kleinen Teil des Engobetones naß mit dem Farbpulver; diese »konzentrierte Mischung« können Sie mit dem Engobeschlamm verrühren.

*Zu den Bildern auf der gegenüberliegenden Seite:*

*1. Der griechische Töpfer Sosias schuf um 500 v. Chr. eine Schale mit dieser Darstellung des Achilles, der den verwundeten Patroklos verbindet, im reich detaillierten Zeichenstil.*

*2. Die holländische Keramikerin Annemieke Post fertigte 1966 diese große Fliese »Wasser-Luft-Mensch« aus schamottiertem Ton mit Sinterengobe und Kratztechnik.*

*3. Aus schwarzer Engobe ausgeschabt ist dieses Ornament auf dem Tongefäß aus Altmexiko (Teotihuacan-Kultur. 6./7. Jh.).*

*4. Bei dieser Art von Sgraffiatotechnik (»Champlevé-Typ«) sind größere Flächen aus der hellen Engobe ausgeschabt. Nordiran, 11. Jh.*

*5. Schrift gibt der Keramik einen eigentümlichen Reiz. Diese Salatschüssel aus Fayence wurde in Nevers, Frankreich, 1745 hergestellt.*

*6. Umdruckdekor auf einem Steingutteller aus Damm bei Aschaffenburg von einem Kupferstich von Johann Klipphahn um 1745.*

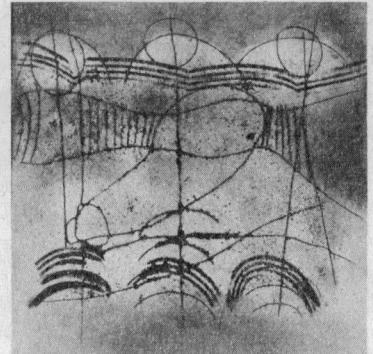

Zum Verreiben kleiner Mengen eignet sich eine mit Sandstrahl aufgerauhte Glasplatte mit einem ebenso aufgerauhten Glasläufer. Sie können aber auch eine Reibschale mit Reibkolben verwenden, die größere Mengen aufnimmt, aber kein so feines Ergebnis liefert.

## Schritt 42.   Engobieren (Behauten)

Der Engobeschlamm muß ziemlich dickflüssig sein. Man macht ihn am besten in einer großen Schüssel an und bedient sich zum Begießen einer Schöpfkelle. Man hält das Gefäß mit der linken Hand so am Fuß fest, daß die Finger möglichst wenig verdecken. Dann gießt man das Gefäß mit dem Schlamm an, (deshalb auch »Anguß«) indem man es in der linken Hand ganz herumdreht, während der Schlammstrom langsam aus der Kelle fließt; sie darf nicht eher entleert sein als bis die Drehung beendet und das Gefäß ringsum behautet ist. Die Fingerstellen können mit den bloßen Fingern oder mit dem Pinsel ausgebessert werden, solange die Engobe noch naß ist. Können Sie sich mit dieser Geschicklichkeitsübung nicht anfreunden, so stellen Sie einfach das Gefäß auf ein Sieb oder einen Rost über der Schüssel und übergießen es mit Schlicker aus der Kelle oder einem Milchtopf, ohne daß Sie es zu halten brauchen. Der Engobebrei fließt über das Gefäß und läuft in die Schüssel ab. Soll der Boden ohne Engobe bleiben, so müssen Sie ihn mit dem Schwamm abwischen. Teller engobieren Sie am einfachsten, indem Sie sie mit der Glasierzange durch den Engobebrei in einer Richtung durchziehen (Schritt 67).

Außer dem Begießen und Tauchen können Sie die Engobe mit einem harten Pinsel aufstreichen oder mit einem kleinen Besen aufbürsten. Diese Technik war vor allem bei den koreanischen Töpfern unter der Bezeichnung »Hakeme« verbreitet, man kannte sie aber auch in anderen Ländern. Das Aufbürsten mit dem Miniaturbesen ergibt eine lebendigere Struktur als die anderen Auftragstechniken (Abb. S. 103/1). Denken Sie daran, daß die Glasur mit der darunterliegenden Engobe reagiert und eine Zwischenzone bildet (Frage 72). Ein Teil der Engobe wird also immer von der Glasur aufgelöst. Wollen Sie eine Glasur über die Engobe legen, so müssen Sie die Behautmasse genügend dick (bis 2 mm) auftragen, sonst ist sie nach dem Glattbrand verschwunden!

## Schritt 43.   Abdecken

Wenn Sie bestimmte Stellen der Keramik unbehautet lassen möchten, so können Sie diese mit Wachs abdecken. Dazu erhitzen Sie eine Mischung aus Kerzenwachs mit einem Drittel Maschinenöl (oder Kerosin,

Paraffinöl) in einem Wasserbad. Das Auftragen des warmen Wachses muß mit dem Pinsel geschehen. Das Wachs brennt später im Feuer aus, braucht also vor dem Einsetzen der Keramik in den Ofen nicht entfernt zu werden. Natürlich können Sie sich die Arbeit des Wachsauftragens, die ja schnell geschehen muß, durch eine Schablone erleichtern.
Ist Ihnen diese Abdecktechnik zu umständlich, so können Sie auch Seidenpapier zum Abdecken einfach mit Wasser auf die Keramik kleben. Nach dem Trocknen lassen sich die abgedeckten Stellen durch Abklopfen von der Engobe befreien.

## Schritt 44. Ritz- und Sgraffitotechnik
Das als Schritt 16 beschriebene Einritzen von Linien und Bändern in plastische Masse läßt sich auch beim weißgetrockneten oder verschrühten Scherben anwenden, nur ist dann das Ergebnis ein ganz anderes. Die in hartes Material geritzten Linien sind feiner und stumpfer. Versuchen Sie einmal, einen verschrühten Scherben mit einer Stahlnadel zu ritzen (als Werkzeug läßt sich eine kopflose Stecknadel, in eine ausgediente Kugelschreibermine gesteckt, verwenden) und streichen Sie dann mit einem breiten, nassen Pinsel und nur wenig Farbpigment (Metalloxid oder Unterglasurfarbe) darüber! Die feine Zeichnung tritt durch dieses »Lavieren« deutlich hervor, weil sich in den Ritzspuren der Farbstoff sammelt, während die Flächen nur schwach getönt werden. Sie lassen sich entweder sauberwischen oder ebenfalls mit Ritzlinien versehen, die dann zu den ersten kontrastieren. Diese zweiten Ritzlinien können bereits als Sgraffitotechnik bezeichnet werden.
Sgraffito kommt vom lateinischen exgraffiare, auskratzen, und bezeichnet eine in der Renaissane beliebte Wanddekoration, die auf eine Technik der chinesischen und ostpersischen Keramik aus dem 9. Jahrhundert zurückgeht. Heute hat es sich eingebürgert, von Sgraffitotechnik zu sprechen, wenn mehrere Schichten übereinanderliegen, wobei man die verschiedenen Farben eben durch verschieden tiefes Kratzen freilegt. Dagegen spricht man von Sgraffiatotechnik, wenn es sich nur um eine Engobeschicht handelt. In der Geschichte der ostpersischen Keramik unterscheidet man verschiedene Sgraffiatotypen: mit grün oder braun eingefärbten Ritzornamenten (»Amol-Typ«), mit größeren freigelegten Flächen des Grundtones (»Champlevé-Typ«, nach dem Grubenschmelz benannt, Abb. S. 87/4) und mit eingeritzten Linien, die das Ineinanderfließen der verschieden gefärbten Glasuren verhindern sollten (»Aghand-Typ«).

Gearbeitet wird in die lederharte Engobe, wozu Sie jedes Werkzeug verwenden können, das Ihnen geeignet erscheint. Bewährt hat sich eine Messingblechschlinge in einem Holzgriff, also ein U-förmig gebogener Messingblechstreifen von etwa 3 mm Breite, an beiden Enden in einen Holzgriff gesteckt. Nagel, Messer, Gipskratzer und Graviereisen (Abb. S. 35/6) sind natürlich ebenfalls verwendbar.

Das Auskratzen läßt sich, sei es zum Ausbessern, sei es zum Auftragen einer andersgefärbten Engobe, auch mit dem Schlickermalen mit dem Pinsel (Schritt 61) kombinieren. In diesem Fall spricht man von »eingelegten Engoben«. Werden eingeritzte Linien mit einer durchsichtigen Farbglasur überzogen, so erscheinen sie dunkler, weil die Farbschicht an dieser Stelle dicker ist. Diesen Effekt haben die alten Chinesen in ihren »schattenblauen« Glasuren zuerst angewandt.

### Schritt 45. Unterglasurfonds

Anstelle einer Engobe läßt sich die Keramik auch mit einer dünnen Unterglasurfarbschicht überziehen. Das kann durch Aufstreichen mit einem breiten Pinsel, durch Stupfen mit einem kurzen Pinsel (Abb. S. 113/2) oder durch Spritzen geschehen (Schritte 68 und 72). In diesen Farbgrund können Sie Zeichnungen einritzen, Schraffuren schaben oder mit einem Radiermesser (oder Schabeisen) helle Stellen freilegen oder sogar Halbtöne erzielen. Erst an Probeplättchen versuchen!

### Schritt 46. Aufglasurfonds

Aufglasurfonds können entweder Muffelfarben- oder Scharffeuerfarbenfonds sein. Zu der zuletzt genannten Gruppe gehört das edle Königsblau des Porzellans. Muffelfarbenfonds (siehe Schritt 73) sind weniger edel, sie können aber in allen Farben hergestellt werden.

Die wichtigste Auftragstechnik ist das Pudern. Dabei wird die Malölmischung für Aufglasurfarben (Schritt 76), mit ganz wenig Farbe vermischt, mit einem Fehhaarpinsel auf die Glasur aufgestrichen (ohne Überlappungen). Diese zähe, klebrige Ölschicht wird mit einem Stupfpinsel gleichmäßig verteilt und danach etwa 10 Minuten trocknen gelassen (je trockener, desto dünner wird die spätere Farbauflage). Dann wird das Farbpulver mit einem Teesieb aufgestreut und mit einem weichen Puderpinsel verteilt. Man läßt einen Tag stehen und pudert dann noch einmal ohne weiteren Ölauftrag nach. Was von dem Farbpulver nicht hängenbleibt, wird abgestaubt. Dann wird in einem staubfreien Raum getrocknet, wie überhaupt das Fondlegen einen staubfreien Raum erfordert (siehe Schritt 74). Erst im völlig trockenen Zu-

stand können »Schilder« aus dem Fond herausradiert oder die Fond-
ränder bearbeitet werden. Schildpausen aus Papier (Schritt 55) streift
man mit einem Kohleläppchen (Schritt 63) ab, wobei sich der Kohlen-
staub um diese Papierflächen herum auf der Fondfarbe festsetzt. Das
schadet aber nichts, denn er brennt im Feuer weg. Der Staubkontur
folgend, können die Schilder (auch »Reserven« genannt) mit zwei Höl-
zern, einem spitzen und einem flachen, aus dem Fond herausradiert
werden.

Wem das zu umständlich ist, der kann auch die Aufglasurfarbe, mit der
Malölmischung angerieben, direkt mit dem Pinsel aufstreichen und an-
schließend mit einem Ballen oder Stumpfpinsel verteilen. Die Farbe
ist dann sehr fest und läßt sich nur schwer radieren. Deshalb werden
Schilder mit Nelkenöl »ausgesprengt«, d. h. das die Farbschicht auflö-
sende Nelkenöl wird mit Kremser Weiß ausgespachtelt (also vermischt)
und mit dem Fehhaarpinsel aufgetragen. Man wartet ein wenig und
kann dann die Farbschicht samt der daraufliegenden weißen Paste mit
einem Wattebausch wegwischen.

Um Aufglasurfonds mit der Spritzpistole auf die (mit einem Leder-
lappen) gutgereinigte Glasuroberfläche aufzubringen, muß das Farbpulver mit Spritzlack vermischt werden. Dabei sind die Angaben zu
Schritt 76 zu beachten! Aussparungen aus dem Spritzlackfond können
vorher mit einer Paste aus Schlämmkreide und Glyzerin abgedeckt
werden. Da der Spritzlack zu einer wasserunlöslichen Schicht erhärtet,
lassen sich nach dem Trocknen die freizulegenden Stellen in warmem
Wasser (in dem das Glyzerin schmilzt) mit einer Nagelbürste heraus-
bürsten. Sicher werden Sie schon gemerkt haben, daß sich diese Technik auch zum Schablonieren und zum Siebdruck eignet.

Ähnlich wie bei Schritt 43, können Sie auch bei den Farbfonds zum
vorherigen Abdecken Folien, am besten Kunststoffolien, verwenden
oder direkt einen Abdecklack auf Kunststoffbasis dünn, als Folie, auftragen. Diese Folien lassen sich nach dem Trocknen des Spritzlacks
mit der daraufliegenden Farbschicht abziehen.

## Schritt 47.   Radieren in Aufglasurfonds

Für zarte Zeichnungen ist das Abdecken zu grob. Sie müssen mit Hilfe
eines Radiermessers und einer Radiernadel (eine Nähnadel in einem
Holzgriff) im Fond angebracht werden. Flächen lassen sich damit
schraffieren oder durch feines Schaben aufhellen (»Lichter« setzen).
Versuchen Sie es erst auf einigen Probeplättchen!

**Schritt 48. Federzeichnungen**

Aufglasurfarben können Sie auch in feinen Stahlfedern wie Tusche behandeln und mit ihnen Schrift schreiben (siehe jedoch auch Schritt 55 und 56), frei zeichnen oder Konturen ziehen, die Sie dann kolorieren. Bevor Sie beginnen, betrachten Sie die Glasuroberfläche mit der Lupe, denn wenn Sie unvorbereitet auf winzige Löcher in der Glasur stoßen, die man mit freiem Auge nicht erkennt, kann die Feder beschädigt werden oder unbeabsichtigte Spritzer von sich geben. Im allgemeinen lassen sich aber mit der Feder zartere Striche erzielen als mit dem Pinsel. Die Farbe wird entweder mit Dicköl aufgespachtelt und mit Nitrobenzol oder Testbenzin verdünnt, oder mit Zuckerwasser und Glyzerin angerührt.

**Schritt 49. Diamantrisse**

Feinste Zeichnungen können mit dem Diamanten in die Glasur geritzt werden. Die Risse müssen, um überhaupt sichtbar zu sein, mit Tusche eingefärbt werden. Aus dem gleichen Grund soll die Glasur weiß oder zumindest hell sein. Die Tuschfärbung setzt sich so fest, daß man nicht zu befürchten braucht, sie gehe beim Waschen ab.

**Schritt 50. Farbkörperstifte**

Genauso wie bei der Kreide-Lithografie lassen sich mit Farbstiften aus keramischen Farbkörpern pastellartige Zeichnungen auf die Glasur aufbringen, wobei man die Glasur selbst matter, also rauher, oder glänzender, also glatter, wählen kann.

**Schritt 51. Rändern**

Das Ziehen einer oder mehrerer Linien oder Bänder parallel zum Rand eines Gefäßes nennt man Rändern. Dazu braucht man eine Ränderscheibe (Abb. S. 113/5), auf der sich das Gefäß langsam dreht, während man entweder mit einem Ränderpinsel oder mit einem Rändergerät die Farbe aufträgt. Das Rändern erfordert sehr viel Übung. Voraussetzungen sind eine einwandfreie Zentrierung des Gefäßes und ein gleichmäßiges Nachfließen der Farbe. Das Rändergerät arbeitet wie ein Rapidograf: aus einer senkrechten Röhre fließt die Farbe über eine Düse aus, in der ein winziger Schwamm steckt. An einem seitlichen Führungsarm läßt sich der Abstand vom Rand einstellen. Gewöhnlich verwendet man jedoch kein solches Gerät, sondern einen Pinsel, dessen Haare für feine Linien wie eine schräge Schneide verlaufen müssen (er heißt »Schrägränderer«). Der rechte Unterarm soll aufgestützt sein, mit den Fingern als Abstandhalter versucht man, den Ränderstrich genau parallel zum Rand zu führen. Die Farbe, mit Dicköl und Terpentin und etwas Lavendelöl aufgemischt, soll den Pinsel so füllen, daß man nicht absetzen muß, um nochmals einzutauchen. Für Bänder gibt es »Bandpinsel« in mehreren Breiten.

### Schritt 52.  Golddekortechniken

Gold ist als metallischer Überzug im Brand zu erzielen, weil es nicht wie andere Metalle im Feuer oxidiert. Die Unterlage muß dicht sein, ein poröser Scherben würde das Gold aufsaugen. Gold ist also nur in Aufglasurtechnik zu verarbeiten, mit Ausnahme des Porzellans, dort kann es auch auf Biskuit aufgebracht werden. Das ist beim sogenannten Ätzgold der Fall, bei dem der Biskuitscherben vorher mit konzentrierter Flußsäure geätzt wird, um auf dieser körnigen Unterlage eine mattglänzende, bronzeartige Struktur der Goldoberfläche zu erzielen. Zum Abdecken der von der Flußsäure zu schützenden Stellen verwendet man eine Mischung aus syrischem Asphalt und Terpentinöl, die man mit dem Pinsel aufträgt und durch Erhitzen glattschmilzt. Man kann pulverisierten Asphalt auch auf Stempellack aufpudern. Die konzentrierte Schwefelsäure (zum Arbeiten muß man Gummihandschuhe anziehen und ins Freie gehn) wird mit entfettetem Ruß zu einem dicken Brei angemacht und mit einer zugeschnittenen Gänsefeder etwa 5—10 mm dick aufgetragen. Nach 20 Minuten kann sie abgenommen und abgewaschen werden. Der Asphaltlack läßt sich mit warmem Terpentinöl entfernen. Zu dieser Ätzgoldtechnik verwendet man Glanzgold. Das ist ein Goldpräparat (es wird auch Neugold genannt), das 10—15 % Gold enthält und, mit Ölen angemacht, in Fläschchen verkauft wird. Es heißt deshalb Glanzgold, weil es glänzend aus dem Ofen kommt, im Gegensatz zum Poliergold, das erst matt und lehmbraun ist und mit Polierstiften (aus Achat oder Blutstein, evt. auch Nachpolieren mit Schlämmkreide) auf Hochglanz oder mit feinem, rundkörnigem Sand (Seesand) oder gebündelten Glasfasern auf Mattglanz poliert werden muß. Dieses Poliergold gibt es in zwei Sorten: als Pulvergold (auch Massivgold genannt, fein verteiltes Goldpulver in Wismutoxid als Flußmittel) und als flüssiges Poliergold in Fläschchen mit etwa 20 % Goldgehalt. Die zähe, harzige Flüssigkeit muß vor Gebrauch erwärmt und geschüttelt werden. Der Goldüberzug paßt sich genau seiner Unterlage an, wird also auf glänzenden Glasuren glatt, auf Mattglasuren (nicht nur auf geätztem Biskuitporzellan) matt. Genauso verhält sich auch Silber, das aber bald schwarz wird (Bildung von Schwefelsilber); deshalb zieht man das teurere Platin vor. Aus Edelmetallen werden auch Lüster hergestellt, das sind hauchdünne schillernde Überzüge auf der Glasur, auf denen man auch noch mit Aufglasurfarben malen kann. Lüster gibt es auch aus unedlen Metallen (Kupfer, Chrom, Mangan, Eisen), diese erfordern jedoch einen leicht reduzierenden Brand. Man kann ihn erzielen, indem man eine Naphtalinkugel durch das Schauloch in die Elektromuffel fallen läßt. Eine besondere Goldtechnik ist das Reliefgold, das ist eine erhabene Vergoldung, bei der als »Goldunterlage« eine Ockerfarbe mit dem Pinsel aufmodelliert wird (wenn eine Pinselschicht angetrocknet ist, bleibt eine zweite erhaben darauf stehen). Diese Unterlage wird erst vorgebrannt, dann vergoldet und nach dem Brennen poliert. Und schließlich wäre noch die Transparentgold-Technik (ebenso Transparentplatin) zu erwähnen, bei der auf einem dunklen Fond ebenfalls mit dem Pinsel in mehreren Lagen gearbeitet wird. Durch die dünnen Lagen schimmert der Fond hindurch, während die dicken die Lichter ergeben. Dieses Modellieren mit dem Pinsel werden wir noch bei Schritt 62 kennenlernen. Das Transparentgold wird nach dem Brennen mattpoliert.

### Schritt 53. Galvanisieren

Aufgebrachtes Glanzgold kann auch galvanisch verkupfert werden, und auf diesem Kupfer lassen sich noch weitere galvanische Schichten anbringen. Auf stegartig angeordneten Glanzgoldlinien ergeben sich durch Galvanisieren mit Kupfer zellenschmelzartige Effekte (Email cloisonné). Ganz mit Edelmetall überzogene Keramik (wie das »Silberporzellan«) läßt sich auch herstellen, indem man die Oberfläche mit Grafit leitend macht. Dazu rührt man Grafitstaub mit Terpentinöl oder Leinöl an, um ihn auftragen zu können, und brennt diese Bindemittel bei 150—180° C aus. Ob man nun die Keramik mit Glanzgold oder Grafit leitend macht, in jedem Falle wird es weiter wie ein zu galvanisierendes Metall behandelt, also entfettet, ins galvanische Bad gehängt und in den Stromkreis gebracht. Mit Leitlacken lassen sich sogar Gipsfiguren verkupfern, versilbern, vergolden usw. (ja nicht nur diese, sondern auch Blätter, Blüten und Zweige aus der Natur).

### Schritt 54. Stempeln

Zu den primitivsten grafischen Reproduktions- (also Vervielfältigungs-) verfahren gehört das Stempeln mit Gummistempeln. Will man Unterglasurfarbe auf rohen Scherben stempeln, so muß dieser erst mit einer

Dextrin- oder Tragantlösung bestrichen werden. Darauf kann man eine aufgespachtelte Mischung aus (im Handel erhältlichem) Druckfirnis : Unterglasurfarbe = 1 : 2 mit einem Gummistempel aufstempeln. Auch bei verschrühter Ware empfiehlt sich, um die Verschmutzung des Stempels zu vermeiden, das vorherige Abdichten der betreffenden Stelle mit Dextrin oder Tragant.

Für Aufglasurfarben braucht man ein Drucköl, das es ebenfalls zu kaufen gibt. Auch dieses wird mit zwei Teilen Aufglasurfarbe verspachtelt. Wem kein Spezial-Drucköl für Aufglasurfarben zur Verfügung steht, der kann auch nur Firnis aufstempeln und trockenes Farbpulver (auch Edelmetallpulver) darüberpudern.

Stempel einfacher Muster kann man sich aus Schaumgummi selbst schneiden. Für Bänder gibt es Stempelwalzen, die neben der eigentlichen Stempelwalze auch noch eine Farbwalze besitzen.

## Schritt 55.   Schablonieren

Wichtig beim Schablonieren ist, daß die Schablone dicht anliegt, damit die Farbe nicht darunterläuft. Das Ausmalen kann mit dem Pinsel oder durch Spritzen erfolgen (Schritt 68).

Die Schablonen selbst können aus mit Firnis (auch mit Maschinenöl) geöltem und (zwischen Zeitungspapier) getrocknetem Papier mit einem scharfen Messer geschnitten werden. Dauerhaftere Schablonen, die auch zartere Zeichnungen und sogar Schrift zu reproduzieren gestatten, lassen sich aus dünnem Blech durch Ätzen gewinnen. Dazu überzieht man das Blech auf beiden Seiten mit Asphalt (siehe Schritt 52), in den man die Umrisse, Zeichnungen, Schriften, Punkte mit einer Nadel einritzt. Nach Umgrenzung und Abdichtung nach unten mit Wachs wird Ätzflüssigkeit aufgegossen, und zwar mäßig konzentrierte Salpetersäure für Kupfer oder Messing und eine verdünnte Lösung von Sublimat und Weinsäure für Weiß- und Stahlblech. Nach dem Durchätzen kann der Asphalt mit warmem Terpentinöl abgeschmolzen und die Schablone mit Sandpapier etwas nachgearbeitet werden.

## Schritt 56.   Stahldruck

Jeder im Format geeignete Kupferstich kann auf Druckseidenpapier mit keramischen Farben gedruckt und auf Keramik übertragen werden. Bedingung ist nur, daß das Papier vorher mit einer Seifenlösung eingestrichen wird. Der Druck von der Platte erfolgt auf diese Seifenschicht, die sich somit zwischen der keramischen Aufglasurfarbe (schwieriger, aber nicht ausgeschlossen ist die Anwendung auf Unterglasurfarben) und dem Papier befindet. Legt man das Druckerzeugnis mit der Farbschicht nach unten auf die gereinigte Glasur (und drückt sie mit einer Gummiwalze leicht an), so kann mit warmem Wasser das Papier wie bei einem Abziehbild abgezogen werden, während die Farbe auf der Glasur zurückbleibt. Als Seifenlösung wird eine Mischung aus 10 g Ölseife, 8 g Pottasche, 200 cm³ Wasser, auf knapp ein Drittel des Volumens eingeengt, empfohlen.

Genauso wie man eine Radierung durch Ritzen eines Ätzgrundes mit einer Nadel und Ätzen gewinnt, läßt sich auch für den keramischen »Umdruck« eine auf Hochglanz polierte Stahlplatte auf allen Seiten mit Asphalt (als »Ätzgrund«, siehe Schritt 52) überziehen und nach dem Einritzen der Zeichnung mit verdünnter Salpetersäure ätzen. Die fertige Druckplatte wird erwärmt und mit einer Mischung aus keramischer Farbe und Druckfirnis mit einem Holzspachtel so eingestrichen, daß die Farbe nur in den geätzten Vertiefungen zurückbleibt (mit weichem Stoffballen nachwischen!) Dann legt man das eingeseifte Druckseidenpapier mit der Schicht nach unten auf die Platte, ein leicht angefeuchtetes Leinentuch darüber, dann eine Filzplatte, und schiebt das ganze in die Druckerpresse. Die Übertragung auf die Keramik führte zur Bezeichnung »Umdruckverfahren« (Abb. S. 87/6).

## Schritt 57.  Buntdruck

Im Gegensatz zum einfarbigen Stahldruck ist der bunte Druck den Abziehbildern vorbehalten, die fabrikmäßig als Steindrucke (Lithografien) hergestellt werden. Jede Farbe erfordert einen neuen Druckvorgang. Das Prinzip ist das gleiche wie beim Umdruckverfahren von der Stahlplatte: Das mit dem Druck (natürlich in keramischen Farben) versehene, in Wasser eingeweichte Papier wird mit der Farbseite nach unten auf die Glasur gebracht, die vorher mit Abziehlack bestrichen wurde (man kann auch das Papier selbst mit Abziehlack bestreichen). Mit einer Gummi- oder Filzwalze wird leicht angedrückt, und während der Abziehlack die Farbe festhält, kann das feuchte Druckpapier abgezogen werden.

## Schritt 58.  Siebdruck

Vom Schablonieren unterscheidet sich der Siebdruck dadurch, daß die Schablone hier auf einem Gewebe (aus Metall, Seide, Kunstfasern) liegt, das in einem Rahmen gespannt ist. Die Farbe wird mit einer »Rakel« durch das Gewebe gedrückt. Siebdruckfarben für Keramik sind fertig im Handel zu bekommen.

Für das Anfertigen der Siebdruckschablone gibt es dreierlei Methoden: a) die Schnittschablonen-Methode. Ein Kunstharzfilm, der sich auf einer durchsichtigen Trägerschicht befindet, wird mit einem feinen Messer so ausgeschnitten, daß die Trägerschicht unverletzt bleibt. Sie wird nämlich gebraucht, um die ausgeschnittene Schablone auf das Drucksieb zu übertragen; dann wird sie entfernt.

b) die Pigmentschablonen-Methode (indirektes Verfahren). Pigmentpapier wird mit einer lichtempfindlichen Kaliumbichromatlösung beschichtet, dann wird ein Diapositiv aufgelegt und mit einer Kopierlampe belichtet. Dabei härten sich die belichteten Stellen, die beim Entwickeln ausgewaschen werden. Dann legt man das Pigmentpapier mit der lichtgehärteten Schicht auf das Sieb und zieht das Rohpapier ab; die Pigmentschablone bleibt auf dem Gewebe zurück.

c) die Fotoschablonen-Methode (direktes Verfahren). Hierbei wird das Gewebe selbst mit einer lichtempfindlichen Kopierlösung beschichtet. Belichtung und Entwickeln wie unter b. Nach dem Auswaschen der unbelichteten Stellen und Trocknen muß gegebenenfalls noch mit Siebfüller retuschiert werden.

### Schritt 59.   Fotokeramik

Ist die Keramikoberfläche eben, so daß man ein Dia mit Kontakt auflegen kann, so läßt sich eine lichtempfindliche Chrom-Gelatine-Schicht auch direkt auf die Keramik auftragen und belichten. Die belichteten Stellen werden hart und verlieren ihre Quellbarkeit, während die unbelichteten beim Entwickeln klebrig werden. Man trocknet sie ein wenig ab und pudert dann Aufglasurfarbe darüber. Sie bleibt je nach Klebrigkeit mehr oder weniger dick haften und ergibt auf diese Weise die der Fotografie entsprechenden Halbtöne.

Ist die Keramikoberfläche gekrümmt, so benutzt man eine Glasplatte, von der die eingepuderte Schicht mit einem Kollodiumhäutchen auf die Keramik übertragen wird.

### Malerische Techniken

Mit ein paar kräftigen Pinselstrichen verstanden es die chinesischen, japanischen und koreanischen Töpfer, ihren Werken mit Eisenoxid, Kobalt- und anderen Oxiden ein malerisches Attribut hinzuzufügen, das sich mit der Keramik organisch verband (Abb. S. 99/1). Diese Fertigkeit fußte auf der hohen Kultur der ostasiatischen Kalligrafie und setzte eine dem normalen Europäer fremde Vertrautheit mit dem Pinsel voraus. In der Renaissance und im vorindustriellen Manufakturzeitalter löste sich die Malerei durch Arbeitsteilung aus einer solchen Bindung und erlangte ein gewisses Eigenleben auf Keramik. Dafür waren nicht nur die besonderen Arbeitsbedingungen, die das Malen erfordert, verantwortlich, sondern auch die besonderen Gesetze, denen es unterliegt und die als Stil, Manier und Mode ihren eigenen Wandel vollziehen. Schließlich lieferte die Keramik nur den Malgrund für Buketts, Städtebilder, Jagdszenen, Schlachten und Porträts.

Welche malerische Technik Sie auch anwenden wollen, immer werden Sie Übung und Erfahrung nötig haben: Die Erfahrung, wie man den Gegenstand halten soll, um einen freien, rhythmischen Pinselzug zu erzielen, daß man den Pinsel besser am oberen Stilende anfaßt, welche Wirkungen sich bei vollem oder trockenem Pinsel, bei schnellem oder langsamem Arbeiten ergeben. Und die Übung, die zu einem frischen und kraftvollen Pinselstrich führt, zu dem das Malen auf einer porösen Unterlage, wie z. B. der rohen Fayenceglasur oder dem Scherben, geradezu zwingt.

Beginnen Sie mit einfachen Strichübungen auf Papier! Erweitern Sie diese Striche zu Gräsern und Blättern, Zweigen und Ästen! Schaffen Sie

*Zu den Bildern auf der gegenüberliegenden Seite:*

1. *Schale aus China (Tz'u-chou) mit Malerei aus braunem Ton auf weißer Engobe, 10. Jh.*
2. *Halbfayence-Schüssel mit Malerei aus schwarzem Ton unter türkisgrüner Glasur. Syrien 13.—15. Jh. Der Sandfrittescherben war beschädigt und wurde mit Gips restauriert; daher die weißen Flecken.*
3. *Spanischer Teller mit Malerei in Cuerda-seca-Technik: durch Manganstege getrennte Glasurflächen. Sevilla, 1. Hälfte des 16. Jh.*
4. *Tonfigur des Vegetationsgottes Xochipilli mit Vogelkopf und Schmetterlingsbemalung in Erdfarben. Mixtekisch, 11.—15. Jh.*
5. *Berühmt sind die mit Schlicker aus dem Malhorn bemalten riesigen Schüsseln aus Stoke-on-Trent in der Grafschaft Staffordshire, dem englischen Töpfereizentrum, die zwischen 1660 und 1680 von der Töpferfamilie Toft hergestellt wurden.*
6. *Eine besondere Art der Schlickermalerei wird als pâte sur pâte bezeichnet. Das abgebildete Stück (Ausschnitt) stammt von dem Maler Kretschmar aus Meißen, 1884.*

sich schon damit ein eigenes Repertoire, auf das Sie jederzeit zurückgreifen können und das Sie allmählich erweitern! Gehen Sie zunächst von diesen Skizzen aus, selbst bei einfachen, flüchtigen Pinselstrichen, erst recht bei Mustern, Symbolen, Ornamenten oder Bildern.

### Schritt 60. Schlickermalerei mit dem Gießhorn

Aus der Umgangssprache französischer Enten stammt das Wort barboter und bedeutet: mit dem Schnabel im Schlamm wühlen. Davon kommt die in Frankreich (und auch sonst) als Barbotine-Technik bezeichnete Schlickermalerei. Sie kann mit dem Gießhorn oder mit dem Pinsel ausgeführt werden. Das Gießhorn stellte sich der Töpfer früher selbst her; es war ein Gefäß in Gestalt einer dickbauchigen Flasche, in deren Hals ein Federkiel steckte und dessen Wand auf einer Seite aufgeschnitten war. Aus dem Federkiel floß der Malschlicker. Heute verwendet man meist Gummibälle mit einer spitzen Ausflußöffnung (Abb. S. 113/1).

Die berühmtesten Töpferwaren mit Schlickermalerei stellten die englischen Töpfer im 17. Jahrhundert in Kent, London und Staffordshire her (Abb. S. 99/5). Seitdem ist die Gießhorntechnik hauptsächlich auf Bauernkeramik anzutreffen. Sie wirkt immer frisch und ursprünglich, denn es ist nicht möglich, etwas auszubessern oder einen Strich nachzuziehn. Striche, Wellenlinien und Punkte sind die Gestaltungselemente; sie dürfen nicht zu dicht stehen.

Man kann auch verschiedenfarbige Schlicker ineinanderlaufen lassen, übereinander malen, schütteln oder mit einem Federkiel kämmen wie beim Federmuster der bulgarischen Bauernkeramik.

### Schritt 61. Schlickermalerei mit dem Pinsel

In China und Persien haben die Töpfer schon im 9. Jahrhundert mit farbigen Tonen gemalt. Der englischen Bezeichnung folgend, spricht man von »Slip-Dekor«. Historisch gesehen, ist es eine Vorstufe der Unterglasurmalerei. Während die alten Perser die Schlickermalerei flächig (z. B. bei den persischen »Schriftfayencen« oder schwarzen Silhouetten unter Türkisglasur, Abb. S. 99/2) anwandten, hat man später, im Jugendstil, vor allem in den USA (Rockwood Pottery in Cincinnati, Ohio), den Schlicker mit dem Pinsel modelliert, so daß plastische Malereien unter Kunstglasuren entstanden. Alle diese Techniken haben herrliche Resultate geliefert, die Ihnen sicher auch Anregungen zu eigenen Ideen geben können.

### Schritt 62. Pâte-sur-pâte-Technik (Pinselreliefs)

Um 1860 griff man in Sèvres die alte chinesische Pinselrelieftechnik auf. Solon hieß der bedeutendste Künstler, der sie vertrat und der sie auch in England einführte. Meißen, Berlin und Kopenhagen folgten diesen Beispielen. Bei dieser Technik handelt es sich um schichtweises Auftragen eines weißen Schlickers auf dunklen Grund, wobei die feinsten Schichten wie Schleier wirken, die dickeren dagegen rein weiß und körperhaft. Das Ganze hat das Aussehen einer Kamee, eines geschnittenen antiken Halbedelsteins (Abb. S. 99/6).

Gemalt wird mit einem Fehhaarpinsel mit einem gut fließenden, weißen, mit Glyzerin angemachten Masseschlicker auf rohem Engobegrund. Auch die Engobe wird, damit sie nicht zu schnell austrocknet, Glyzerin beigemischt. Ist die Schleierwirkung der dünnen Lagen unbefriedigend, so läßt sich die halbtrockene Malerei mit einem Modelliereisen nachmodellieren.

Pinselreliefs lassen sich auch als Aufglasurtechnik mit weißer Schmelzfarbe (sogenanntem Blickweiß) auf glattgeschmolzener Glasur erzielen. Diese Technik wurde zuerst in Limoges im 17. Jahrhundert auf Email angewandt und heißt deshalb »Limoges-Malerei«.

### Schritt 63. Vorzeichnen und Übertragen des Entwurfs

Will man direkt auf Keramik zeichnen, so genügt für weißgetrockneten Grund ein gewöhnlicher weicher Bleistift, für verglühten Scherben ein Holzkohlestift, für hartes Porzellanbiskuit ein harter Bleistift oder zugespitztes metallisches Blei, zum Zeichnen auf der Glasur eignet sich am besten ein weicher Bleistift, man muß aber vorher die Glasur mit Terpentinöl dünn überwischen.

Zu jeder Art von Malerei kann der Entwurf mit einer Stechpause übertragen werden. Man nimmt dazu Stanniol, legt es auf eine Filzplatte und sticht feine Löcher die Konturen entlang (Abb. S. 113/4). Leichter lassen sich die Lochlinien mit einem Schnittmusterrädchen (es gibt auch spezielle Rädchen für Lochschablonen) herstellen. Legt man die Stechpause auf die Keramik, so kann man mit einem Samtläppchen Ruß oder Holzkohlestaub aus einem Näpfchen aufnehmen (man kann auch einen Puderbeutel verwenden) und durch die Löcher im Stanniol reiben. Ruß und Holzkohle brennen später aus, ohne Spuren zu hinterlassen.

### Schritt 64. Unterglasurmalerei

Die Keramik kann im lederharten, im weißtrockenen (was weniger

günstig ist) oder im verglühten Zustand mit Unterglasurfarben bemalt werden (Abb. S. 103/2). Das Farbpulver (es hat im rohen Zustand eine andere Farbe als im gebrannten) wird im Farbnapf mit
Sirup angerührt und ein paar Tage stehen gelassen (frisch angemachte
Farbe verarbeitet sich schlecht. Es gibt auch mit Öl angemachte Unterglasurfarben (sogenannte Farbschmieren); verwendet man diese, so
muß das Öl vor dem Glasieren erst ausgebrannt werden, weil es sonst
den Glasurbrei abstößt. Zum Malen eignet sich ein Fehhaarpinsel, für
Konturen ein Rindshaarpinsel. Zum Bereitstellen bestimmter Farbtöne
brauchen Sie noch eine Palette. Einige »Fachausdrücke« werden Ihnen
vielleicht noch Spaß machen: starkfarbige Flächen, die mit unverdünn-
ter Farbe gemalt werden, heißen »Drucker«, helle Flächen, mit verdünnter Farbe gemalt (verdünnt wird mit Wasser wie bei Wasserfarben), heißen »Blässen«. Ausradierte Farbstellen, die den Grund durch-
schimmern lassen, sind »Lichter«. Wer die ganze Farbe, die im Pinsel
steckt, ausmalt, »vertreibt« die Farbe. Aus der Erfahrung hat sich auch
die günstigste Körperhaltung beim Malen herausgebildet: Man sitzt
am Tisch, die Rechte ruht auf der Tischplatte, die Linke, links neben
dem Tisch, ist mit dem Ellbogen auf dem linken Oberschenkel aufgestützt und hält mit den Fingern den Teller locker und bei Bedarf leicht
drehend. Die Striche zieht man immer zum Körper und den Teller

*Zu den Bildern auf der gegenüberliegenden Seite:*

1. *Mit ein paar flüchtigen, aber kräftigen Pinselstrichen hat Hamada
   Shoji, der Begründer der modernen japanischen Amateurkeramik-
   Bewegung, 1963 diese Steinzeugvase mit Eisenoxyd auf der weißen,
   aufgebürsteten Glasur bemalt. Die Seiten sind graugrün glasiert.*
2. *Chinesische »Palastschale« mit blauer Unterglasurmalerei und höl-
   zernem Untersatz. Mittlere Ming-Zeit, 1465—1487.*
3. *Persische Miniaturmalerei in Lüster auf Fayenceglasur. Kaschan
   1210.*
4. *Italienische Majolikamalerei, ein Beispiel für die »Coppe amatorie«, die die italienischen Jünglinge der Renaissance von ihren Angebeteten beim Töpfer bestellten. Casteldurante 1546.*
5. *Fliese mit barockem Reiter. Delfter Fayence um 1700.*
6. *Aufglasurmalerei von Adam Friedrich von Löwenfinck in Porzel-
   lanmanier auf einem Fuldaer Fayenceteller (Ausschnitt) 1751.*

malt man von innen nach außen. Die Farbe darf nicht zu dick aufliegen, sonst kocht sie auf oder läuft breit. Sie muß soviel Sirup enthalten, daß sie im getrockneten Zustand gerade noch etwas abfärbt, wenn
man mit dem Finger drüberfährt.

Eine Besonderheit des Steinzeugs ist das Malen mit Smalte vor dem
Salzglasieren. Mit Smalte bezeichnet man eigentlich ganz allgemein
gefärbte Schmelzen, im besonderen (im Rheinland) versteht man darunter einen schönen kobaltblauen Glasfluß, der, als Pulver verrieben,
zum Malen verwendet wird.

### Schritt 65.   Lösungsfarben

Wäßrige Lösungen von Schwermetallsalzen werden, wenn man sie mit
dem Pinsel aufträgt, vom verglühten Scherben aufgesaugt und bilden
mit den Scherbenbestandteilen gewissermaßen an Ort und Stelle Farbkörper. Diese »Lösungsfarben«, die man nur beim Porzellan kennt,
zerlaufen in den Scherbenporen wie Wasserfarben auf Löschpapier.
Will man sie eindämmen, so muß man Dicköl auftragen, das die Poren
verstopft. Spritzt man die Lösungsfarben mit dem Aerografen auf, so
deckt man die Stellen, die ungefärbt bleiben sollen, mit einem Schlamm
aus Holzkohlepulver ab. Die so bemalte Keramik muß vor dem Glasieren zum zweitenmal verglüht werden, weil sich sonst die Farben in
der Glasur auflösen würden. Lösungsmalerei ist eine Spezialität der
Kopenhagener Porzellanmanufakturen.

### Schritt 66.   Zubereiten der Glasur

Glasuren sind staubfein gemahlene Mineralien, in Wasser aufge-
schlämmt. Man kann sie gemahlen in fertiger Mischung beziehen und
braucht sie dann nur noch in Wasser anzurühren und durch ein feines
Sieb in eine große Schüssel zu schütten. Auch wenn man keine Fertigglasuren bezieht, sondern einzelne Rohmaterialien und Fritten, braucht
man nicht unbedingt eine Mühle, um die Glasurmischung zuzuberei-
ten. Es genügt, sich die Einzelbestandteile feingemahlen schicken zu
lassen und sie in abgewogenen Mengen (entsprechend dem errechneten
Versatz) über ein Sieb mit 3600 Maschen pro Quadratzentimeter in
den Glasurbehälter zu sieben. Dann wird mit Wasser verrührt.

Man kann die Keramik im lederharten, weißtrockenen oder verschrühten Zustand, mit oder ohne Unterglasurmalerei oder Engobe glasieren
(durch den Glasurauftrag verschwindet natürlich die Malerei und wird
erst wieder sichtbar, wenn Sie das Stück aus dem Ofen nehmen). Das
lederharte Stück hat nur noch eine geringe Schwindung vor sich (Frage

38). Ist sie größer als die Schwindung der mageren Glasurschicht, so kann diese beim Trocknen abplatzen. Ist sie kleiner (die Glasur zu plastisch), so kann sie reißen und im Brand abrollen (»Glasurroller«). Im ersten Fall läßt sich der Glasurbrei durch Tonzusatz (etwas Ton oder Kaolin ist im »Mühlenversatz« ohnehin bereits vorhanden) plastifizieren. Die Glasur wird dadurch aber schwerer schmelzbar. Deshalb ist es besser, dem Glasurbrei in warmem Wasser gelöstes Dextrin (50 bis 80 g pro kg Glasurpulver) zuzusetzen, um ihn elastischer zu machen. Wird geschrühte Keramik glasiert, so erübrigt sich meist ein Dextrinzusatz — wenn nicht, kann er geringer sein (20—40 g/kg). Im zweiten Fall ersetzt man einen Teil des Rohtones oder -kaolins durch geglühten (Frage 83).

### Schritt 67.   Glasieren durch Gießen und Tauchen

Glasieren von verschrühter Keramik ist sicherer als von lederharter, denn bei dieser treten nicht selten »Abroller« auf (die Glasur rollt sich später, im Brand, zusammen). Die zu glasierende Keramik soll staub- und fettfrei sein. Lederharte Ware kann man vorher abschwämmeln, verschrühte mit einem Pinsel abputzen. Hohlgefäße werden erst innen glasiert, d. h. mit dem Glasurschlamm ausgeschwenkt (Abb. S. 107/2). Beim Ausgießen der überschüssigen Glasur dreht man das Gefäß so, daß keine Stelle freibleibt. Nach dem Antrocknen der Innenglasur folgt die Außenfläche, wobei man das Gefäß in der linken Hand, nur mit den Fingerspitzen gehalten, dreht, mit der Rechten gießt man den Schlamm aus einer großen Schöpfkelle oder einem Gießgefäß darüber (Abb. S. 107/1). Die Glasur fließt in die Schüssel zurück. Die Fingerstellen werden mit einem Pinsel sofort ausgebessert.
Teller und Schalen wird man besser mit Hilfe einer Glasierzange (Abb. S. 107/3) in den Glasurbrei tauchen. Für Hohlgefäße wären dazu zu viel Glasur erforderlich. Das Glasieren soll stets rasch erfolgen, weil sonst die Schicht zu dick wird (sie soll nur 1—1,5 mm dick sein, Frage 83, Fayenceglasuren jedoch doppelt so dick!) und weil die Keramik dann auch zu viel Wasser aufnehmen würde (besonders beim Ausschwenken können weißtrockene Hohlgefäße leicht erweichen).
Statt Gießen oder Tauchen können Sie die Keramik auch, wie beim Engobieren (Schritt 42) übergießen. Stets aber muß die Standfläche mit dem nassen Schwamm abgewischt werden.

### Schritt 68.   Glasieren durch Spritzen

Vorteilhafter als das Gießen und Tauchen ist das Glasieren mit der

Spritzpistole, vor allem bei Keramik, die mit Unterglasurfarben bemalt ist. Auch Fayenceglasuren werden besser gespritzt; sie müssen besonders gleichmäßig und dick (etwa 2 mm im trockenen Zustand) aufgetragen werden. Das Glasurspritzen mit Spritzpistolen erfordert jedoch einen größeren technischen Aufwand, eigentlich müßte man sogar eine Absauganlage fordern. Man kommt aber auch mit einer Plastikhaube zurecht, vor allem, wenn es sich nur um eine gelegentliche Arbeit handelt. Die Haube soll die überschüssige Glasur auffangen und vor dem Einatmen des Glasurstaubes schützen. Die zu glasierende Keramik steht inmitten dieser zeltartigen Haube auf einer Ränderscheibe und wird aus einer Entfernung von 20—25 cm unter langsamer Drehung angesprüht.

Kleinere Mengen lassen sich auch mit dem Aerographen spritzen, wenn man diesen in einen Gummiball steckt, der den Glasurbrei enthält. Während man mit dem Mund bläst, drückt man den Ball ein wenig zusammen, um die Glasur dem Aerographen zuzuführen (Abb. S. 107/4).

## Schritt 69.  Inglasurmalerei (Fayencemalerei)

Die Fayencetechnik besteht im Bemalen einer rohen (lediglich getrockneten), weißen, deckenden Glasur (Zinnglasur) mit Fayencefarben, die

*Zu den Bildern auf der gegenüberliegenden Seite:*

1. *Beim Glasieren durch Begießen wird das Stück in einem Zuge so gedreht, daß die Glasur überallhin gelangt. Die Außenflächen werden jedoch erst glasiert, wenn die Innenglasur (durch Ausschwenken) aufgetragen ist.*
2. *Ausschwenken von Flachgefäßen mit Glasurbrei.*
3. *Tauchen mit der Glasierzange.*
4. *Glasurspritzen mit dem Aerografen im Gummiball.*
5. *Halbglasierte Keramik läßt den Ton sehen und ist das beste Mittel zu verhindern, daß das Stück im Brand durch die Glasur auf der Unterlage festklebt. Schale des Teemeisters Oribe. Japan, 16. Jh.*
6. *Mehrfach glasiert ist hingegen dieses Steinzeuggefäß mit Seladonglasur aus der Sung-Zeit, China 12./13. Jh. Durch mehrfache Glasurschichten mit verschiedenen Reduktionsgraden erreichten die chinesischen Töpfer jene Tiefe, die ihre Seladonglasur so berühmt gemacht hat.*

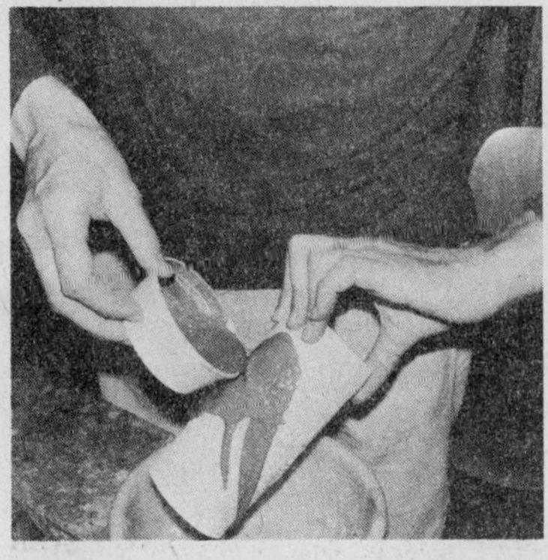

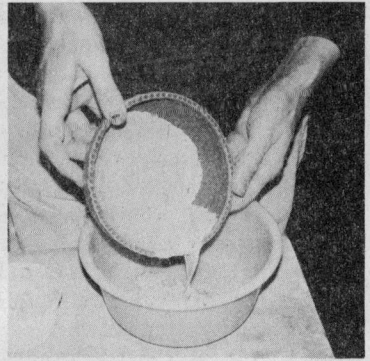

beim Glattbrennen in die Glasur einsinken. Glasiert wird der verschrühte Scherben. Vorteilhaft ist es, die Glasur durch Spritzen aufzutragen, weil man sie dann leichter gleichmäßig bekommt. Das Malen ist deshalb schwierig, weil die getrocknete Glasurschicht das Wasser, mit dem die Farben angemacht sind, schnell aufsaugt, ja sogar der Pinsel saugt sich fest. Das bedeutet, daß man sehr flott malen muß. Dazu kommt, daß auch die Farbe von der gleichen »kurzen« Beschaffenheit ist wie die Glasur, also ein mageres Pulver. Um es geschmeidiger zu machen, reibt man sie mit Dextrin (in warmem Wasser gelöst) auf der Glasplatte an. Und die Glasur besprüht man am besten (mit dem Aerografen) mit Haftmittel; dann sind die Schwierigkeiten des Bemalens behoben. Fayencen gehören zu den schönsten keramischen Kunstwerken (Abb. S. 103/3—6), und warum sollten Sie nicht auch daran Anteil haben, wenn so viele vor Ihnen schon Erfolg hatten? Sie tun aber gut daran, erst einige Versuche auf Probeplättchen zu machen und danach eventuell auch den Dextrinzusatz zur Farbe zu korrigieren.

### Schritt 70.  Zwischenglasurmalerei
Es hat nicht an Versuchen gefehlt, die Schwierigkeiten der »echten« Fayencemalerei zu umgehen. Man kann die Glasur vorbrennen, so daß sie eine harte Kruste bildet; darauf wird die Farbe jedoch leicht griesig. Eine andere Möglichkeit besteht darin, die Malerei auf eine feste Glasur aufzubringen und das ganze mit einer bleihaltigen Deckglasur zu überziehen, die das Einsinken der echten Fayencemalerei in die Glasur ersetzen soll. Und, wie die Geschichte der Keramik zeigt, verzichtete man schließlich ganz und gar auf einen Glasurgrund, egobierte weiß, malte darauf mit Unterglasurfarben und glasierte mit einer durchsichtigen Bleiglasur darüber. Diese Technik der »Halbfayencen« hat sich auf Bauernkeramik erhalten.
Hermann August Seger hat auch für Porzellan eine Technik der Zwischenglasurmalerei vorgeschlagen, bei der mit Aufglasurfarben auf die glattgeschmolzene Glasur gemalt wird. Danach wird das Öl, das als Malmittel diente, bei 800° C ausgebrannt, und eine Steingutglasur auf die erwärmte Keramik aufgebracht, die bei etwa 1000° C glattschmilzt.

### Schritt 71.  Einsetzen der glasierten Keramik in den Ofen
Dreierlei müssen Sie beim Einsetzen der Keramik zum Glattbrennen in den Ofen beachten: 1. Die Glasur wird im Feuer klebrig und darf deshalb nichts berühren. Der Standring der Gefäße muß von Gla-

sur frei sein (mit dem Schwamm abwischen); trotzdem dürfen Sie die Stücke nicht einfach auf die Schamotteplatten stellen, sondern auf Dreikantstäbe oder Dreispitze (Abb. S. 159/6), die minimale Berührungspunkte haben. Zusätzlich sollen die Schamotteplatten noch mit Trennmittel (Sand oder Kaolin) bestreut oder mit dem mit Wasser zu Brei angemachten Trennmittel bestrichen werden, damit herabfließende Glasurtropfen nicht festbacken. 2. Der Einsatz muß stabil sein, damit nichts seine Lage während des Brandes verändern, umkippen oder zusammenfallen kann. 3. Vor dem Einsetzen ist die Ware zu kontrollieren; gegebenenfalls ist die Glasur auszubessern. Dazu gehört auch, daß die glasierte Keramik äußerst vorsichtig angefaßt wird. Ansonsten gelten die für den Schrühbrand (Schritt 8) gegebenen Hinweise.

### Schritt 72.  Glattbrand

Bei allen Keramikgattungen, außer beim Steingut, hat der Glattbrand die höchste Temperatur. Das gilt vor allem für die Irdenware, bei der man ja (wegen der Haarrisse) bestrebt ist, die Glasur so hoch wie möglich zu brennen. Der Grund für das »umgekehrte Brennverfahren« beim Steingut liegt in der breiteren Farbpalette der Unterglasurfarben bei tieferer Temperatur. Es bleibt Ihnen jedoch unbenommen, dieses umgekehrte Brennverfahren auch bei anderen Warengattungen anzuwenden.

Ist die Keramik in den Ofen eingesetzt, so schließen Sie ihn, sorgen aber, auch wenn Sie ausschließlich vorgeschrühte Stücke eingesetzt haben, für eine Abzugsmöglichkeit des Wasserdampfes und der gasförmigen Ausscheidungen aus den Glasuren. Ist keine besondere Abzugsöffnung vorgesehen, so genügt es auch, das Schauloch offen zu halten. Bei beginnendem Glühen kann alles geschlossen werden.

Abgesehen von den Segerkegeln, die Sie nach den Vorschlägen auf Seite 205 benützen sollten, und von der Pyrometeranzeige, können Sie die Höhe des Brandes auch an der Farbe des Glühens der Keramik (nicht der Heizwiderstände) abschätzen: Das Glühen beginnt bei etwa 525° C, bei 700° C ist es dunkelrot, von 800—900° C spricht man von Kirschrotglut. Das Glühen wird immer heller, und bei etwa 1300° C beginnt die Weißglut.

### Schritt 73.  Aufglasurmalerei

Grundsätzlich können Sie jede glattgeschmolzene Glasur mit Aufglasurfarben bemalen. Sie brauchen nicht der industriellen Gewohnheit zu folgen, die Aufglasurmalerei nur bei Porzellan und Steingut kennt.

Sie müssen nur darauf achten, welche Temperatur von der Lieferfirma für das Einbrennen (oder Aufschmelzen, daher »Schmelzfarbe«) angegeben ist. Und Sie können über die Malerei keine weitere Glasur legen, es sei denn, Sie brennen das ölige Malmittel vor dem Glasieren aus.

Die Aufglasurmalerei hat einen porzellanhaften Charakter (Abb. S. 103/6). Das abgeschiedenste Eigenleben führt seit dem frühen 17. Jahrhundert die Hausmalerei auf Porzellan, das sind berufsmäßige Porzellanmaler, die von den Fabriken Weißware kaufen und sie bemalen. Aber auch Laien haben sich immer wieder mit dem Bemalen von Porzellan mit Aufglasurfarben in ihrer Freizeit beschäftigt. Dagegen unterhalten die größeren Fabriken und Manufakturen eigene Malerschulen, in denen die Lehrlinge ihre Spezialausbildung erfahren, während Sie die Bücher von Mields/Lauschke oder von Richard Jäger (Seite 216) zum Selbstunterricht benutzen können.

Die Aufglasurfarben und Edelmetallpräparate werden bei 720—860° C aufgeschmolzen. Bei ihrer Bestellung soll angegeben werden, ob sie für Porzellan (bei 800, 850, 900° C) oder für Steingut (bei 780 bis 800° C) bestimmt sind, da die Temperaturen, wie Sie sehen, ein wenig differenzieren (übrigens werden Schmelzfarben auf Glas bei 550 bis 650° C aufgeschmolzen). Gegenüber diesen Aufglasurfarben müssen die Scharffeuerfarben (die ebenfalls auf die fertige Glasur gemalt werden) genauso wie die Unterglasurfarben die hohe Temperatur des Glattbrandes vertragen.

**Schritt 74. Vorbereitung des Arbeitsplatzes zum Aufglasurmalen**
Der Umgang mit den klebrigen Ölen, die als Malmittel bei der Aufglasurmalerei verwendet werden, erfordert größte Staubfreiheit. Sorgen Sie also für Sauberkeit, richtige Beleuchtung und ausreichenden Platz, ehe Sie mit dem Malen selbst beginnen. Vorteilhaft ist ein Trokkenschrank, den man bis 50° C beheizen kann. Zum Auflegen des Armes beim Malen hat sich ein Malpult (Abb. S. 113/3) bewährt, auf das ein Porzellanhausmaler ebensowenig verzichtet wie auf ein Palettenschränkchen, einen Ölkasten, eine Glasplatte mit Läufer zum Farbenreiben (Abb. S. 113/4), eine Lochpalette und eine Ränderscheibe (Abb. S. 113/5).

**Schritt 75. Vorbereitung und Pflege der Malwerkzeuge**
Das sibirische Eichhörnchen liefert, wenn auch unfreiwillig, das Fehhaar, aus dem womöglich die Pinsel für die Aufglasurmalerei bestehen

sollen. Auch Marderhaar ist geeignet. Zum Zeichnen braucht man feine, zum Malen dickere Pinsel, die man in Federkielen zu kaufen bekommt (Abb. S. 113/2). Als Stiel wird das Holz des Pfaffenhütchenstrauches empfohlen. Man soll ihn sich selber schnitzen. Den Federkiel weicht man vorher ein, damit er beim Aufstecken auf den Stiel nicht platzt. Die Pinsel müssen eine feine Spitze bilden, notfalls muß ein oder das andere Haar beschnitten werden. Legen Sie die Pinsel immer auf ein Pinselbänkchen ab. Vor einer längeren Pause formt man mit ein wenig Dicköl den Pinsel spitz und legt ihn so ab. Ausgewaschen wird mit Terpentinöl, das zum besseren Lösen auch angewärmt werden kann. Größere Pinsel können auch noch mit Spiritus nachgewaschen und danach mit Wasser und Seife endgültig gereinigt werden. Außer den Pinseln brauchen Sie noch für jede Farbe eine Palette, am besten eine Glasplatte, unter die Sie ein Stück weißes Papier legen, damit Sie die Mengen und Farben besser erkennen können. Auf diesen Platten müssen die Farben mit dem Malmittel (Schritt 76) verspachtelt werden. Die fertige Farbe nimmt man dann mit dem Pinsel von der Palette oder aus einer Lochplatte aus Porzellan (Schritt 83), die man zu kaufen bekommt (es ist ein Porzellan- oder Steingutbrett mit Vertiefungen). Auch ein Radiermesser können Sie gut gebrauchen, um Schmutz, der festklebt, zu entfernen, um etwas auszubessern oder um Lichter in die Malerei zu schaben. Verpatztes können Sie mit einem Terpentinläppchen wegwischen.

## Schritt 76.   Zubereiten der Farben

Wenn Sie nur gelegentlich etwas in Aufglasurfarben malen wollen, so benützen Sie ruhig fertig angemachte Tubenfarben, die es für diesen Zweck zu kaufen gibt, auch wenn zünftige Porzellanmaler diese ablehnen. Sie sind mit Terpentin- und Dicköl malfertig der Tube zu entnehmen. Diese öligen Malmittel haben die Aufgabe, die Pulverkörnchen zusammenzuhalten und an die Glasuroberfläche zu heften. Wollen Sie sich ausgiebig mit der Aufglasurmalerei beschäftigen, so kaufen Sie die Farbpulver in Tütchen oder Schächtelchen (sie sollten sie auch noch auf der Glasplatte nachreiben) und legen sich einen »Ölnapf« an, dem Sie nach 6—8 Wochen Terpentin- und Dicköl entnehmen können. Dieser Ölnapf besteht aus mehreren ineinandergestellten Porzellanschälchen. Das innerste gießen Sie voll Terpentinöl; dieses kriecht von selbst im Laufe der Wochen über den Rand in den nächstgrößeren Napf. Sie kommen mit drei Näpfen aus, die Sie noch in eine Untertasse stellen. In dieser bildet sich durch Verharzen das Dicköl (es ist zäh = zach = Zachöl), das Sie gemeinsam mit dem leichter flüssigen Terpentinöl zum Aufspachteln jeder einzelnen Farbe auf je einer Palette brauchen. Ist das Dicköl schon zu dick geworden, so kann man es mit einem Tropfen Nelkenöl verdünnen. Mit frisch angespachtelter Farbe läßt sich nicht gut malen, denn die Farbpulverkörnchen besitzen eine gewisse Porosität, wodurch sie das Malmittel aufsaugen. Sie können deshalb die angespachtelte Farbe in der Lochpalette stehen lassen und nach ein paar Tagen wie eine Wasserfarbe benutzen, nur daß Sie anstatt Wasser Terpentinöl nehmen.

Wollen Sie Aufglasurfarben mit der Spritzpistole verarbeiten, so benutzen Sie Spritzlack, dem Sie eine kleine Menge (die ausprobiert werden muß) Dicköl beimischen.

### Schritt 77. Farbtests

In der Aufglasurmalerei stehen Ihnen praktisch alle Farben zur Verfügung, die Sie sich nur wünschen können. Sie sind durchsichtig, durchscheinend oder deckend. Wollen Sie sie durchsichtiger machen, so verreiben Sie sie mit Generalfluß, der sich mit allen Farben verträgt.

*Zu den Bildern auf der gegenüberliegenden Seite:*

1. *Malen mit dem Engobe-Malbällchen.*
2. *Abgeschrägter Ränderpinsel, Rotmarderhaar-Pinsel für feinste Malarbeiten. Fehhaar-Pinsel für mittlere und grobe Arbeit. Breiter Stupf-Pinsel.*
3. *Porzellan-Hausmaler verwenden ein Malpult zum Auflegen des Armes. Es enthält auch die Blechschachtel mit dem Malöl. Unten: Kratzfeder, Federmesser, Holz- und Stahlspachtel.*
4. *Mit einem Puderbeutel, in dem sich Ruß oder Holzkohlepulver befindet, läßt sich über eine Stechschablone (oben: Pausnadel) der Entwurf auch auf die rohe Glasur übertragen, wie das bei der Fayencemalerei erforderlich ist, wenn man auf vorgezeichnete Hilfslinien Wert legt. Unten: aufgerauhte Glasplatte mit Läufer zum Farbenreiben. Die Glasplatte ist auf ein Holzbrett aufgeklebt.*
5. *Tischränderscheibe aus Stahlguß, mit Hammerschlaglack lackiert.*
6. *Zum Testen der Farben streicht man sie in Streifen gitterförmig auf einen Teller.*

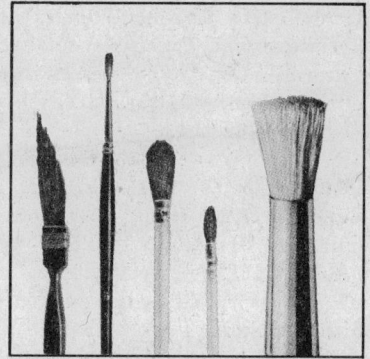

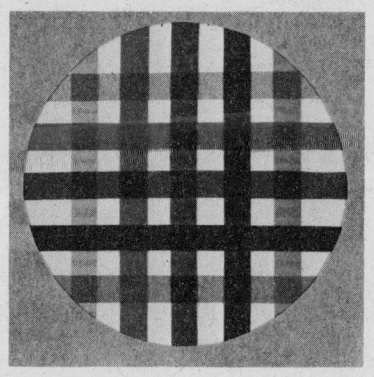

Da die Farbe des rohen Pulvers (die »Blende«) nicht mit der Brennfarbe übereinstimmt, malen Sie, solange Ihnen die Erfahrung fehlt, wie ein Farbenblinder. Deshalb ist es wichtig, daß Sie in Farbtests erst einmal ausprobieren, was für Farben überhaupt aus Ihren Pulvern werden. Zum anderen wollen Sie aber auch erfahren, was herauskommt, wenn Sie zwei Farben mischen oder die eine mit der anderen übermalen. Der Farbtest besteht nun darin, daß Sie mit jeder Ihrer Farben ein Band von 1 cm Breite über einen Teller malen, und zwar so, daß die einzelnen Farbbänder parallel, in 1,5 cm Abstand voneinander liegen (Abb. S. 113/6). Senkrecht zu diesen Parallelstreifen legen sie aus den gleichen Farben die gleichen Streifen, wodurch ein Farbstreifengitter entsteht, dessen einzelne Streifen Sie beschriften, um sie nach dem Brand wieder zu erkennen. Das gleiche machen Sie auf einem zweiten Teller nochmal, brennen aber nur den einen. Damit haben Sie ein Anschauungsbeispiel, das Ihnen den Unterschied zwischen Roh- und Brennfarbe demonstriert und gleichzeitig erkennen läßt, zu welchen Ergebnissen das Übereinandermalen der einzelnen Farben führt (Sie werden zu Ihrer Überraschung bemerken, daß sich manche auflösen). Zu anderen Resultaten als das Übermalen führt das Mischen (das gemeinsame Aufspachteln zweier Farben). Mit dem geschilderten Farbtest können Sie auch diese Farbwirkungen erkunden.

### Schritt 78. Scharffeuermalerei

Grundsätzlich können Sie auf jede glattgeschmolzene Glasur mit Scharffeuerfarben malen und diese bei der Glattbrandtemperatur, auf die die Farben natürlich eingestellt sein müssen, einbrennen. Das Charakteristische dieser Technik liegt darin, daß die Farben in die erweichende Glasur einsinken und dadurch weichere Konturen erhalten (sie »hauchen«). Die käuflichen Scharffeuerfarben sind nur auf Porzellan eingestellt. Wollen Sie diese Technik bei einer Keramik mit niedrigerer Glattbrandtemperatur anwenden, so können Sie es mit Unterglasurfarbe versuchen, der Sie etwas Glasur oder Fritte zureiben. Sie müssen natürlich wegen des Haftens die öligen Malmittel der Aufglasurmalerei verwenden (Schritt 76). Werden die Farben nach dem Brennen stumpf, so besitzen sie zu wenig Flußmittel. Sie können das Versuchsstück aber noch dadurch retten, daß Sie es im warmen Zustand (damit der Glasurbrei von der glatten Glasur angenommen wird) erneut glasieren, also eine Deckglasur darüberschmelzen.

Zur Scharffeuerdekoration der Porzellane gehören nicht nur Malereien, sondern auch Fonds. Der berühmteste ist der kobaltblaue (»königsblaue«) Fond »Bleu du roi« des sogenannten Kobaltporzellans; wie diese Fonds gelegt werden, erfuhren Sie schon in Schritt 46.

### Schritt 79.   Pastose Emailmalerei

Die Aufglasur- oder Schmelzfarben werden zwar mitunter auch »Emailfarben« genannt. Diese sind hier jedoch nicht gemeint, denn die hatten Sie ja schon in Schritt 73 kennengelernt. Hier handelt es sich vielmehr um Farben, die den Emails auf Metall entsprechen und nach dem Brennen wie farbige Pasten aufliegen. Freilich muß man beim Malen mit dem Pinsel bereits auf eine dicke Auflage achten. Als Malmittel läßt sich (außer den Ölen wie bei den Aufglasurfarben) auch Glyzerin mit etwas warmem Wasser verwenden. Das wird Ihnen sehr willkommen sein, wenn Sie die umständliche Zubereitung und Handhabung von Dicköl und Terpentinöl scheuen sollten.

### Schritt 80.   Grisaillemalerei

Eine Malerei, die nur in Grautönen (einschließlich Schwarz) ausgeführt wird, heißt Grisaillemalerei. Die Grauabstufungen erhält man durch leichteres oder festeres Aufdrücken des Pinsels, also durch verschieden dicke Farblagen. Die dicksten Lagen müssen übereinandergelegt, die dünnsten (»Lichter«) mit einem in Terpentinöl gereinigten Pinsel im nassen Zustand »ausgehoben« werden. Spitzlichter können Sie aus der angetrockneten Malerei mit dem Radiermesser vorsichtig ausschaben. Versuchen Sie erst, eine graue Kugel zu malen und sie mit Lichtern und Schatten richtig zu »modellieren«. Bei dieser Übung werden Sie alles lernen, was Sie zur Beherrschung der Pinseltechnik bei der Aufglasurmalerei brauchen.

### Schritt 81.   Camaieumalerei

Nur in Farbe, also Ton in Ton, malt man »en camaieu«. Die Technik ist die gleiche wie beim vorigen Schritt, nur daß hier eine Farbe, meist Rot, Purpur, Violett oder Grün, verwendet wird. Zur Belebung können Sie die Malerei am Schluß (am besten, nachdem sie gebrannt ist) mit einem feinen Zeichenpinsel und einem Tropfen Nitrobenzol in der Farbe »auszeichnen«.

### Schritt 82.   Bunte Blumenmalerei

Ihre Erfahrungen bei den Schritten 80 und 81 können Sie bei den dunklen Farben anwenden, aber nur zum Teil bei den hellen (Gelb,

Hellgrün), denn diese erfordern ein Braun, Grau, Violett oder Dunkelgrün zum Abschattieren. Man kann die hellen, lasierenden Töne auch untermalen; die Untermalerei muß jedoch zumindest getrocknet, noch besser (für Anfänger besonders zu empfehlen) aufgeschmolzen sein. Das gilt auch für das Ausmalen von Konturen. Überzeugen Sie sich jedoch vorher in Farbtests, welche Farben das Übermalen des Schattenvioletts, Schattenbrauns usw. vertragen.

Für Konturen sind Manganviolett und Kobaltblau in der Geschichte der Keramik am häufigsten anzutreffen. Die Chinesen konturierten Blaumalerei auch mit einem fast schwarzen Dunkelblau.

## Schritt 83.  Naß-in-Naß-Malerei

Wer sich seine Farben nach Schritt 76 aufgespachtelt und in eine Lochpalette oder in eine Reihe kleiner Näpfe getan hat, kann diesen Vorrat (wenn er ihn durch einen Deckel vor Staub schützt) mit einem Tropfen Nelkenöl immer wieder gebrauchsfertig machen. Die Farben können auf einer Glasplatte (mit daruntergelegtem weißem Papier) naß in naß gemischt werden. Vermeiden Sie aber die Verunreinigung der Farben in den Näpfchen durch andere Farben im Pinsel.

Naß-in-Naß-Malen heißt, die Farben ineinandermalen wie bei einem Ölgemälde. In der Keramik spricht man auch von »Weichmaltechnik«; ihre Hauptmotive fand sie in der Geschichte in der Früchtemalerei, in »Viehstücken«, Landschaften und Miniaturen auf Porzellan.

## Schritt 84.  Miniaturmalerei

Unser täglicher Umgang mit Porzellan läßt uns bei diesen zierlichsten Malereien zuerst an Porzellan denken. Dabei sind wohl die schönsten Miniaturen auf Keramik im islamischen Kulturkreis (in dem kein Porzellan produziert wurde) in Verbindung mit Buchillustrationen entstanden. Neben Lüsterfayencen (Abb. S. 103/3) gibt es Fayencen mit Aufglasurmalerei (»Minai-Ware«) von persischen Künstlern des 12. und 13. Jh. auf weißer, türkisgrüner oder kobaltblauer Glasur (in diesem Fall nennt man sie »Ladjvardina-Typ«). Aber auch bereits vor dieser Zeit, im 9.—12. Jahrhundert, haben die Töpfer von Kaschan in Persien in schwarzer und blauer Unterglasurfarbe auf einem weiß engobierten Scherben (also Halbfayencen) herrliche Miniaturen gemalt, die sie mit einer farblosen, gelblichen, türkisfarbenen oder blauen Glasur bedeckten. In Europa hingegen kennen wir die Miniaturmalerei nur als höchst verfeinerte Naß-in-Naß-Malerei mit lasierenden Farben auf untermalten Schattierungen. Ihre Hauptmotive waren Jagd- und

Genreszenen (das sind irgendwelche Alltagsbilder) sowie die sogenannte Bataillenmalerei, also Kriegsbilder.

### Schritt 85. Porträtmalerei

Ein Porträt auf Keramik zu malen, gehört zu den schwierigsten malerischen Aufgaben und ist nicht jedermanns Sache. Das liegt daran, daß ein Gesicht (abgesehen von der Ähnlichkeit) die differenzierteste Farbgebung verlangt. Wer sich vorstellt, er könne lediglich Fleischfarbe aufstreichen, der wird von dem gebrannten Ergebnis vermutlich enttäuscht sein. Man muß also ganz genau (auf Grund von Farbtests) wissen, wie die einzelnen Farben geschmolzen aussehen und ob sie sich überhaupt miteinander vertragen. Wer erst an historischen Vorbildern abschätzen möchte, ob er sich an eine solche Aufgabe wagen kann, dem sei ein Blick auf die italienischen Renaissancefayencen empfohlen, die unter dem Namen »Coppe amatorie« im 16. Jahrhundert populär waren (Abb. S. 103/4). Das sind randlose Schüsseln mit Frauenporträts (meist Profilköpfe), die die jungen Männer von ihren Angebeteten anfertigen ließen und ihnen als Unterpfand ihrer Liebe schenkten. Der berühmteste Künstler dieser Porträtschüsseln war Nicola Pellipario, der sich später Nicola da Urbino nannte. Er machte Urbino zum Zentrum der Majolikakunst des zweiten Viertels des 16. Jahrhunderts.

Wenn Sie nur eine Porträtsilhouette in schwarzer Aufglasurfarbe oder Gold auf die Glasur malen wollen, so können Sie sich die Arbeit leicht machen durch Anfertigen einer Schablone (notfalls nach einem Foto), die Sie mit Hilfe eines Spritzsiebes und eines kurzgeschnittenen Borstenpinsels oder einer alten Zahnbürste ausspritzen können. Natürlich läßt sich auch eine Stechpause verwenden und die vorgezeichnete Kontur mit einem feinen Pinsel ausmalen.

### Schritt 86. Staffieren von Figurenplastiken

Das Bemalen von Figuren heißt in der Keramik seit alters her »Staffieren«. Diese Technik ist durch die Gartenzwerge aller Schattierungen in Mißkredit geraten. Zu unrecht. Sie wartet heute auf ihre Erlösung aus dem Dornröschenschlaf. Klammern Sie sich nicht an alte Vorbilder! Auch moderne, abstrakte räumliche Objekte lassen sich bemalen. Und anderseits braucht man auch nach der Natur modellierte plastische Gebilde nicht unbedingt naturgetreu zu staffieren (Abb. S. 41/2 u. 99/4). Für die farbige Gestaltung stehen Ihnen natürlich alle grafischen und malerischen Techniken, Unter- und Aufglasurfarben, Emails und Edelmetalle zur Verfügung. Für feine Staffierung, zum Zeichnen der Augen, brauchen Sie den feinsten Pinsel, den Sie kriegen können. Die Farbe verträgt dann auch einen Tropfen Nitrobenzol.

## Schritt 87. Dekorbrand

Die Aufglasurfarben brennt man gewöhnlich bei 810° C ein. Es gibt aber auch Farben, für die diese Temperatur bereits zu hoch ist, nämlich das Orange (Chromrot) und das Selenrot, die bei 600—650°C eingebrannt werden müssen, weil sie sonst ihre Farbe verlieren. Will man also auf ein und demselben Stück Farben verschiedener Temperatur verwenden, so muß man mit den am höchsten schmelzenden beginnen, und erst wenn diese gebrannt sind, können die nächst niedrigen aufgemalt und ebenfalls geschmolzen werden.

Wer über einen Ofen verfügt, der nicht in allen Ecken die gleiche Temperatur erreicht, der kann in diesem Fall ausnahmsweise frohlocken, denn eine Differenz von 20 Grad kann ihn bereits in die Lage versetzen, in einem Brand das Optimum für etwas höher und etwas tiefer schmelzende Farben gleichzeitig zu erfüllen (allerdings wird er nicht Chromrot mit hochschmelzenden Emails vereinbaren können). Es ist also ganz klug, wenn Sie Ihren Ofen, wie auf Seite 205 empfohlen, mit Segerkegeln genau kennenlernen.

Wenn auch die Temperaturen des Dekorbrandes verhältnismäßig niedrig sind, so muß man doch mit dem Erweichen der Glasuren rechnen. Die Stücke dürfen sich also nicht berühren. Auch müssen die Öle aus dem Ofen entweichen können. Bei 400° C können Sie den Ofen dichtmachen. Wenn Sie die Farbaufträge durch das Schauloch beobachten, können Sie am Widerschein der glühenden Heizwiderstände erkennen, wie die Farben Glanz gewinnen und glattschmelzen.

## Kunstglasur-Techniken

Das Arbeiten mit Glasuren ist das ureigenste Gebiet des Keramikers. Während die Industrie mit einigen wenigen betriebssicheren Glasuren auskommen muß, können Sie mit Ihren »Kunstglasuren« Oberflächen, Strukturen, Objekte gestalten. Lassen Sie sich diese Chance nicht entgehn und begnügen Sie sich nicht mit Fertigglasuren, so wie sie im Handel angeboten werden. Diese sind für Sie nur ein Ausgangsprodukt, ein Material, das Sie abwandeln können. Dazu müssen Sie wissen, welche Zusammensetzungen hinter den Katalogbezeichnungen stecken. Wenn Sie diese in der vorliegenden Anleitung nicht finden sollten, dann erfragen Sie sie beim Hersteller! Ihr Vorteil besteht darin, daß Sie das, was Sie selbst nicht herstellen können oder was für Sie unrentabel wäre, vorgefertigt erhalten, also vor allem Fritten, Zinnglasuren, Farbkörper. Studieren Sie die Wirkungen der Zusätze und Abänderungen, die Sie vornehmen, aber vergessen Sie nicht, daß Sie auf den Schultern Ihrer Vorgänger weiter vorankommen! Sie brauchen nicht jede Erfahrung selbst zu machen; lesen Sie nach, was andere über ihre Beobachtungen berichten! Büchern, wie z. B. denen von Henze oder Lehnhäuser (Seite 216), werden Sie manchen Hinweis entnehmen können, der es Ihnen erspart, erst aus böser Erfahrung klug zu werden.

## Schritt 88.   Glasurtests

Entscheiden Sie sich als erstes für eine Glasur, die Ihnen als Grundlage für alle weiteren Entwicklungen dienen kann! Lassen Sie sich kleine Glasurproben zum Experimentieren aus dem Marktangebot kommen, nicht wahllos, sondern wohlüberlegt, nachdem Sie die Antworten auf die Fragen 72—94 gelesen haben. Stellen Sie eine Reihe von Probeplättchen her, die Sie mit den verschiedenen Probeglasuren glasieren und brennen! Zunächst kommt es nur darauf an, eine transparente (d. h. durchsichtige), glänzende Glasur zu finden, die zu Ihrer Masse paßt. Wenn Sie Massen und Glasuren vom gleichen Hersteller beziehen, so ist Ihnen diese Arbeit oft schon abgenommen worden. Trotzdem sollten Sie sich davon überzeugen, denn schon allein die Brennbedingungen können ein anderes Ergebnis bringen. Versäumen Sie nicht, über alle Ihre Experimente Buch zu führen und jedes Plättchen zu numerieren! Prüfen Sie die glattgebrannten Versuchsstücke vor allem auf Haarrissigkeit, entweder nach der Abschreckmethode (Frage 80) oder, falls Ihnen diese zu umständlich sein sollte, nach der »Schmelzmethode«. Sie besteht darin, daß Sie aus Ihrer Masse einen kleinen Tiegel anfertigen und darin bei der vorgesehenen Temperatur eine größere Glasurportion (den Tiegel halb voll mit Glasurpulver gefüllt) schmelzen. Sollte dieser Schmelzkuchen nach dem Brennen und Abkühlen keine Risse zeigen, so können Sie sich keine bessere Glasur wünschen. Ein paar große Risse können Sie auch noch hinnehmen, nur viele kleine Sprünge sollten Sie warnen, denn diese Glasur wäre auch dann haarrißgefährdet, wenn Ihre Probeplättchen keine Risse erkennen lassen.

## Schritt 89.   Gegenseitiges Anpassen von Glasur und Scherben

Wenn Sie unter Frage 79 nachlesen, werden Sie die Ursachen erkennen, weshalb eine bei etwa 1000° C gebrannte Keramik viel stärker haarrißgefährdet ist als eine höher gebrannte: Der Ausdehnungskoeffizient der Glasur ist gegenüber dem Scherben zu hoch, sie zieht sich beim Abkühlen zu stark zusammen und reißt. Dagegen ist die Gefahr des Abplatzens, das durch einen zu niedrigen Ausdehnungskoeffizienten der Glasur verursacht wird, gering. Rohglasuren mit so niedrigen Ausdehnungskoeffizienten zu erhalten, daß sie dem eines gewöhnlichen Modelliertons bei 1000° C entsprechen, ist fast unmöglich. Deshalb muß man auch den Ton entsprechend verändern, seine Ausdehnung (und damit zugleich — worauf es ja eigentlich ankommt — seine Zusammenziehung beim Abkühlen) vergrößern. Das beste Mittel dazu ist der Kalk in allen unter Frage 30 angegebenen Formen seines Vorkommens. Er ist immer unplastisch, verringert also die Bildsamkeit Ihres Tones.

Um nun auch die Glasur zu verändern, sehen Sie zunächst unter Frage 78 nach, welche Stoffe einen niedrigen Ausdehnungskoeffizienten besitzen. Seien Sie jedoch vorsichtig mit Magnesiumoxid! Es macht die Glasur matt und strengflüssig und erhöht ihre Oberflächenspannung (Frage 81). Auch Kalk ist in bleihaltigen Glasuren nicht zu empfehlen (vor allem, wenn sie keine Tonerde besitzen), weil er das Blei austreibt (Frage 75); die Glasur wird durch diesen Bleiverlust schwerer schmelzbar. Das beste Mittel ist Borsäure, sie muß jedoch, da sie wasserlöslich ist, mit anderen Substanzen gefrittet werden. Sie können entweder eine fertige borsäurehaltige Fritteglasur kaufen oder lediglich eine geeignete, borsäurehaltige Fritte, die Sie mit weißem Ton versetzen (Schritt 90). Auf diesem Wege wird der Erfolg nicht ausbleiben.

### Schritt 90.   Glasurentwicklung und -weiterentwicklung

Haben Sie erst eine transparente Grundglasur, auf die Sie sich verlassen können, ermittelt, so bauen Sie auf dieser Grundlage weiter! Anhand der Hinweise und Berechnungsanleitung bei Frage 73 können Sie sich aus der ersten Grundglasur eine zweite schaffen, nämlich eine Mattglasur, die Sie später verschieden färben können. Gehen Sie von einer bleireichen Glasur aus, so werden Sie mit einer schwach basischen Zusammensetzung, wie sie bei Frage 73 für Steinzeugglasuren empfohlen ist, allein vermutlich nicht zum Ziel kommen, weil das Bleioxid ein zu kräftiges Flußmittel ist. Sie können aber jetzt (im Gegensatz zum vorigen Schritt) getrost einen Teil des Bleioxids durch Magnesiumoxid und Zinkoxid ersetzen und vielleicht auch die Kieselsäure reduzieren, während Tonerde, wenn es die Schmelzbarkeit erlaubt, immer günstig wirkt.

Zur Weiterentwicklung irgendwelcher Glasuren gehen Sie am besten stets von zwei extremen Zusammensetzungen aus, die Sie in verschiedenen Verhältnissen miteinander mischen. Natürlich brauchen Sie dazu eine feine Schalenwaage (wie sie die Apotheker benutzen) mit Gewichten und eine Reibplatte mit Läufer (siehe Schritt 41), um kleine Mengen abzuwiegen und zu homogenisieren.

Nehmen wir also, um das Prinzip zu erläutern an, daß Sie aus Ihrer transparenten Grundglasur, von der Sie wissen, daß sie aus einer blei- und borsäurehaltigen Fritte und etwa 25% Rohkaolin zusammengesetzt ist, eine Mattglasur entwickeln wollen. Dann stellen Sie sich erst rein theoretisch auf dem Papier eine Glasur zusammen, von der Sie nach allem, was Sie hier gelesen haben, sicher sein können, daß sie matt und steinig wird, weil sie wenig Kieselsäure, wenig Bleioxid, viel Kalk-, Magnesium- und Zinkoxid enthält. Diese Glasur stellen Sie sich als Rohglasur zusammen und mischen sie mit der gekauften Grundglasur in den Verhältnissen 0 : 1, 1 : 8, 1 : 5, 1 : 2, 1 : 1, 2 : 1, 5 : 1, 8 : 1, 1 : 0. Wenn Sie nun alle Mischungen, fein verrieben, auf Probeplättchen auftragen und brennen, werden Sie die beste schnell ermitteln. Das ist dann Ihre matte Grundglasur, die Sie in Schritt 92 weiterentwickeln können. Nach diesem Prinzip können Sie bei allen Glasurweiterentwicklungen verfahren.

Da Sie nicht blind irgendwelches Material verwenden, sondern wissen möchten, wie seine Zusammensetzung ist, werden Sie sicher auch die Segerformel der Mischung kennen wollen, die Sie als die beste ermittelt haben. Nehmen wir an, es sei die Mischung 1 : 1 aus der obigen Reihe.

Zur Berechnung überlegen Sie folgendermaßen: Wenn man zwei Glasuren 1 : 1 mischt, so muß man von beiden die gleichen Gewichtsteile nehmen. Man braucht also von jeder der beiden Glasuren das Versatzgewicht. Da aber Ihre Grundglasur (A) eine Fritteglasur ist, die fertig vorliegt, brauchen Sie bei ihr nicht mehr die Rohsubstanzen (die ja beim Brennen durch Abgabe von Wasser, Kohlendioxid usw. einen Gewichtsverlust erleiden) zu berücksichtigen, sondern nur die reinen Oxide, mit Ausnahme der rd. 25 % Kaolin, die ja in dieser Glasur roh enthalten sind (und ihr Wasser noch mitbringen). Hat also Ihre Grundglasur z. B. die Zusammensetzung

A)          0,5 PbO
            0,3 K$_2$O                    1,8 SiO$_2$
            0,1 Na$_2$O    0,3 Al$_2$O$_3$    0,2 B$_2$O$_3$
            0,1 ZnO

so müssen Sie als Fritte berechnen (also einfach mit dem Molekulargewicht der Oxide multiplizieren):

| 0,5 PbO | 1,2 SiO$_2$ | $0,5 \cdot 223 = 111,5$ PbO |
|---|---|---|
| 0,3 K$_2$O | 0,2 B$_2$O$_3$ | $0,3 \cdot 94 = 28,2$ K$_2$O |
| 0,1 Na$_2$O | | $0,1 \cdot 62 = 6,2$ Na$_2$O |
| 0,1 ZnO | | $0,1 \cdot 81 = 8,1$ ZnO |
| | | $1,2 \cdot 60 = 72,0$ SiO$_2$ |
| | | $0,2 \cdot 70 = 14,0$ B$_2$O$_3$ |

dazu kommen roh:

| 0,3 Al$_2$O$_3$ | 0,6 SiO$_2$ | $0,3 \cdot 258 =$ 77,4 Kaolin |
|---|---|---|
| | | 317,4 Gewichtsteile |

Ihre Mattglasur, mit der Sie im dunkeln tappen, müssen Sie roh zusammensetzen und auch so ihren Versatz berechnen. Wir nehmen an,
daß sie folgende Zusammensetzung hat:

B)

| 0,4 PbO | | | $0,1 \cdot 556 = $ 55,6 Kalifeldspat |
|---|---|---|---|
| 0,3 CaO | | | $0,04 \cdot 258 = $ 10,3 Kaolin |
| 0,1 MgO | 0,14 Al$_2$O$_3$ | 0,8 SiO$_2$ | $0,12 \cdot 60 = $ 7,2 Quarz |
| 0,1 ZnO | | | $0,4 \cdot 118,3 = $ 91,3 Mennige |
| 0,1 K$_2$O | | | $0,3 \cdot 100 = $ 30,0 Kalkspat |
| | | | $0,1 \cdot 40 = $ 4,0 Magnesia |
| | | | $0,1 \cdot 81 = $ 8,1 Zinkoxid |
| | | | 206,5 Gewichtsteile |

Glasur A ist also schwerer als B, und zwar genau
1,538 mal schwerer. Wollte man beide 1 : 1 mischen, so müßte man B
mit 1,538 multiplizieren, um auf das selbe Gewicht zu kommen, das

A besitzt. Folglich müssen alle Bestandteile von B mit diesem Faktor multipliziert werden, und danach sind beide Formeln zusammenzuzählen:

Also alle Bestandteile von B mit 1,538 multipliziert, ergeben

$$0,4 \cdot 1,538 = 0,615 \qquad 0,1 \cdot 1,538 = 0,154$$
$$0,3 \cdot 1,538 = 0,463 \qquad 0,1 \cdot 1,538 = 0,154$$
$$0,1 \cdot 1,538 = 0,154$$
$$0,8 \cdot 1,538 = 1,230$$
$$0,14 \cdot 1,538 = 0,215$$

aus der Addition beider Glasurformeln ergibt sich die Mischformel:

| $0,500$ (A) | $0,300$ (A) | $0,100$ (A) | $1,800$ (A) | $0,300$ (A) |
|---|---|---|---|---|
| $+\ 0,615$ (B) | $+\ 0,154$ (B) | $+\ 0,154$ (B) | $+\ 1,230$ (B) | $+\ 0,215$ (B) |
| $1,115$ PbO | $0,654$ $K_2O$ | $0,254$ ZnO | $3,030$ $SiO_2$ | $0,515$ $Al_2O_3$ |

das ergibt also die vollständige Mischformel:

$$1,115 \text{ PbO}$$
$$0,654 \text{ } K_2O$$
$$0,100 \text{ } Na_2O \qquad 0,515 \text{ } Al_2O_3 \qquad 3,030 \text{ } SiO_2$$
$$0,254 \text{ ZnO} \qquad\qquad\qquad\qquad 0,200 \text{ } B_2O_3$$
$$0,463 \text{ CaO}$$
$$\underline{0,154 \text{ MgO}}$$
$$2,740$$

Die Summe der basischen Oxide ist dabei 2,74. Da sie jedoch nur 1 sein darf, müssen alle Bestandteile der Mischformel durch diese 2,74 geteilt werden, denn 2,74 : 2,74 = 1 (siehe auch Frage 73):

$$0,115 : 2,74 = 0,40 \text{ PbO} \qquad 3,030 : 2,74 = 1,104 \text{ } SiO_2$$
$$0,654 : 2,74 = 0,24 \text{ } K_2O \qquad 0,200 : 2,74 = 0,073 \text{ } B_2O_3$$
$$0,100 : 2,74 = 0,04 \text{ } Na_2O \qquad 0,515 : 2,74 = 0,188 \text{ } Al_2O_3$$
$$0,254 : 2,74 = 0,09 \text{ ZnO}$$
$$0,463 : 2,74 = 0,17 \text{ CaO}$$
$$\underline{0,154 : 2,74 = 0,06 \text{ MgO}}$$
$$1,00$$

Die Segerformel der Mischung A : B = 1 : 1 lautet somit:

$$
\begin{array}{lll}
0,40\ PbO & & \\
0,24\ K_2O & & 1,10\ SiO_2 \\
0,04\ Na_2O & 0,19\ Al_2O_3 & 0,07\ B_2O_3 \\
0,09\ ZnO & & \\
0,17\ CaO & & \\
0,06\ MgO & &
\end{array}
$$

Haben Sie bei Ihrer Mischungsreihe ein anderes Mischungsverhältnis als optimal erkannt, so müssen Sie, entsprechend diesem Schema, die Gewichtsteile von A oder B mit einem anderen Faktor multiplizieren.

## Schritt 91.   Farbglasuren

Beim Färben von Glasuren können Sie in erster Näherung von den Prozentsätzen an Farboxiden und Farbkörpern ausgehen, die unter Frage 97 angegeben sind. Diese Farbzusätze dürfen Sie (wie bei den Engoben, Schritt 41) wiederum nicht einfach mit der Glasur vermischen, sondern Sie müssen sich zunächst ein Konzentrat herstellen. Erst dieses soll mit dem Rest der Glasur vermischt werden. Beachten Sie, daß die meisten färbenden Schwermetalloxide die Glasuren leichtflüssiger machen (Frage 17)! Sie fördern aber auch die Neigung zu Haarrissen. Eine bessere Verteilung der Farbe als mit den Oxiden der Schwermetalle erzielt man mit ihren Karbonaten oder anderen Verbindungen. Färbt man Fayenceglasuren, die ja rein weiß sind, so erhält man tieffarbige, deckende Glasuren. Die mit ihnen glasierte Keramik wird als Majolika bezeichnet.

Die Beobachtungen, die Sie an Ihren Probeplättchen machen, tragen Sie in Ihr Buch ein, damit Sie Ergebnisse, auf die Sie vielleicht später einmal zurückkommen wollen, jederzeit rekonstruieren können!

## Schritt 92.   Mattglasuren

Die Mattierung beruht auf Kristallisation und ist daher in der Regel mit Trübung verbunden. Eine transparente Mattglasur werden Sie aber vermutlich zunächst nicht wollen, sondern eine farbige, die ruhig deckend sein kann. Die Stoffe, die mattierend wirken, beeinflussen nicht nur die Oberflächenstruktur jeweils verschieden, sondern auch die Färbung. Diese Stoffe sind Tonerde, Zink-, Magnesium-, Titan-, Calciumoxid und Bariumkarbonat. Bei der Färbung kann es je nach der chemischen Beschaffenheit aller beteiligten Stoffe zu Ergebnissen kommen, die den Angaben in Frage 97 widersprechen. Wenn das der Fall sein sollte, so sind Sie auf dem besten Wege, Ihre eigenen, individuellen Glasuren zu züchten.

### Schritt 93.   Sinterengoben

Setzt man einer Engobe eine Glasur, Fritte oder auch nur einfach Bleiglätte zu, so erhält man eine sinternde Engobe, deren Sinterungsgrad (und damit Glanz und Glätte) man durch den Flußmittelzusatz steuern kann. Man färbt sie (wie auch die Engoben in Schritt 41) besser mit Farbkörpern als mit Oxiden, da sie ja kaum lösend auf diese einwirken. Ist die Engobe mit der Fritte nicht genügend homogen gemischt, so ergeben sich glänzende Flecken. Diesen Fehler haben die alten Chinesen zu ihrer berühmten Ölfleckenglasur weiterentwickelt.

### Schritt 94.   Laufglasuren

Das Ablaufen der Glasur im Feuer ist eigentlich wiederum ein Fehler, denn eine Glasur muß »stehen«. Dieser Fehler kann aber sehr erwünscht sein; denken Sie nur daran, wie plastisch ein Glasurauftrag wirkt, wenn die Keramik nur halb mit einer Glasur bedeckt ist, die sich am unteren Rand verdickt. Natürlich kann man auch — was häufig geschieht — alles erst mit einer stehenden Glasur überziehen und über dieser die Laufglasur ablaufen lassen. Sie darf freilich — und das ist das Kunststück — nicht so stark laufen, daß sie die Keramik am Boden verklebt.

In diesem Fall müßten Sie mit einer Schleifscheibe und durch Polieren mit Polierrot versuchen, das Objekt zu retten. Um Laufglasuren zu erhalten, genügt es, der Glasur etwas Fritte oder Flußmittel zuzusetzen. Zum Ausprobieren brauchen Sie ein Probegefäß; ein Probeplättchen genügt nicht, da ja die Wand senkrecht stehen muß. Stellen Sie es auf einen Dreispitz (Abb. S. 159/6) und verwenden Sie reichlich Trennmittel, damit nichts an den Schamotteplatten oder gar am Ofen selbst festbackt!

### Schritt 95.   Kristallglasuren

Die Kristallbildung ist eine Entglasung und insofern ebenfalls ein Fehler, der uns für manche Zwecke willkommen sein kann. In der Glastechnologie unterscheidet man zwischen Kristallkeimbildung und Kristallwachstum. Ist jene groß, aber das Wachstum gering, so erhält man viele kleine Kristalle, wie z. B. bei den Mattglasuren oder bei den Aventuringlasuren. Im umgekehrten Fall sind es wenige große

Kristalle, wie man sie z. B. mit Molybdän erhält. Je dünnflüssiger eine Glasur ist und je länger sie es bleibt, desto größer können die Kristalle wachsen. Will man mit Kristallglasuren experimentieren, so muß man wissen, daß die meisten Kristallkeime sich erst bei einer tieferen Temperatur (beim Abkühlen also später) bilden, wenn der Bereich ihrer größten Wachstumsgeschwindigkeit schon vorbei ist. Wenn man also nach Absinken der Temperatur erneut erhitzt, kann man die zahlreichen Keime doch noch zum Wachsen bringen (bei Gläsern heißt diese Manipulation »anlaufen lassen«). Die dankbarsten Kristallbildner sind Zinkoxid und Rutil (= natürlich verunreinigtes Titanoxid). Die alten chinesischen Töpfer haben mit diesen Stoffen ihre berühmten »Hasenfellglasuren« hergestellt.

Kleinste Kristallflitter kennzeichnen die »Aventuringlasuren«, die man mit etwa 20 % Eisenoxid (jedoch ohne Kalk, der übrigens bei allen Kristallglasuren vermieden werden soll) in borsäurehaltigen Glasuren erzielt. Dieser Eisenaventurin entspricht dem in der Natur vorkommenden Sonnenstein. Das als Aventurin bezeichnete Naturvorkommen hingegen ist ein Quarz, der durch feinste Glimmerplättchen rötlichbraun schillert. Auch mit Kupfer, Silber, Cadmium, lassen sich durch Anlaufen Aventurine herstellen (Abb. S. 129/5).

### Schritt 96. Craqueléeglasuren

Die Craquelierung (Abb. S. 129/4) ist eine Folge des zu hohen Ausdehnungskoeffizienten der Glasur. Die Kunstfertigkeit besteht darin, die Risse je nach Wunsch eng- oder weitmaschig zu erhalten. Je höher der Ausdehnungskoeffizient, desto engmaschiger ist das Rissenetz, das man mit Tusche einfärbt.

### Schritt 97. Glasuren im Zellen- und Grubenschmelz

Dem französischen Gebrauch beim Email folgend, kann man auch von Cloisonné beziehungsweise Champlevé sprechen. Bei diesen Techniken sind verschiedene nebeneinandergesetzte Glasuren durch Stege oder Erhöhungen getrennt. Diese Glasuren müssen »stehn«. Die spanischen Töpfer entwickelten im Mittelalter eigene Techniken bei Fliesen (die ja horizontal gebrannt wurden): die Cuerda-secca-Technik und die Cuenca-Technik. Cuerda secca heißt trockener Faden. Bei dieser Methode zogen sie (mit dem Pinsel) mit einem Brei aus Fett und Braunstein die Konturen, die sie mit Farbglasuren ausmalten (Abb. S. 99/3). Der fette Steg (auch bei uns kennt man die »Konturöle«) stieß den wäßrigen Glasurbrei ab und verhinderte so das Ineinanderlaufen im nassen Zustand. Bei der Cuenca-Technik waren die Braunsteinstege durch Tonstege ersetzt, sie stellten also einen derben Zellenschmelz dar, während beim Grubenschmelz sich die Glasuren in Vertiefungen des Scherbens befinden. In der Keramik ist jedoch die Bezeichnung »Champlevé-Typ« einer besonderen Sgraffitotechnik (Schritt 44, Abb. S. 87/4) vorbehalten. Dagegen ist, wie »Cloisonné«, so auch die Bezeichnung »Email ombrant« im 19. Jahrhundert aus der Emailtechnik übernommen worden. Unter diesen »Schattenemails« versteht man Farbglasuren über einem mit Vertiefung versehenen Scherben, wobei die dickeren Glasurschichten eine tiefere Färbung zeigen. Diese Beobachtung haben bereits die alten Chinesen in ihren »schattenblauen« Glasuren zur Wirkung gebracht.

### Schritt 98.  Fischschuppen-, Schlangenhaut- und Orangenschalenglasuren

Durch Kombination einer weißdeckenden Grundglasur mit einer darüberliegenden farbigen Sinterengobe kann man eine fischschuppenartige Struktur erzielen. Von Schlangenhautglasuren hingegen spricht man, wenn die Glasur infolge ihrer hohen Oberflächenspannung Inseln bildet (Frage 81). Und Orangenschalenglasuren erhält man durch Beherrschung eines Fehlers, den man als »Nadelstiche« bezeichnet. Es sind feine Bläschen, die im Brand in der zähen Glasur steckengeblieben sind (Frage 75). Diese Beispiele sollen Ihnen zeigen, wie Sie durch Beobachten und richtiges Überlegen den Zufall überwinden können.

### Schritt 99.  Reduktionsglasuren

Die berühmtesten Reduktionsglasuren sind die Seladone und die Ochsenblutglasuren (Sang de boeuf, Chinarot) der alten Chinesen. Das Titanblau ist weniger bekannt. Alle diese Höhepunkte der Glasurkunst sind nur auf Feinsteinzeug oder Weichporzellan zu erzielen: Seladone mit 0,15—0,4 % Eisenoxid ($Fe_2O_3$) in Gegenwart von doppelt soviel Chromoxid, Ochsenblutglasuren mit 0,5—1,5 % Kupferoxid in Gegenwart von 1—2 % Zinnoxid, titanblaue Glasuren mit 10 % Titandioxid in Gegenwart von 0,3% Kupfer- und 1% Zinnoxid. Sie alle erfordern reduzierende Brennbedingungen, die den Oxiden Sauerstoff entreißen.

### Schritt 100.  Reduktionsbrand

Eine reduzierende Ofenatmosphäre läßt sich im Gasofen ohne weiteres durch Drosselung der Luftzufuhr zu den Brennern erreichen. Im Elektroofen ist es nicht so einfach. Trotzdem hat es nicht an Reduktionsversuchen gefehlt. Einige Elektroöfen besitzen besondere Kanäle, durch die man reduzierendes Schutzgas einführen kann. In anderen muß man das Schauloch (nach dem Herausnehmen des Rotfilters) als Einführungskanal benutzen. Da die reduzierende Atmosphäre zum Verzundern von Chromnickeldraht (siehe Frage 41) führt, läßt man auf jeden Reduktionsbrand mindestens zwei normale Oxidationsbrände folgen, damit der Zunder wieder abbrennt (siehe auch Seite 214 unter »Schwarze Punkte . . .«). Beim Kanthal-A1-Draht soll lediglich der nächste Brand wieder neutral durchgeführt werden, damit sich eine neue Aluminium-Schutzschicht auf dem Heizdraht bilden kann.

Zum Reduzieren läßt man die erreichte Höchsttemperatur um 50 Grad absinken und führt dann in Abständen von 20 Minuten vier- bis fünfmal je eine Handvoll Naphtalinkugeln oder bleistiftdicke, trockene Kiefernholzstäbchen ein, wonach jedesmal sofort die Einführungsöffnung (und natürlich auch alle anderen Abzugsöffnungen) durch einen Stöpsel aus Lehm oder feuerfestem Ton verschlossen werden muß, damit möglichst kein Sauerstoff in den Ofen gelangt. Während des Reduzierens soll die Temperatur nicht unter 800° C absinken.

Eine altertümliche Reduktionstechnik besteht auch darin, daß man den Gegenstand in Mehlkleister in einen Übertopf einbettet und normal brennt. Man hat auch versucht, den Glasuren selbst brennbare Stoffe in feiner

*Zu den Bildern auf der gegenüberliegenden Seite:*

1. *Um Glasuren zu entwickeln oder abzuwandeln, kommt man nicht ohne Waage aus. Die Mengen der Zutaten müssen registriert werden, um die Ergebnisse von Versuchen rekonstruieren zu können.*

2. *Dicke, weißdeckende Glasur von fellartigem Aussehen, die den roten Scherben durchblicken läßt. Teeschale des japanischen Töpfers Arakawa Toyozo aus dem Jahre 1960.*

3. *Olivbraune Glasur mit tabakbraun sich stauenden Pinselspuren und Oxid-Einpfropfungen. Otani-Töpferei, Japan 1969.*

4. *Craqueléglasur auf einem Weihrauchgefäß aus Steinzeug. China, Sung-Dynastie, 12./13. Jh.*

5. *Dunkelviolette Aventuringlasur auf Steinzeug von Klaus Rothe, Berlin 1969.*

6. *Teestaubglasur mit rostrotem und kupfergrünem Überfang und Zwischenfärbungen in Ocker und Blau. Feinsteinzeug (1300°C) von Horst Kerstan, Kandern 1970.*

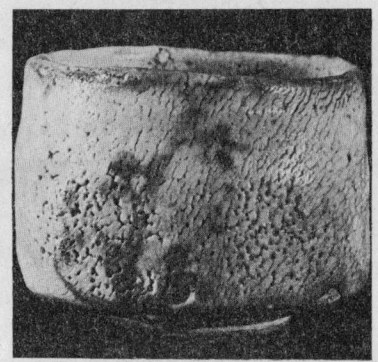

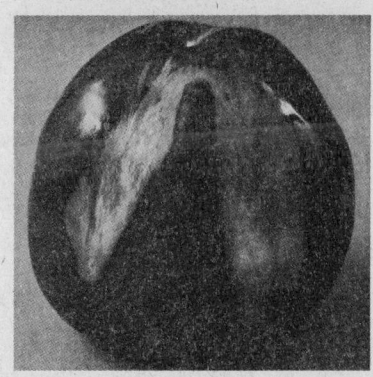

Verteilung beizumischen, damit diese den Sauerstoff, den sie zu ihrer Verbrennung brauchen, den Oxiden des Glasurgemenges wegnehmen. Grafit- und Holzkohlenpulver bilden jedoch Blasen und Verbrennungsrückstände, sind also kaum geeignet. Hingegen verhalten sich Silizium- oder Aluminiumpulver besser, weil sie nach ihrer Oxidation zu Kieselsäure beziehungsweise Tonerde an der Glasurbildung teilnehmen. Aber auch mit ihnen bleibt diese Technologie der Reduktion von innen her sehr schwierig.

## Tausenderlei Möglichkeiten

Wenn Sie eine Ausstellung besuchen oder in einem Buch blättern, in dem Keramiken aus früheren Zeiten oder fremden Ländern abgebildet sind, so werden Sie überrascht sein, welche Fülle von Variationen der Arbeitstechniken Ihnen dabei begegnen.

Vergleichen Sie jedoch die in den »100 Schritten zur Meisterschaft« beschriebenen Techniken untereinander, so wird Ihre Phantasie angeregt, sich auch noch weitere Kombinationen vorzustellen, auf die bisher noch kaum jemand gekommen ist.

Bei dieser Gedankenarbeit werden Sie ungefähr zu folgendem zahlenmäßigen Ergebnis kommen:

Die 6erlei Plastiken lassen sich mit 53 verschiedenen Verzierungstechniken kombinieren, das ergibt bereits Kombinationen. 318

Die 8 Techniken zur Herstellung von Platten und Gefäßen können mit 53 plastischen, grafischen oder malerischen Techniken kombiniert werden 424

9 plastische Strukturen eignen sich zur Kombination mit 36 grafischen oder malerischen Techniken 324

Die Sgraffitotechnik eignet sich zur Verbindung mit dem Kerbschnitt, die 3 grafischen Techniken auf roher Masse lassen sich mit den 15 übrigen grafischen Techniken kombinieren, 46

sämtliche 18 grafischen Techniken mit 18 malerischen, 324

die 3 Schlickermalerei-Techniken mit 15 malerischen. 45

Übertrag:

| | |
|---|---:|
| Innerhalb der Gruppe der malerischen Techniken können außerdem alle Malereien unter der Glasur mit denen über der Glasur und die Maltechniken selbst untereinander kombiniert werden | 62 |
| 9 Glasurarten eignen sich zur Kombination mit 18 malerischen, 18 grafischen und 9 plastischen Struktur-Techniken. | 405 |
| Das sind insgesamt an Kombinationen | 1948, |

abgesehen von den Differenzierungen der Techniken selbst und von der Möglichkeit, auch mehr als zwei Techniken gleichzeitig anzuwenden.

Nun wollen wir uns mal ansehen, was man mit diesen theoretischen Möglichkeiten in der Praxis anfangen kann:
Schon beim plastischen Arbeiten, das Ihrer Phantasie einen weiten Spielraum gewährt, können Sie zu originellen und erstaunlichen Ergebnissen kommen, wenn Sie mit einfachen räumlichen, vielleicht geometrischen Aufgaben verschiedene plastische, grafische oder malerische Techniken kombinieren. Allein die gleichzeitige Verwendung eines roten, weißen und schwarzen Tones an einem Stück wird Ihnen zeigen, welche Materialwirkungen Sie erzielen können. Diese Experimente, systematisch fortgeführt, eröffnen Ihnen bisher unausgeschöpfte Möglichkeiten zur Erzielung bestimmter Raumwirkungen durch verschiedene Flächenbehandlung. Setzen Sie sich zunächst nur einfache Ziele: die Darstellung einer aufwärtsstrebenden dynamischen Bewegung oder einer in sich ruhenden geometrischen Form, und überlegen Sie sich die Wirkungen, die Sie dabei zusätzlich durch Glasuren oder Durchbrüche, durch Farben oder Linien erreichen können. Sie werden bald erkennen, daß es nicht auf die reichliche Anwendung verschiedener Elemente, sondern darauf ankommt, daß sich alles einem Ziel unterordnet, sich gegenseitig ergänzt und zur Erreichung des gewünschten Ausdrucks steigert.
Die Flachreliefs wiederum — um einen ganz anderen Gedanken aufzugreifen — bieten sich vor allem zur Ausspielung des Kontrastes zwischen Grobheit und Feinheit, Rauhigkeit und Glätte an. Einige plastische Techniken können Ihnen dazu verhelfen, die Derbheit des Materials zu verstärken, während sich die grafischen Techniken, Federzeichnung, Schrift, Diamantenrisse, anbieten, die Feinheit darzustellen. Aber Sie brauchen gar nicht so weit zu gehn. Allein schon eine grobe Ritzspur, die einen weichen Ton aufbricht und dabei scharfkan-

tige Grate bildet, kann Ihre Phantasie anregen und Sie zu etwas ganz Neuem inspirieren.

Hochreliefs hingegen können in Verbindung mit malerischen Techniken oder Glasuren eigenartige Ergebnisse bringen. Nehmen Sie sich auch hier zunächst nur einfache Aufgaben vor, denn Malerei verleitet leicht zur Überladung! Bei geometrischen Hochreliefs aus Quadern oder Zylindern werden Sie sich dieser Versuchung weniger aussetzen als bei bewegten plastischen Figuren. Oder Sie beschränken sich auf die Verwendung von Glasuren. Auch bei den Konturenplatten bieten sich malerische Techniken für die Binnenzeichnungen an.

In der Gefäßplastik stehen Ihnen sämtliche Kombinationen der Verzierungstechniken zur Verfügung. Auch hier werden Sie bereits mit einfachen Aufgaben erfreuliche Ergebnisse erzielen können. Denken Sie zum Beispiel nur an die niedrigen Zylinder, die Sie als erste Freidrehübung bald werden herstellen können. Als kreisrunde Scheiben mit Rand sind sie für alle erdenklichen grafischen oder malerischen Lösungen einer künstlerischen Aufgabe wie geschaffen. Stellen Sie sie in rotem oder schwarzem Ton her, lassen Sie die senkrechten Zylinderwände (innen und außen) rauh und überziehen Sie nur die geglätteten horizontalen Flächen, also den Boden und den oberen Zylinderrand, mit einer weißen Engobe. Damit besitzen Sie eine ideale glatte Fläche mit natürlicher Umrandung, auf der Sie Ihre grafischen und malerischen Ideen ausführen und das Ganze zum Schluß glasieren können. In diesen Malgrund können Sie auch Konturen einritzen und diese dann mit dem Pinsel ausmalen, um Pop-Keramik herzustellen. Sie können mit der Schablone in leuchtenden Farben Flächen spritzen oder im Siebdruck flächig-figürliche, sogar gerasterte Darstellungen aufbringen oder Sie können genausogut mit dem Gießhorn Punkte und Striche oder Linien malen, um sie als Begrenzungen für Farbglasuren oder Farben zu benützen.

Diese wenigen Anregungen sollen Ihnen lediglich Mut machen und Ihre schöpferische Phantasie stimulieren. Blättern Sie immer wieder in den »100 Schritten zur Meisterschaft«, dann werden sich Ihnen auch immer wieder neue Ideen einstellen.


## Die hohe Schule der Keramik

Über manche Techniken haben sich im Laufe der Zeit Vorurteile gebildet: Halbfayencen gelten als bäurisch, Abziehbilder als unkünstlerisch, während das Freidrehen als das eigentliche Töpfern angesehen wird. Wenn man so will, kann man den Töpfer als Hersteller von Gefäßen vom Keramiker unterscheiden, dessen Ziele weiter gesteckt sind. Für ihn ist jede mögliche Technik nur ein Mittel, um seinen Vorstellungen Gestalt zu geben.

Die Vielfalt der technischen Möglichkeiten ist eine Gefahr. Mancher ist schon im Experimentieren steckengeblieben, weil ihn dieses Spiel mit Erde und Feuer faszinierte und weil er meinte, mit einer ausgeklügelten Mischung am Ende zu einem um so größeren Erfolg zu kommen. In Wirklichkeit könnte schon die Erfahrung jeder einzelnen Technik aus unseren »100 Schritten« ausreichen, um einem künstlerischen Willen Ausdruck zu geben, genauso wie eine Bleistiftzeichnung nichts Geringeres zu sein braucht als ein Ölgemälde.

Keramik ist technisch anspruchsvoll, das heißt, sie ist ohne eine technische Mindesterfahrung und -einrichtung nicht denkbar. Das heißt aber auch, daß die gestaltende Phantasie sich das Ergebnis nicht nur materiell, sondern auch in einer bestimmten Technik ausgeführt vorstellen muß.

Keramik bietet zur plastischen oder malerischen, figürlichen oder ornamentalen, gegenständlichen oder abstrakten Darstellung eine weitere Möglichkeit ästhetischer Information. Wir könnten sie als »materielles Gestalten« bezeichnen, da sie im Hervorbringen besonderer Oberflächenstrukturen und Farben besteht. In dieser materialbedingten Kunst des Möglichen sehen viele moderne Keramiker ihr eigentliches Betätigungsfeld. Und die Geschichte gibt ihnen recht, denn die Ausschöpfung des dem Material innewohnenden Ausdruckspotentials bis an die Grenzen des Möglichen durch die chinesischen und japanischen Töpfer (Abb. S. 107/5,6) hatte ein jahrhundertelanges Nacheifern in der ganzen Welt zur Folge. Heute noch hat die japanische Keramik, die Ton und Glasur in unübertrefflicher Sensibilität zur Geltung bringt, den größten Einfluß auf die modernen Künstler. Im Gegensatz zu den prunkvollen Schaustücken, deren dekorative Wirkung man lange Zeit in Europa schätzte, haben die Japaner für ihre Teezeremonie eine Keramikkultur entwickelt, die alle Sinne zur Erfassung des Gegenstandes anspricht. Diese Keramik gibt erst durch Tasten und Fühlen ihren ganzen Reiz zu erkennen. In mancher modernen europäischen Werkstatt hat dieses Vorbild in »Handschmeichlern« Schule gemacht. Viele sehen heute unter Berufung auf die ostasiatische Kunst im Hervorbringen besonderer Glasuren die höchste Vollendung keramischer Kunst.

Diese Ansicht ergab sich ursprünglich als Reaktion auf die Überladenheit und Verzierungssucht vorausgegangener Epochen. Sie ist also bedingt durch bestimmte visuelle Erfahrungen, und wenn wir sie auch teilen, so müssen wir doch ihren subjektiven Charakter zugeben. Diese Einsicht veranlaßt uns, nach anderen Höhepunkten keramischer Kunst Ausschau zu halten. Denn wir sind nicht mehr so engstirnig und provinziell, nur eine Art gelten zu lassen. Dabei können wir überraschende Entdeckungen machen.

Es sind vor allem drei weit auseinanderliegende Kulturepochen, in denen die Keramik mehr war als Töpferei für den Hausgebrauch: die griechische Antike, die Zeit der Sung-Dynastie in China und die Blütezeit der islamischen Kultur in Persien.

Bei Ihrem Kreativitätstest, mit dem Sie Ihren ersten Schritt in die Keramik taten, wandelten Sie bereits auf den Spuren der alten Griechen, die ihre berühmten schwarzfigurigen Vasen auf rotem Ton mit einem Tonbrei malten. Die Innenzeichnungen, Augen, Mund, Nase, Ohren, Bärte, Kleiderfalten, Ornamente, ritzten sie mit einem beinernen Stift vor dem Brand in die Malschicht. Der Ton zum Malen wurde in Wasser fein geschlämmt und so dünn aufgetragen, daß er nach dem Brennen nur eine 1 bis 4 hundertstel Millimeter dicke Schicht bildete. Der feine Malschlicker sinterte im rauchigen Feuer dicht, während die roten Flächen des gröberen Grundtones porös blieben. Die griechischen Keramiker vor 500 v. Chr. verstanden es also, die rote und die schwarze Farbe in ein und demselben Reduktionsbrand zu erzielen, indem sie das Eisen, das von Natur aus in den Tonen enthalten ist, überlisteten.

Beim reduzierenden Brennen verwandelt sich das Eisen-III-oxid in das Eisen-II-oxid, das nicht nur schwarz färbt, sondern auch als kräftiges Flußmittel wirkt. Diese Wirkung war gerade stark genug, um die Malschicht aus feingeschlämmtem Ton schon bei 830 Grad zum Sintern zu bringen, während der gröbere Grundton erst bei 920 Grad gesintert wäre. Die Töpfer mußten also — ohne die Temperatur messen zu können — genau darauf achten, daß sie nicht niedriger als 830 und nicht höher als 920 Grad brannten. Nach dem Erreichen der zwischen diesen Werten liegenden Temperatur ließen sie wieder Luft in den Ofen, der jetzt auch unter Luftzufuhr abkühlte. Dabei oxidierte das Eisen wieder zurück zum rotfärbenden Eisen-III-oxid — aber nur im porösen Ton. In die dichtgesinterte Schicht konnte die Luft nicht mehr eindringen. Sie blieb schwarz.

Die schwarzfigurige Malerei wurde um 500 v. Chr. von der rotfigurigen (Abb. S. 87/1) abgelöst. Bei dieser waren die Hintergründe schwarz gemalt und die Figuren auf dem roten Grundton freigelassen. Die Binnenzeichnungen wurden jetzt mit einem feinen Pinsel oder mit einer Feder gemalt, wozu der Malschlicker etwas steifer angerührt werden mußte, damit die Linien eine gewisse Dicke erhielten. Ansonsten war das Verfahren dasselbe.

Mehr noch als die Intelligenz dieser Technik müssen wir die Kunst bewundern, die uns auf diesen griechischen Vasen entgegentritt und die uns die Technik vergessen läßt. Aber wir dürfen hier Kunst und Technik gar nicht trennen. Sie war eine Einheit. Von vielen altgriechischen Töpfern wissen wir durch ihre Inschriften, daß sie zugleich auch die Schöpfer der Malerei waren.

Von gänzlich anderer Art sind die Sungkeramiken. Alleine schon das Material war keine Irdenware mehr, sondern Feinsteinzeug — eine Erfindung der Chinesen. Und in der Verzierung überwog das Flachrelief — das kam daher, weil die Keramik den Bronzegefäßen nachgebildet war. Charakteristisch für diese Zeit, die 960 n. Chr. begann und bis 1278 n. Chr. dauerte, war jedoch die Glasierkunst. Auch hierin versuchte man zunächst, die Patina der Bronze nachzuahmen. Man brachte es zu meisterhaften grünen Glasuren, die unter der Bezeichnung Seladon in Europa berühmt wurden (Abb. S. 107/6). Später folgten ebenso begehrte rote Glasuren, die man »Chinarot« nannte. Beide Arten gewannen die chinesischen Keramiker durch Übereinanderlegen mehrerer Glasurschichten mit verschiedenen Reduktionsgraden in mehreren Bränden. Dadurch erzielten sie eine unübertreffliche Tiefenwirkung. Sie waren Meister in der Beherrschung des Reduktionsbrandes zur Erzielung besonderer Farbwirkungen, Rot aus Kupfer (das aber nicht höher als 1300 Grad gebrannt werden durfte), Grün aus Eisen. Ihre Farbglasurschöpfungen benannten sie nach Naturvorbildern: enteneierblau, Hasenfell-, Ölflecken-, Teestaubglasur (Abb. S. 129/6). Die Beobachtung des Glasurbildungs-Vorganges brachte sie dazu, auch die Gasentwicklung in der Glasurschicht zur Strukturierung der Oberfläche einzusetzen, indem sie dafür sorgten, daß die Glasuren zähflüssig genug blieben, um die feinen Bläschen festzuhalten und einen Orangenschalen-Effekt zu erzielen. Auch die Ausdehnungsverhältnisse zwischen Scherben und Glasur, die zu Rissen führen, beherrschten sie so meisterhaft, daß sie nach Wunsch ein fein- oder grobmaschiges Spinnennetz von Rissen über die Keramik legen konnten. Die Chinesen kannten also nicht nur die Chemie, sondern auch die Physik der Glasuren.

Eine ganz andere Keramik wiederum treffen wir im islamischen Kulturkreis an. Hier hatten die Perser eine Frittenkeramik entwickelt, die es ihnen erlaubte, ein dichtes Material schon bei niedrigen Brenntemperaturen zu erhalten. Diesen Frittenscherben bedeckten sie mit einer weißen, deckenden Glasur, die ihnen einen idealen Malgrund lieferte, auf dem sie ihrem Schmuckbedürfnis entsprechend eine reiche Malerei aufbringen konnten. Am berühmtesten wurden ihre Miniaturmalereien in Goldlüster (Abb. S. 103/3). Die Hauptorte waren Ray und Kaschan vom 12. bis 14. Jahrhundert mit dem Höhepunkt um 1200 n. Chr. (Ray wurde 1224 zerstört). Die grundlegende Erfindung, auf die sich die persische Technik stützte, war die Fritte aus Quarzsand und Pottasche, die mit wenig weißem Ton vermischt als Masse, mit einem Zinn-Blei-Äscher vermischt als Glasur verwendet wurde. Die niedrige Brenntemperatur, die ihnen die Fritte ermöglichte, ließ auch eine reiche Farbenskala zu. Auf dieser Basis konnte sich unter dem Einfluß der Miniaturschulen eine malerische Keramik entwickeln, die als Luxuskeramik orientalische Pracht widerspiegelte.

Diese drei Beispiele aus der Geschichte zeigen uns, wie sehr die Keramikkunst mit technischen und naturwissenschaftlichen Einsichten verbunden ist. Technik, Material und Kunst bilden einen unerschöpflichen dreidimensionalen Raum, in dem sich jedes Talent nach Belieben ansiedeln und seinen Platz entweder näher der Technik, näher der Wissenschaft oder näher der Kunst aussuchen kann.

Nachdem wir uns Gedanken über die Gestaltung gemacht und die technischen Methoden kennengelernt haben, wollen wir noch etwas von der wissenschaftlichen Seite der Keramik erfahren. Die folgenden »Fragen an den Fachmann« sind so ausgewählt, daß uns die Antworten Einblicke in jene Naturgesetzlichkeiten geben, die den technischen Methoden zugrunde liegen.

## 100 Fragen an den Fachmann

Wenn Sie einmal nach dem »Warum« und »Wieso« fragen sollten, dann können Sie hier nachlesen. Fassen Sie aber die Antworten nicht als Ihr Lernpensum auf, das Sie bewältigen sollen, sondern nur als eine Quelle, aus der Sie Ihren Wissensdurst stillen können.

### Frage 1.   Was ist Keramik?

Ein technisches Verfahren, bei dem ein pulveriger Stoff bei normaler Temperatur verformt und im Feuer (meist über 800° C) verfestigt (gehärtet) wird. Der pulverige Stoff ist meist kristallin (nämlich Ton, Kaolin, Feldspat usw.) und wird mit Wasser zu einem knetbaren Teig angemacht. Er kann aber auch ohne Wasser (z. B. mit Stanzöl) gepreßt oder mit viel Wasser in Gipsformen gegossen werden. Der pulverige Stoff kann auch aus Metalloxiden bestehen, man spricht dann von Oxidkeramik oder Metallkeramik.

### Frage 2. Welche Arten von Keramik gibt es?

In der Technik unterscheidet man zwischen weißer Keramik aus Ton und Kaolin (mit besonderen hygienischen, chemischen oder elektrisch isolierenden Eigenschaften) und schwarzer Keramik aus Metalloxiden (mit besonderen elektrischen oder magnetischen Eigenschaften). Uns interessiert davon nur die »weiße Keramik«. Bei ihr unterscheidet man

a) Irdenware mit naturfarbenem, porösem Scherben, mit oder ohne Glasur (gewöhnliche Töpferware, Ofenkacheln),

b) Fayence mit naturfarbenem, porösem Scherben und undurchsichtiger (die Scherbenfarbe überdeckender) Glasur (Geschirr-, Kunstkeramik, Fliesen),

c) Steingut mit weißem, porösem Scherben und durchsichtiger Glasur (Geschirr-, Kunst-, Sanitärkeramik, Fliesen),

d) Steinzeug mit naturfarbenem, dichtem Scherben, mit oder ohne Glasur, (Geschirr- und Kunstkeramik, Bodenfliesen, Rohre, Säurebehälter),

e) Porzellan mit weißem, dichtem Scherben, mit oder ohne Glasur (Geschirr- und Kunstkeramik, Sanitärkeramik, Laboratoriums- und Elektroporzellan, Glocken).

Eine Brücke zwischen Irdenware und Fayence bildet die »Halbfayence«, das ist eine Irdenware mit einer glasierten Engobe, die die Scherbenfarbe überdeckt.

Eine Brücke zwischen Steingut und Porzellan bildet das »Halbporzellan« (auch Vitreous China genannt), das ist ein Steingut mit geringer Wasseraufnahme (Porosität).

Eine Brücke zwischen Steinzeug und Porzellan bildet das »Feinsteinzeug«, ein hellgraues oder hellbraunes Steinzeug von feiner Struktur.

### Frage 3. Was ist Ton, Tonerde, Tonsubstanz?

Tone sind Verwitterungsprodukte feldspathaltiger Urgesteine (Granit, Gneis, Quarzporphyr), die in geologischen Zeiten durch Wasser fortgeschwemmt wurden, wobei sie eine gewisse Korngrößentrennung und

-verfeinerung erfuhren und Verunreinigungen aufnahmen (Sand, Eisenoxid, Kalk, Dolomit, Glimmerreste, Humus). Tone bestehen in der Hauptsache aus einem Gemenge von Tonmineralen. Das sind feinste Kriställchen. Eine von den vielen Tonmineralarten ist der plättchenförmige Kaolinit. Er ist am häufigsten im Kaolin zu finden und entspricht in seiner chemischen Zusammensetzung ($2 SiO_2 \cdot Al_2O_3 \cdot 2 H_2O$) genau der »Tonsubstanz«; so bezeichnet man, streng genommen, nur eine Rechengröße in der rationellen Analyse (vgl. Frage 13). In der hier angegebenen chemischen Formel ist nur das mittlere Glied ($Al_2O_3$) Tonerde; sie ist das hochfeuerfeste (2015° C) Oxid des Aluminiums, während Tonsubstanz ein wasserhaltiges Aluminiumsilikat darstellt.

### Frage 4. Was ist Lehm?
Ein sandiges, durch Eisenverbindungen und Kalk stark verunreinigtes Tonmineralgemenge, das weniger bildsam ist als Ton.

### Frage 5. Was ist Kaolin?
Wie die Tone, sind auch die Kaoline Verwitterungsprodukte feldspathaltiger Urgesteine, nur sind sie nicht fortgeschwemmt worden, sondern bilden mächtige Lager über dem Urgestein, also am Ort ihrer Entstehung. Sie sind deshalb nicht so feinkörnig und nicht so verunreinigt wie die Tone. Das sind die Gründe, weshalb sie weniger bildsam und feuerfester sind als die Tone. Ansonsten sind sie wie diese Gemenge von Tonmineralen, unter denen der Kaolinit das wichtigste ist. Im europäischen Standardkaolin (Zettlitzer Kaolin) sind Tonminerale (= Tonsubstanz), Quarz und Feldspat (vgl. Frage 13) in den Verhältnissen 98 : 1 : 0,6 enthalten. Die meisten Kaoline sind jedoch quarzreicher.

### Frage 6. Was ist Feldspat?
Neben Quarz das wichtigste gesteinsbildende Mineral, in der Keramik ein unplastischer Rohstoff. Es gibt a) Alkali-, b) Erdalkalifeldspäte und c) Mischformen:
a) Kalifeldspat (Orthoklas) $K_2O \cdot Al_2O_3 \cdot 6 SiO_2$,
   Natronfeldspat (Albit) $Na_2O \cdot Al_2O_3 \cdot 6 SiO_2$,
b) Kalkfeldspat (Anorthit) $CaO \cdot Al_2O_3 \cdot 2 SiO_2$,
   Bariumfeldspat (Celsian) $BaO \cdot Al_2O_3 \cdot 2 SiO_2$,
c) Alkalifeldspäte = Mischungen aus Kali- und Natronfeldspat (Anorthoklase),

Kalknatronfeldspäte = Mischungen aus Kalk- und Natronfeldspat
Plagioklase, z. B. Oligoklas mit 15—30% Anorthit, Andesin mit
30—50% Anorthit, Labrador mit 50—70% Anorthit, Bytownit
mit 70—90% Anorthit).

Die in der Praxis verwendeten Feldspäte sind selten ganz rein, sondern
enthalten mehr oder weniger Tonsubstanz (d. h. Tonminerale) und
Quarz als Verunreinigungen.

## Frage 7.   Welche Arten von Tonen gibt es?

Nach der praktischen Verwendung in der Keramik unterscheidet man:

a) Ziegeltone (Ziegellehme), die wegen ihrer starken Verunreinigung
schon bei niedrigen Temperaturen (1000—1150° C) erweichen.
Wenn sie viel Kalk enthalten, haben sie eine gelbe Brennfarbe (vgl.
Frage 67).

b) Steinzeugtone, die bei 1100—1300° C dichtsintern (jedoch nicht
schmelzen! Vgl. Frage 31) und keine weiße Brennfarbe besitzen.

c) Steinguttone, die weiß brennen und erst bei hoher Temperatur sintern.

d) Blautone, die durch Humus blau gefärbt, hochplastisch und meist
auch feuerfest sind.

e) Feuerfeste Tone, die etwa 33—37 % Tonerde ($Al_2O_3$ enthalten.

f) Kapseltone zur Herstellung von Brennkapseln und anderen Brenn-
hilfsmitteln; sie enthalten viel (bis 50 %) feinen Quarz.

g) Glasurtone (Glasurlehme), die infolge ihrer Feinkörnigkeit und ihrer Verunreinigungen eine so niedrige Schmelztemperatur besitzen,
daß sie als Glasuren verwendet werden können.

h) Begußtone (Engobetone), die infolge ihrer Feinkörnigkeit und
Brennfarbe (meist mit ein wenig, etwa 5%, Glasur vermahlen) als
Engoben verwendet werden.

i) Schiefertone, versteinerte, unplastische, feuerfeste Rohstoffe, aus denen »Schieferschamotte«, ein Magerungsmittel, hergestellt wird.

## Frage 8.   Woraus bestehen die Tone?

Ihre Zusammensetzung kann nach mineralogischen, chemischen und
physikalischen Gesichtspunkten angegeben werden.

Mineralogisch sind sie ein Gemenge aus Tonmineralen, Quarz und Feldspat. Die wichtigsten Tonminerale sind der blättchenförmige Kaolinit,
der stäbchenförmige Halloysit, der Montmorillonit ohne spezifische
Kornform und die blättchenförmigen glimmerartigen Tonminerale.

Wertet man die mineralogische Analyse für die Praxis aus, so werden die Verunreinigungen (Kalkspat, Magnesit, Dolonit, Eisen) dem Feldspat zugeschlagen, da sie wie dieser die Erweichungstemperatur des Gemenges herabsetzen.

Chemisch bestehen die Tone aus Kieselsäure ($SiO_2$), Tonerde ($Al_2O_3$), Wasser (Glühverlust), denen von Fall zu Fall folgende Begleitstoffe beigemischt sein können: Titandioxid ($TiO_2$), Eisenoxid ($Fe_2O_3$), Kalziumoxid ($CaO$), Kaliumoxid ($K_2O$), Magnesiumoxid ($MgO$), Natriumoxid ($Na_2O$). Aus der chemischen Analyse läßt sich die mineralogische annähernd berechnen. Eine besondere Form der chemischen Analyse ist die »rationelle«, siehe Frage 13.

Physikalisch interessant ist die Korngrößenzusammensetzung der Tone, da sie auf die Bildsamkeit und auf das Reaktionsvermögen im Feuer Einfluß hat. Sie wird durch Siebrückstände bestimmt und durch Mahlen verändert.

### Frage 9. Worauf beruht die Bildsamkeit?

Geht man von der Definition der Bildsamkeit aus, so wird man auf die Antwort auf diese Frage hingeführt. Nach der Definition ist Bildsamkeit (= Plastizität) die Eigenschaft (der keramischen Masse), bei äußerer Krafteinwirkung die Form bleibend (also nicht elastisch) zu verändern, ohne daß der innere Zusammenhang der Teilchen verlorengeht. Die geringste Krafteinwirkung, die bereits eine unelastische Deformation bewirkt, heißt Anlaßwert. Er verhindert (je höher er ist, desto mehr), daß eine frisch geformte Masse in sich zusammensinkt.

Bei der keramischen Masse tragen Wasser und Feststoffteilchen zur Bildsamkeit bei. Der Wassergehalt liegt bei 15 bis 25 Gew.-%; ist er zu hoch, so ist die Masse klebrig, ist er zu niedrig, so ist sie krümelig, ist er richtig, so ist die Masse »handgerecht«.

Daß Wasser eine Haut hat, weiß man vom Wassertropfen. Sie ergibt sich aus der Oberflächenspannung. Je höher diese ist, desto größer ist auch die kapillare Saugkraft des Wassers. Lösungen von Verunreinigungen und Verflüssigungsmittel (Frage 33) erhöhen die Oberflächenspannung des Wassers. Daneben spielen auch die elektrischen Eigenschaften (die Dielektrizitätskonstante des Wassers) eine Rolle. Man muß sich nämlich die keramische Masse hauptsächlich aus kleinen, blättchenförmigen Teilchen (Kaolinit und anderen Kriställchen) vorstellen, die negativ geladen sind. Die Blättchen liegen wie die Karten eines Kartenspiels aufeinander und sind durch Wasserfilme (d. h. sehr dünne Wasserschichten) voneinander getrennt. Dadurch sind sie in einer Ebene gleitbar, das ganze System wird aber durch die elektrischen und kapillaren Kräfte der Wasserhüllen zusammengehalten (siehe Frage 33). Auf der leichten Verschiebbarkeit der Blättchen gegeneinander beruht die Bildsamkeit. Sie ist um so höher, je geringer die Kraft zu sein braucht, um die Teilchen gegeneinander zu verschieben, d. h. um die Masse zu formen. Man kann sie durch Drücken mit dem Daumen (»Daumenprobe«), aber auch durch quantitative Meßverfahren (siehe Frage 26) prüfen.

### Frage 10.  Hat hohe Bildsamkeit Nachteile?

Ist die Bildsamkeit sehr hoch, so besteht die Gefahr, daß die Zusammenhangskraft der Teilchen in der Gleitebene überschritten wird und sich beim Formen, Trocknen und Brennen Risse bilden. Das liegt daran, daß die parallel-liegenden Blättchen senkrecht zu ihren Oberflächen stärker zusammenhalten und auch stärker schwinden (mehr Wasser abgeben) als in der Blättchenebene. Das führt zu Spannungen, die sich beim maschinellen Formen im Zerreißen in der Gleitebene, beim Trocknen in Deformationen und Rissen und beim Brennen im konkaven Krümmen, Hervortreten der Ränder oder ebenfalls in Rissen äußern können. Nachteilig ist auch, daß hohe Bildsamkeit viel Anmachwasser erfordert, wodurch die Trocknung verlängert wird.

### Frage 11.  Wie läßt sich die Bildsamkeit beeinflussen?

Streicht man einen Tonballen mit dem Daumen mehrmals in einer Richtung, so kann man eine oberflächliche Erhöhung der Bildsamkeit feststellen, die dadurch zustande kommt, daß sich die Blättchen in der Gleitrichtung parallel ausrichten. Diese Erscheinung äußert sich auch beim Drehen auf der Töpferscheibe. Ein entsprechendes Kneten (vgl. Frage 24) vermag die Bildsamkeit durch bessere Verteilung des Wassers und Erhöhung der Homogenität ebenfalls zu erhöhen. Daneben gibt es noch folgende Möglichkeiten, die potentielle Bildsamkeit voll zur Wirkung zu bringen: Zerfrieren des Tones im Winter, Mauken feuchter Tonballen, d. h. Lagern unter Luftabschluß, wobei sich die Feuchtigkeit verteilt und Gärungsbakterien sich entwickeln können. In der Praxis mischt man am vorteilhaftesten weniger bildsame Tone mit bildsamen. Man kann auch den hochplastischen, aber teuren Bentonit (einen das Tonmineral Montmorillonit enthaltenden Ton) oder Sulfitablauge, Dextrin oder Tylose als Zusätze zur Erhöhung der Bildsamkeit benutzen.

Vermindert wird zu hohe Bildsamkeit durch Beimischung von Magerungsmitteln, das ist entweder Schamotte verschiedener Körnung (Schamotte ist gebrannter und gemahlener Ton; vor dem Zumischen zur Masse muß die Schamotte angefeuchtet werden!) oder Sand, Feldspat, Scherbenmehl (besonders bei Feinsteinzeug). Als Magerungsmittel wirken auch Ausbrennstoffe (die die Porosität des Scherbens erhöhen), wie Braunkohlen- oder Sägemehl, Korkmehl oder Schäumer, wie Saponin.

Die Tone verlieren ihre Bildsamkeit, wenn sie bis etwa 750° C gebrannt werden. Sie ergeben dann die Schamotte.

**Frage 12. Wie prüft man die Tone auf ihre Tauglichkeit?**

Es gibt mineralogische, chemische, physikalische und technologische Prüfmethoden, deren Ergebnisse in Rohstoffmerkblättern zu finden sind.

Auf diese Weise sind die Tonvorkommen aller wichtigen (d. h. industriell genutzten) Lagerstätten erfaßt. Sie enthalten folgende Angaben: Ort und Beschaffenheit des Vorkommens, Lagervorräte, mineralogische, chemische und rationelle (Frage 13). Zusammensetzung, Korngrößenverteilung, Trockenschwindung, Anmachwasserbedarf, Schwindung und Wasseraufnahme in Abhängigkeit von der Brenntemperatur, Feuerfestigkeit, Brennfarbe, Plastizitätszahl, lösliche Salze, Verhalten beim Erhitzen (Frage 27). Diesen reichlichen Angaben kann man entnehmen, ob sich ein bestimmter Ton für einen beabsichtigten Zweck eignet. Für Töpferwaren wird man andere Tone bevorzugen als für Fayencen, Steingut, Steinzeug oder gar Porzellan. In allen Fällen aber müssen die Tone vor ihrer endgültigen Verwendung unter den speziellen Verarbeitungs- und Brennbedingungen erprobt werden. Man wird also durch Modellieren oder Freidrehen, Engobieren oder Gießen ihre Bildsamkeit und Verarbeitbarkeit prüfen. Trocken- und Brennschwindung wird man, wie auf Seite 32 angegeben, feststellen. Durch Brennen von Probeplättchen erhält man ferner Auskunft über Brennfarbe, Porosität, Sinterung, Neigung zum Verziehen oder Hervortreten der Ränder. Glasierte Probeplättchen geben vor dem Brennen Auskunft über Saugfähigkeit und Haftung, nach dem Brennen über das Verhalten gegenüber Glasuren: ob sie reißen oder abblättern (Frage 79), ob sie vom Scherben aufgesaugt werden oder zu dicktropfigen Inseln gerinnen. Nach diesen Ergebnissen wird man entscheiden, mit welchen anderen Tonen oder Zusatzstoffen man den geprüften Ton am besten vermischt, um aus ihnen die erwünschte »Masse« herzustellen (Fragen 14, 22 und 23).

**Frage 13.   Was versteht man unter rationelle Analyse?**

Eine den keramischen Erfordernissen entsprechende chemische Analyse, die darauf beruht, daß die chemisch-analytisch festgestellten Oxide im Feuer als Verbindungen wirksam werden, indem sie die Feuerfestigkeit erhöhen oder (als Flußmittel) herabsetzen (Fragen 28—31). Rein analysentechnisch beruht die rationelle Analyse darauf, daß die Tonerde des Kaolinits nach dreistündigem Erhitzen auf 700° C in Salzsäure löslich wird. Auf diesem Wege erhält man (durch Multiplikation der ermittelten Tonerdemenge, $Al_2O_3$, mit 2,5318) den Gehalt des Rohstoffes an »Tonsubstanz«. Diese entspricht in ihrer chemischen Zusammensetzung dem Tonmineral Kaolinit: $Al_2O_3 \cdot 2 SiO_2 \cdot 2 H_2O$. Die zweite Komponente, über die die rationelle Analyse Auskunft gibt, ist der Quarz, die dritte der Feldspat, oder besser: die Summe der Flußmittel. Tonsubstanz, Quarz und Feldspat (T Q F) bilden die »rationelle Zusammensetzung« eines Rohstoffes oder einer Masse. Zur Berechnung der zur Erzielung einer bestimmten Masse erforderlichen Mischung von Rohstoffen (diese Mischung heißt »Versatz«) ist die rationelle Zusammensetzung von großem praktischem Nutzen (vgl. Frage 22). Man kann die chemische in die rationelle Analyse umrechnen, indem man die Gewichtsprozente der chemischen Analyse mit den folgenden Faktoren multipliziert. Dabei berechnet man zuerst aus den Allien und Erdalkalien den Feldspat und die Flußmittel:

$K_2O \quad \cdot 5,9081 =$ Kalifeldspat
$Na_2O \cdot 8,4573 =$ Natronfeldspat
$CaO \quad \cdot 1,784 \quad = CaCO_3$
$MgO \cdot 2,0915 = MgCO_3$

Die in den Feldspäten vorhandene Tonerde ermittelt man durch folgende Faktoren:

$K_2O \quad \cdot 1,0823 =$ Tonerde im Kalifeldspat
$Na_2O \cdot 1,644 \quad =$ Tonerde im Natronfeldspat

Die Ergebnisse, addiert, werden von der gesamten Tonerde der Analyse abgezogen, der Rest ergibt, mit 2,5318 multipliziert, den Tonsubstanzgehalt. Zu dem selben Wert gelangt man, wenn man den Glühverlust mit 7,18 multipliziert. Ist dieses Ergebnis höher, so handelt es sich um Humusstoffe.

Den Wert für Quarz erhält man durch Ergänzung der Summe von Flußmitteln + Tonsubstanz auf 100 nach der Formel Q = 100 — (F+T).

**Frage 14. Was versteht man unter Masse?**
Eine für die Verarbeitung zurechtgemachte (»aufbereitete«) Mischung. Je nach Verarbeitung spricht man von Drehmasse, Gießmasse, Preßmasse. In der Regel besteht eine Masse aus mehreren Tonen, unplastischen Rohstoffen und evtl. auch anderen Zusätzen sowie Wasser. Erst die Mischung ergibt die den Umständen nach optimal erzielbare Summe von erwünschten Eigenschaften. Nur selten besteht eine Masse lediglich aus einem einzigen Ton und Wasser.

**Frage 15. Was versteht man unter Scherben?**
Die gebrannte Masse.

**Frage 16. Gibt es eine einfache Formel
für die Zusammensetzung einer Masse?**
Die rationelle Zusammensetzung (Frage 13) der Rohstoffe bildet den Schlüssel für die synthetische Mischung einer Masse. Zur Erzielung bestimmter Keramikarten gibt es Erfahrungswerte, nach denen die Verhältnisse Tonsubstanz : Quarz : Flußmittel bemessen werden können (Fragen 18—21). Diese Verhältnisse gewährleisten jedoch nur einen entsprechenden Scherben. Die Verarbeitbarkeit und Glasurenverträglichkeit müssen praktisch erprobt werden.

**Frage 17. Was ist eine Segerformel?**
Schon bei Frage 3 verwendeten wir zur übersichtlichen Darstellung der chemischen Zusammensetzung des Kaolinits als »rationelle« Schreibweise die »Summenformel« oder »dualistische« Formel $Al_2O_3 \cdot 2 SiO_2 \cdot 2 H_2O$, obwohl die Bindungsverhältnisse im Mineral richtiger durch die »Konstitutionsformel« $Al_2Si_2O_5(OH)_4$ wiedergegeben würden. Die in der Keramik gebräuchliche übersichtlichere Schreibweise rechtfertigt sich dadurch, daß es bei den hohen Brenntemperaturen darauf ankommt, welche Oxide für die Reaktionen im Scherben bereitstehen, wobei saure Oxide mit basischen neuen Verbindungen bilden. Diese Vorstellungen des Chemikers Hermann August Seger (1839—1893), des Vaters der wissenschaftlichen Keramik, haben bis heute nichts von ihrer Bedeutung eingebüßt. Er teilte die in Frage

kommenden Oxide in saure, amphotere (teils sauer, teils basisch wirkende) und in basische ein:

| basische | amphotere | saure Oxide |
|---|---|---|
| $K_2O$ (94) | $Al_2O_3$ (102) | $SiO_2$ (60) |
| $Na_2O$ (62) | $Fe_2O_3$ (160) | $B_2O_3$ (70) |
| $Cu_2O$ (142) | $Mn_2O_3$ (158) | $TiO_2$ (80) |
| PbO (223) | $Cr_2O_3$ (152) | $SnO_2$ (150) |
| ZnO (81) | | $V_2O_5$ (182) |
| CaO (56) | | $UO_2$ (272) |
| BaO (153) | | $ZrO_2$ (123) |
| SrO (104) | | |
| MgO (40) | | |
| FeO (72) | | |
| CoO (75) | | |
| MnO (71) | | |
| CuO (79) | | |
| NiO (74,5) | | |

Seger ordnete die Oxide nicht nur in diesen Gruppen an, sondern er rechnete auch die Gewichtsprozente der chemischen Analyse in Molprozente um. Dazu mußte er sie durch die hier in Klammern angegebenen Molekulargewichte dividieren. Dann schlug er vor, die so für eine bestimmte keramische Mischung erhaltenen Molprozente der basischen Oxide (der Flußmittel) zu addieren, ihre Summe gleich 1 zu setzen und alle anderen Oxide dazu ins Verhältnis zu setzen. Die so erhaltene »Segerformel« (vgl. Frage 73) gibt also die chemische Zusammensetzung einer gebrannten oder geschmolzenen Mischung in Molprozenten, bezogen auf 1 Mol Flußmittel, wieder. Sie eignet sich besonders zur Darstellung von Glasurzusammensetzungen, aber auch Scherben lassen sich durch sie wiedergeben. Durch Umrechnung der Oxidanteile in Rohstoffe erhält man die für die gewünschte Glasur (seltener für den Scherben, dafür wird meist nach Frage 22 verfahren) erforderliche Rohstoffmischung (den »Versatz«), wie unter Frage 76 angegeben.

### Frage 18.   Wie ist eine Fayencemasse zusammengesetzt?

Die rationelle Zusammensetzung besteht ungefähr zu je einem Drittel aus Tonsubstanz, Quarz und Kalk (oder Kreide). Die Brenntemperatur beträgt dann 900 bis 1060° C.

**Frage 19.   Wie sind Steingutmassen zusammengesetzt?**
Die Brenntemperaturen des Steingutscherbens liegen zwischen 1060 und 1280° C Die Glasuren werden niedriger, nämlich bei 900 bis 1150° C, aufgeschmolzen. Nur beim Vitreous China (vgl. Frage 2) liegt die Glattbrandtemperatur (1200—1300° C) höher als die Schrühtemperatur. Der unteren Temperaturgrenze entspricht das Kalksteingut mit der ungefähren rationellen Zusammensetzung 50—55⁰/₀ Tonsubstanz, 30—45⁰/₀ Quarz, 5—20⁰/₀ Kalk (oder Kreide), der oberen Temperaturgrenze das Feldspaltsteingut und Vitreous China mit etwa 50—55⁰/₀ Tonsubstanz, 35—45⁰/₀ Quarz und 5—12⁰/₀ Feldspat. Dazwischen liegt das Mischsteingut, das sowohl Kalk als auch Feldspat enthält: 50—55⁰/₀ Tonsubstanz, 35—45⁰/₀ Quarz, 6—12⁰/₀ Feldspat und 2—6⁰/₀ Kalk oder Kreide, Brenntemperatur 1180—1230° C.

**Frage 20.   Wie sind Steinzeugmassen zusammengesetzt?**
Wenn das Steinzeug glasiert werden soll, ist eine ungefähre rationelle Zusammensetzung aus 48⁰/₀ Tonsubstanz, 40⁰/₀ Quarz und 12⁰/₀ Feldspat zu wählen, bei unglasiertem Steinzeug 60⁰/₀ Tonsubstanz, 32⁰/₀ Quarz und 8⁰/₀ Feldspat (Brenntemperaturen 1230—1280° C).

**Frage 21.   Wie sind Porzellanmassen zusammengesetzt?**
Einem Hartporzellan (hoch = hartgebrannt) für 1410—1530° C Brenntemperatur entspricht die rationelle Zusammensetzung 55⁰/₀ Tonsubstanz, 22,5⁰/₀ Quarz, 22,5⁰/₀ Feldspat, für 1350—1410° C Brenntemperatur: 50⁰/₀ Tonsubstanz, 25⁰/₀ Quarz, 25⁰/₀ Feldspat, für ein »weiches« (d. h. niedrig zu brennendes) Feldspatporzellan bei 1280 bis 1350° C Brenntemperatur: 48 ⁰/₀ Tonsubstanz, 24 ⁰/₀ Quarz, 28 ⁰/₀ Feldspat. Englisches Knochenporzellan enthält 20—40⁰/₀ Knochenasche (es ist ein Weichporzellan). Hotelporzellane (für dickwandiges Hotelgeschirr) enthalten möglichst wenig aufgelösten Quarz, um temperaturwechselbeständiger zu sein (vgl. Frage 32).

**Frage 22.   Wie berechnet man eine Masse?**
Man geht am besten von der rationellen Zusammensetzung der gewünschten Keramik aus (Fragen 18—21) und versucht, sie durch mehrere Rohstoffe, deren rationelle Zusammensetzung ebenfalls bekannt sein muß (die Analysen werden in der Regel von der Rohstoff-Firma mitgeliefert), zu erfüllen (Frage 13). Will man z. B. ein Steinzeug für 1230° C aus zwei Tonen, A und B, zusammenstellen, deren rationelle Analysen folgendermaßen angegeben werden:

|                    | Ton A | Ton B | verlangte Zusammensetzung |
|--------------------|-------|-------|---------------------------|
| Tonsubstanz (T)    | 73,5  | 80,4  | 48                        |
| Quarz (Q)          | 25,2  | 15,9  | 40                        |
| Feldspat (F)       | 1,3   | 5,7   | 12                        |
|                    | 100   | 100   | 100                       |

und soll die verlangte Tonsubstanz (48 Gewichtsteile) zu zwei Dritteln (32 Gewichtsteile) von dem bildsameren Ton A, das restliche Drittel (12 Gewichtsteile) von Ton B bestritten werden, so geht man von folgender Überlegung aus: Wenn 73,5 Gewichtsteile Tonsubstanz in 100 Gewichtsteilen A enthalten sind,

$$73,5 : 100 = 32 : x$$
$$x = \frac{100 \cdot 32}{73,5} = 43,5 \text{ Gewichtsteile}$$

so braucht man für 32 Gewichtsteile nur 43,5 Teile des Tones A. Da ferner in 100 Teilen A 25,2 Teile Quarz und 1,3 Teile Feldspat enthalten sind, enthalten die ermittelten 43,5 Teile A zugleich

$$100 : 25,2 = 43,5 : x \qquad\qquad 100 : 1,3 = 43,5 : x$$
$$x = \frac{25,2 \cdot 43,5}{100} = 10,9 \, Q \qquad x = \frac{1,3 \cdot 43,5}{100} = 0,6 \, F$$

10,9 Teile Quarz und 0,6 Teile Feldspat. Berechnet man genauso Ton B, der nur 12 Teile Tonsubstanz liefern soll, so findet man:

|               | Tonsubstanz | Quarz | Feldspat | Versatz |            |
|---------------|-------------|-------|----------|---------|------------|
| Ton A         | 32          | 10,9  | 0,6      | 43,5 Teile = | 45,3%  |
| Ton B         | 12          | 2,4   | 0,5      | 14,9 Teile = | 15,5%  |
| dazu Quarz    | —           | 26,7  | —        | 26,7 Teile = | 27,8%  |
| dazu Feldspat | —           | —     | 10,9     | 10,9 Teile = | 11,4%  |
| ergibt, wie verlangt: | 48  | 40    | 12       | 96      | 100        |

Dabei ist allerdings die Verwendung eines (teuren) reinen Feldspates angenommen. In der Praxis wird man aus kalkulatorischen Gründen einen Feldspat verwenden, der ebenfalls einen erheblichen Teil Tonsubstanz und Quarz enthält. Er ist dann genauso zu berechnen, wie es hier mit Ton A und B geschehen ist, nur daß man dabei berücksichtigen muß, daß durch ihn der überwiegende Teil des Feldspats eingeführt wird. Man wird also die Rechnung mit dem Feldspat beginnen.

### Frage 23. Welche Anforderungen stellt man an eine gute Masse?

Sie muß sich gut verarbeiten, trocknen und brennen lassen. Dazu sind erforderlich: richtige Konsistenz, Homogenität, Freiheit von Lufteinschlüssen und ausreichende Bildsamkeit, die zugleich einer hohen Festigkeit im trockenen Zustand (»Rohbruchfestigkeit«) entspricht. Die Forderung nach richtiger Konsistenz wird durch eine günstige Kornverteilung, Fehlen von Knollen und Steinchen und das erforderliche Anmachwasser (bei Töpfertonen 15—30 Gewichtsprozent) erfüllt. Homogenität und Entlüftung erzielt man im Handverfahren durch Kneten, Treten, Mauken der Masse, maschinell durch Vakuumstrangpressen. Alle diese Eigenschaften kann man durch eine Daumenprobe prüfen. Bei Steingut und Porzellan wird an die Masse auch noch die Forderung der Reinheit gestellt. Bei ihnen werden die in Naßtrommelmühlen gemahlenen plastischen und unplastischen Rohstoffe im breiigen Zustand (mit Quirl) gemischt, durch Elektromagneten von Eisen befreit, in Filterpressen entwässert und in Vakuumstrangpressen durchgearbeitet und entlüftet. Schließlich soll eine gute Masse frei von löslichen Salzen sein, die mit dem verdunsteten Wasser an die Oberfläche der Keramik transportiert werden und »Ausblühungen« verursachen könnten. Eine gute Masse muß einen gewünschten Scherben ergeben (Frage 18—21).

### Frage 24. Wie läßt sich die Luft aus der Masse austreiben?

Beim Kneten ist (im Gegensatz zum Kuchenteig) auf die Entfernung der Luft aus der Masse besonders zu achten. Das kann durch Entlangdrücken der Handwurzel oder durch Aufschlagen des Masseballens geschehen. Zerschneidet man den Tonballen mit einem Schneidedraht, so kann man den Erfolg des Knetens kontrollieren. Zur maschinellen Entlüftung dienen Vakuumstrangpressen. Beim Modellieren dürfen keine Luftbläschen in die Masse eingeschlossen werden.

### Frage 25. Wie erhält man den dünnen Scherben
### bei der Eierschalenkeramik?

Forscher, die dem Herstellungsgeheimnis des chinesischen Porzellans nachgingen, fanden heraus, daß man durch Mauken (Lagern) einer mit

Urin statt Wasser angemachten Masse eine um ein Vielfaches gesteigerte Bildsamkeit erzielt, die das Freidrehen von papierdünner Keramik auf der Töpferscheibe zuläßt. Auch durch Abdrehen der lederharten Keramik mit einer Stahlklinge läßt sich ein dünner Scherben herstellen.

### Frage 26. Wie prüft man eine Masse auf ihre Tauglichkeit?

Zur Kontrolle der Verarbeitbarkeit und Homogenität genügt die Daumenprobe (Eindrücken des Daumens). Wenn es auch Prüfmethoden zur zahlenmäßigen (quantitativen) Erfassung der Bildsamkeit (Plastizitätszahlen nach Atterberg oder nach Pfefferkorn), der Trockenbiegefestigkeit (nach Kohl), der Viskosität von Gießmassen (durch Messung der Auslaufzeit des Gießschlickers), des Verhaltens beim Erhitzen (durch die Differentialthermoanalyse) und der Übereinstimmung mit einer bestimmten Glasur (durch Spannungsmessung nach Steger) gibt, so erübrigt sich doch nicht die praktische Erprobung unter den jeweiligen Arbeits- und Brennbedingungen.

### Frage 27. Was versteht man unter Differentialthermoanalyse?

Ein Prüfverfahren, das wärmeaufnehmende (endotherme) und wärmeabgebende (exotherme) Reaktionen während des Erhitzens einer Masse, eines Rohstoffs oder eines reinen Kristallgemenges registriert. Die Prüfsubstanz und eine Vergleichssubstanz die sich beim Erhitzen nicht verändert (geglühte Tonerde), werden gleichmäßig erhitzt und ihre Temperatur mit Thermoelementen gemessen. Während die Temperatur der Vergleichssubstanz gleichmäßig ansteigt, weicht sie bei der Prüfsubstanz in bestimmten Bereichen ab. So weist z. B. Kaolinit zwischen 450 und 600° C eine wärmeaufnehmende Reaktion auf: das Wasser aus der Tonsubstanz tritt aus und läßt den »Metakaolin« ($2 SiO_2 \cdot Al_2O_3$) zurück, aus dem sich die Tonerde ($AlO_3$) durch Salzsäure herauslösen läßt (Frage 13) und aus dem sich neue Kristalle (Mullit und Tridymit) bilden. Bei 960° C zeigt sich eine wärmeabgebende Reaktion: die Tonerde erfährt eine Umkristallisation (Kristallisationswärme bei der Bildung von $\gamma - Al_2O_3$. Abb. S. 169/1).

### Frage 28. Welche Wirkung hat der Sand in der Masse?

Sand ist mineralogisch Quarz, chemisch Siliziumdioxid, $SiO_2$. Dieses Oxid hat in der chemischen Analyse der Tone einen hohen Anteil, denn es ist sowohl in der Tonsubstanz und im Feldspat gebunden als auch in Form von Quarztrümmern als selbständiges Mineral (als »freie Kieselsäure«) enthalten. Deshalb weist die rationelle Analyse der Tone (und auch der meisten Feldspäte) einen hohen Quarzgehalt aus. Quarz ist ein unplastischer Rohstoff und wirkt daher als Zusatz stets magernd, und zwar um so mehr, je grobkörniger er ist. Als natürliche Tonverunreinigung verhält er sich infolge seiner feinen Verteilung im Brand gutartig. Zusätze sind weniger günstig, wenn es sich um einen Quarzsand handelt, der sich schlecht umwandelt. Quarzit hingegen wandelt sich leicht um.

Das Mineral Quarz ist chemisch identisch mit Feuerstein (Flint), Sand, Sandstein, Quarzit u. a. Es macht beim Erhitzen folgende Umwandlungen von einer Kristallform (»Modifikation«) in die andere durch: bei 575° C ziemlich sprunghaft ($\beta$-$\alpha$-Quarz-Umwandlung mit 2,4 % Volumenzunahme beim Erhitzen und -abnahme beim Abkühlen), bei 870° C zwar weniger sprunghaft, aber mit stärkerer (14,4%iger) Volumenzunahme (Umwandlung von $\alpha$-Quarz in $\alpha$-Tridymit). Beim Erhitzen »wachsen« also quarzreiche Massen bei 870° C und um den gleichen Betrag würden sie, was viel entscheidender ist, sich beim Abkühlen zusammenziehen, wenn sich der entstandene Tridymit (also der umgewandelte Quarz) nicht in seiner (umgewandelten) Form erhalten würde, wenn sich also der Quarz nicht umwandeln, sondern als solcher wieder abkühlen würde. Unter den »freien Kieselsäuren« ist nämlich der Tridymit der günstigste Scherbenbestandteil, weil er sich nicht so sprunghaft und nur mit einer geringen Volumenverminderung (Zusammenziehung) von 0,6 % während des Abkühlens bei 117° C verändert (Abb. S. 169/2). Alkalien (z. B. Feldspat) fördern die Quarzumwandlung in Tridymit.

Erhitzt man die »freie Kieselsäure« noch höher, so entsteht aus dem Quarz (bei 870° C) nicht nur der Tridymit, sondern zwischen 1000 und 1450° C auch der Cristobalit. Wenn dieser abkühlt, macht er bei 270 bis 190° C eine gefährliche Schrumpfung um 5,6 Volumenprozent durch, die beim Steingut zum Abblättern der Glasur führen kann.

### Frage 29. Welche Wirkung hat die Tonerde in der Masse?

Im allgemeinen ist die Bildsamkeit eines Tones um so größer, je höher sein Gehalt an Tonsubstanz und somit auch an Tonerde, $Al_2O_3$, ist. Damit steigt auch seine Feuerfestigkeit. Gebrannter Ton (»Schamotte«) wird als Magerungsmittel verwendet, wenn man zwar die Bildsamkeit, nicht aber den Tonsubstanzgehalt verändern will. Man kann aber auch die Bildsamkeit verringern und den Tonsubstanzgehalt erhöhen, indem man dem Ton Kaolin zusetzt, da dieser weniger bildsam ist als Ton. Über die Veränderungen der Tonsubstanz beim Erhitzen siehe Frage 54. Reine Tonerde (Aluminiumoxidhydrat) wird keramische Massen in den seltensten Fällen zugesetzt.

### Frage 30. Welche Wirkung hat der Kalk in der Masse?

Kalk ist eine volkstümliche Bezeichnung für mehrere Kalziumverbindungen, die mit dem Kalziumoxid, CaO, in Zusammenhang stehen. Kalkrohstoffe sind Kreide, Marmormehl, Kalkstein; sie alle sind Karbonate ($CaCO_3$), oft mit Magnesiumkarbonat ($MgCO_3$) verunreinigt (»dolomitischer Kalkstein«) oder mit diesem zum Dolomit, $CaMg (CO_3)_2$, verbunden. Es sind unplastische Rohstoffe. In vielen Tonen ist Kalk von Natur aus enthalten (mergeliger Ton, Tonmergel, Mergel, Kalkmergel). Kalkknollen müssen aus der Masse entfernt werden, da sie nach dem Brennen ablöschen und den Scherben sprengen würden. Der Kalkrohstoff $CaCO_3$ gibt im Brand bei 900° C seine Kohlensäure ($CO_2$) ab, der Magnesit ($MgCO_3$) schon bei 510° C. Es bleiben CaO bzw. MgO als basische Oxide (Frage 17) übrig, die mit den anderen (sauren) Scherbenbestandteilen Verbindungen eingehen. Die Entsäuerung des Kalkes braucht Zeit. Oft ist sie erst bei 1200° C abgeschlossen. Deshalb soll man kalkreiche Massen nicht zu schnell brennen!
Kalk wirkt in Gegenwart von Eisenoxid im Scherben als Flußmittel, er beeinflußt die Brennfarbe (Frage 63), wirkt dem Reißen der leichtschmelzenden Glasur entgegen und verringert die Dehnung des gebrannten porösen Scherbens bei Berührung mit Wasser (»Wasserdehnung«).

### Frage 31. Welche Wirkung hat der Feldspat in der Masse?

Feldspat (Frage 6) ist ein Magerungsmittel, im Brand ein Flußmittel (Frage 69). Er ist ein sehr willkommener Rohstoff, da er es gestattet, die sonst wasserlöslichen Alkalien (Frage 83) in wasserunlöslicher Form in die Masse oder Glasur einzuführen. Die Alkalien der Feldspäte lassen sich also nicht auswaschen und wandern beim Trocknen nicht an die Oberfläche der Keramik. Der wichtigste Feldspat, der Kalifeldspat, kommt stets mehr oder weniger mit Natronfeldspat und Quarz verunreinigt vor.
Die im Feuer am meisten geschätzte Eigenschaft des Kalifeldspates ist sein breites Temperaturintervall von über 300 Grad (nämlich zwischen 1170 und 1540° C), in dem er eine sehr zähe Schmelze (»ein langes Glas«) bildet, die der Ware eine gute Standfestigkeit im Feuer verleiht und die Glasur vor dem Tropfenbilden oder Abfließen bewahrt.

**Frage 32. Aus welcher Masse erhält man kochfestes Geschirr?**

Grobe Körner bilden beim Brennen einen so lockeren Kornzusammenhang, daß die Volumenbewegungen beim Erhitzen und Abkühlen von den Lücken aufgefangen werden und nach außen ohne Wirkung bleiben. Aus dieser Erkenntnis heraus (die auch für die Frostbeständigkeit der Terrakotta, Frage 62, gilt) setzt man Massen für kochfestes Geschirr aus Ton + 40 % grobkörnigem Quarz oder Schamotte zusammen. Der Boden des Geschirrs soll gewellt oder gerippt (erreichbar durch Verwendung eines gedrehten Abschneidedrahtes), die Kanten abgerundet sein. Spannungsfreiheit (Trocken-, Kühl-, Glasurspannungen) ist besonders wichtig. Ein niedriger Ausdehnungskoeffizient von Scherben und Glasur ist günstig; er kann durch Magnesiumoxid (MgO, in Talk oder Speckstein enthalten) erzielt werden. Ein Patent aus dem Jahre 1929 schützte einen Masseversatz aus 43 % göpfersgrünem Speckstein, 35 % Zinsendorfer Ton und 22 % Tonerde mit einem Ausdehnungskoeffizienten von $5,3 \cdot 10^{-7}$/grd (vgl. Frage 79).

**Frage 33. Worauf beruht die Verflüssigung der Gießmassen?**

Um Wasser, das man ja beim Trocknen doch wieder austreiben müßte, zu sparen und die Trockenschwindung zu verringern, werden Gießmassen nicht allein mit (26—40 %) Wasser, sondern auch noch mit einem Verflüssigungsmittel (»Elektrolyt«) angesetzt. Als solches wird Soda ($Na_2CO_3$) oder Wasserglas (wasserlösliche Verbindungen zwischen $Na_2O$ und $SiO_2$ oder $K_2O$ und $SiO_2$ in verschiedenen Molekularverhältnissen) verwendet. In Mengen von 0,1—0,4 % (bezogen auf den trockenen Ton) zugesetzt, verringern sie die Viskosität (Auslaufzeit) des Massebreies. Im gleichen Sinne wirken auch Humussäure (Kasseler Braun), Gerbsäure, Tannin und Quebrachoextrakt. Die Tone wirken auf die Verflüssigungsmittel verschieden, deshalb ist ein versuchsweises Feststellen des günstigsten Zusatzes (Seite 70) unerläßlich. Die der Verflüssigung zugrundeliegende Gesetzmäßigkeit ist jedoch in allen Fällen gleich: Die negativ elektrisch geladenen Tonteilchen (Frage 9) halten positiv geladene Teilchen (»Anionen«) fest, um die herum sich Wasser (die negative, OH-Seite des Wassers, HOH) anlagert. Die elektrisch starken positiven Alkalien, Natrium und Kalium ($Na^+$ und $K^+$), halten mehr Wasser fest als die Erdalkalien ($Ca^{2+}$ und $Mg^{2+}$), deren Feldstärke geringer ist. Die dickeren Wasserhüllen verhindern die Zusammenballung der Tonteilchen wirksamer als die dünneren, sie wirken also verflüssigend. Gibt man dem durch Alkalien verflüssigten Gießschlicker Kalk ($Ca^{2+}$ in irgendeiner, bei Frage 30 erwähnten

Form) hinzu, so wird er zähflüssiger; bei höherem Zusatz setzt sich der Ton ab, er sedimentiert. Steinzeugtone lassen sich nicht ohne weiteres zu Gießmassen verarbeiten, da sie zu feinkörnig sind. Sie müssen grobkörnige Zuschläge erhalten.

## Frage 34. Was ist Thixotropie?
Die Eigenschaft einer Gießmasse, durch Schütteln flüssiger und in Ruhe wieder steifer zu werden.

## Frage 35. Unterscheidet sich eine plastisch geformte Masse von einer gegossenen?
Bei der geformten Masse haben sich die Tonmineralblättchen in der Streichrichtung ausgerichtet (Frage 11), bei der gegossenen liegen sie kartenhausförmig oder regellos aneinander. Daher ist ihre scheinbare Porosität (Frage 58) nach dem Brand höher als die von plastisch geformten Massen.

Beim Auftreffen des Gießstrahles auf die Gipsform tritt eine Entmischung ein, die zu dem gefürchteten »Gießfleck« führt. Sie ist eine Folge der Oberflächenspannung des Wassers und kann durch ein Benetzungsmittel verhindert werden.

Beim Trocknen und Brennen zeigen sich keine merklichen Unterschiede zwischen plastisch geformten und gegossenen Massen, da die in beiden wirksamen Einflüsse von Wassergehalt, Bildsamkeit und chemischer Zusammensetzung dominieren. Gießmassen brauchen jedoch nicht so fett (und damit anfällig beim Trocknen und Brennen) zu sein wie plastische Massen. Daher ist auch ihre Gesamtschwindung normalerweise geringer.

## Frage 36. In welchen Zuständen befindet sich Wasser in einer Masse?
Als »freies« Anmachwasser macht es bei bildsamen Massen etwa 15 bis 25 % des Gewichts aus. Es umhüllt den Ton (»Hüllenwasser«), füllt die Zwischenräume aus (»Porenwasser«) und wird von den elektrischen Kräften festgehalten (»Absorptionswasser«).

In chemisch gebundener Form (»Konstitutionswasser«) ist es in den Tonmineralen enthalten (Frage 3).

## Frage 37. In welchen Stufen wird das Wasser ausgetrieben?
Beim Trocknen tritt zuerst das Hüllenwasser aus, wobei die Masse schwindet. Es ist fast die Hälfte des Wassers. Als zweites tritt das Po-

renwasser aus. Erst beim Brennen bei einigen hundert Grad wird das Absorptionswasser ausgetrieben (Frage 54). Zwischen 450 und 600° C geben die Tonminerale ihr chemisch gebundenes Wasser ab (Frage 27).

**Frage 38. Was muß man beim Trocknen beachten?**

Beim Austritt des Hüllenwassers schwindet die Masse (»Trocken-schwindung«), sie ist aber noch bildsam, ungleichmäßiger Wasseraus-tritt kann zu Deformationen führen.

Bei Austritt des Porenwassers schwindet die Masse nicht mehr, sie ist auch nicht mehr bildsam, sondern spröde. Ungleichmäßige Trocknung führt in diesem Stadium zu Rissen (»Trockenrisse«).

Am deutlichsten wird der Trocknungsvorgang, wenn man sich die Mühe macht, das Diagramm zu studieren, das E. Bourry aufgestellt hat (die darin angegebenen Werte sind Mittelwerte):

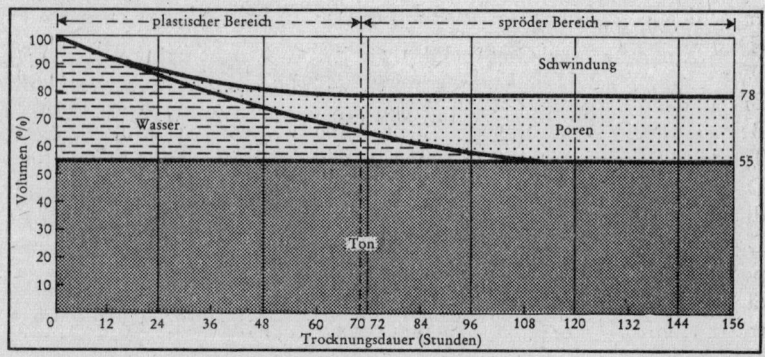

Betrachten Sie zunächst die linke Bildkante (die senkrechte Skala ist die Einteilung der »Ordinatenachse«). Aus ihr geht hervor, daß eine plastische Masse im Mittel etwa 55 Volumenprozente Festsubstanz (Ton) und 45 Volumenprozente Wasser (entsprechend 75 bzw. 25 Ge-wichtsprozente enthält. Wenn die Masse trocknet, durchläuft sie drei Abschnitte (auf der Unterkante des Bildes, der Abszisse, ist die Trock-nungszeit in Stunden aufgetragen; in etwa 120 Stunden ist die Masse bereits wasserfrei, also fertig getrocknet). Auf der rechten Bildkante ist abzulesen, daß die getrocknete Masse 22 Volumenprozente ge-schwunden ist und 23 Volumenprozente Gesamtporosität besitzt. Aus den schraffierten Flächen, die den Trocknungsverlauf angeben, ersehen

Sie, daß das ausgetriebene (mechanisch gebundene) Wasser sowohl die Trockenschwindung verursacht als auch Porosität hinterläßt (statt Wasser befindet sich jetzt Luft in den Poren). Die Trockenschwindung hört bereits nach 70 Stunden auf. Bis dahin ist im ersten Trocknungsabschnitt nur Hüllenwasser ausgetreten, im zweiten Hüllen- und Porenwasser. In diesem Abschnitt, etwa bei 48 Stunden, ist die Masse auch lederhart. Nach etwa 70 Stunden tritt nur noch Porenwasser aus; jetzt schwindet die Masse nicht weiter, sie ist aber auch nicht mehr plastisch verformbar, sondern spröde. Die kritische Zone liegt also bei 70 Stunden. Sie teilt den Trocknungsvorgang in die beiden, durch Änderung der Eigenschaften des Materials grundsätzlich verschiedenen Bereiche:

| Trockenschwindung | Volumenkonstanz |
|---|---|
| plastische Verformbarkeit | Sprödigkeit |
| Deformationsgefahr | Rissegefahr. |

In beiden Bereichen wird (mechanisch gebundenes) Wasser abgegeben! (Das in diesem Diagramm nicht berücksichtigte chemisch gebundene Wasser, das in der Festsubstanz, dem Ton, enthalten ist, wird erst im Brand abgegeben, Fragen 54 und 57).
Beim Trocknen kommt es darauf an, daß die Keramik in allen ihren Teilen gleichzeitig vom plastischen in den spröden Zustand übergeht. Da das Wasser von innen nach außen verdunstet, ist gleichmäßige Verdunstung (soweit dies praktisch möglich ist) an der Oberfläche wichtig. Das geschieht am besten langsam, ohne große Feuchtigkeits- und Temperaturdifferenzen der Trocknungsluft. Je bildsamer die Masse, desto länger braucht sie zum Trocknen, desto größer ist aber auch (als eintrocknendes Gel) ihre Festigkeit im getrockneten Zustand (»Rohbruch‐festigkeit«).

### Frage 39. Wie groß ist normalerweise die Trockenschwindung?
Die lineare Schwindung bildsamer Massen liegt bei etwa 7—12 %. Demnach hat die Raumschwindung näherungsweise den dreifachen Wert, nämlich 21—36 %. Je bildsamer die Masse ist, desto stärker schwindet sie beim Trocknen und beim Brennen (Frage 57). Durch Zusatz von Schamottemehl wird die Trockenschwindung verringert.

### Frage 40. Was für Arten von Öfen gibt es?
In der Großproduktion verwendet man mit Gas, Öl oder Elektrizität beheizte Tunnelöfen, durch die die Ware auf Wagen hindurchgeschoben wird, in kleineren Betrieben Herdwagenöfen oder Haubenöfen,

Pendelöfen, Paternosteröfen, für Porzellangeschirr zum Teil noch Rundöfen, für Steinzeug Kammeröfen, für Ziegel Ringöfen.

In der kleinen Werkstatt findet man den Muffelofen, der elektrisch oder mit Gas beheizt sein kann. Die Brennmuffel ist ein abgeschlossener kleiner Raum, der ursprünglich dazu diente, die Ware vor Brenngasen und Aschenflug beim Feuern mit Holz und Kohle zu schützen, ohne sie in Kapseln einsetzen zu müssen. Bei den modernen Elektro- und Gasmuffeln ist dieser Schutz nicht mehr erforderlich, denn die Ofenatmosphäre ist sauber. Die Heizwiderstände bzw. Brenndüsen liegen im Brennraum selbst. Elektromuffelöfen werden in Größen von 4—4400 Liter, Gasöfen von 20—2600 Liter angeboten.

### Frage 41. Wie werden Elektroöfen beheizt?

Die Elektroöfen für die Keramik sind sogenannte Widerstandsöfen, weil bei ihnen die elektrische Energie in besonderen Heizwiderständen in Wärme umgesetzt wird. Heizwiderstände können spiralenförmige Metalldrähte, -bänder oder gerade Stäbe sein. Mit eisenhaltigen Chrom-Nickel-Drähten kommt man nur bis etwa 1050° C, mit eisenfreiem Chromnickel bis 1200° C, mit Chrom-Eisen-Aluminium-Drähten (Kanthal A 1) bis 1350° C. Diese Öfen können direkt an das Netz (bis 380 Volt Netzspannung) angeschlossen werden. Dagegen erfordern die Öfen mit den folgenden nichtmetallischen Widerständen (Stäben oder Rohren) die Vorschaltung eines Stufentransformators. Mit Siliziumkarbidstäben (Silit) erreicht man bis zu 1450° C, mit Molybdändisilizidstäben (MoSi$_2$) bis 1600° C. Das ist die höchste erreichbare Temperatur mit Elektrizität bei oxidierender Atmosphäre. Darüber liegen Kohle- und Graphitstäbe bis 2000° C (reduzierend).

### Frage 42. Wieviel Kilowatt (kW) verbraucht ein Elektroofen?

Ein Ofen von 4 Liter Inhalt benötigt einen Anschlußwert von 1 kW, ein 260-Liter-Ofen von 15 kW. Zwischen diesen beiden Werten liegen die gebräuchlichen Elektroofengrößen und Leistungsaufnahmen. So verbraucht z. B. ein 160-Liter-Ofen von 15 kW für einen fünfstündigen Glattbrand auf 1050° C 15 × 5 = 75 kWh. Das sind bei einem kW-Preis von z. B. 15,2 Pfennigen DM 11,40 je Brand; dazu kommt noch der Tarifgrundpreis. Je dichter der Einsatz und je höher die Temperatur, desto länger dauert ein Brand. Die Ofengröße hat dagegen keinen Einfluß auf die Brenndauer, sofern die größeren Öfen zugleich eine entsprechend höhere elektrische Leistung aufnehmen. Das Verhältnis Ofengröße zu Leistungsaufnahme ist gewöhnlich so bemessen, daß eine Temperatur von 1050° C in 5 bis 10 Stunden erreicht wird.

**Frage 43.    Wie funktioniert die Automatik bei Elektroöfen?**

Man unterscheidet zwischen Halb- und Vollautomatik. Bei beiden ist
der wichtigste Teil der Leistungsregler. Er sorgt dafür, daß die Heizleiter des Ofens nicht zu viel und nicht zu wenig Leistung (Kilowatt)
aufnehmen, sondern gerade so viel, wie zum mehr oder weniger schnellen Erreichen der gewünschten Temperatur erforderlich ist. Die höchste
Leistung, die der Ofen aufnehmen kann und auf die er bemessen ist,
ist seine Nennleistung. Stellt man den Leistungsregler auf 30% (Zeigerstellung 3) oder die Hälfte (Zeigerstellung 5) der Nennleistung, so
wird das Brenngut durch automatisches, periodisches Abschalten der
Stromzufuhr gerade so langsam aufgeheizt, wie es zum Schrühbrand
erforderlich ist. Bei 650° C (nach etwa 4 Stunden) kann man dann auf
volle Leistung schalten und den Schrühbrand so bis 900° C zu Ende
führen, was nochmal ungefähr 4 Stunden erfordert. Zum Glattbrennen
von vorher verschrühter Ware braucht man nur eine minimale Aufheiz-
zeit zum Austreiben von eventuell noch vorhandenem restlichen Glas-
urwasser. Bei der Halbautomatik muß man alle Schaltungen mit der
Hand nach der angezeigten Temperatur ausführen.

Die Vollautomatik hingegen ist besonders dann vorteilhaft, wenn man
den Ofen zum Beispiel nachts mit billigerem Nachtstrom brennen und
sich selbst überlassen will. Bei der elektronischen Vollautomatik stellt
man dazu folgende Zeiger ein: 1. den Zeiger des Temperaturreglers
auf die Brenntemperatur (z. B. 900° C beim Schrühbrand, 1040° C
beim Glattbrand), 2. den oberen Zeitschalter auf die Dauer des Auf-
heizens (z. B. 4 Stunden beim Schrühbrand, 1 Stunde beim Glattbrand),
3. den Leistungsregler auf den Prozentsatz der Leistung, mit dem der
Ofen aufgeheizt werden soll (z. B. 30% beim Schrüh- und Glattbrand), 4. den unteren Zeitschalter auf die Dauer des Haltens der
oben eingestellten Brenntemperatur (z. B. 30 Minuten). Will man die
Temperatur kontrollieren, so muß man ein gesondertes Thermo-
element einbauen, das über eine Ausgleichsleitung mit einem eigenen
Anzeigegerät verbunden ist. Bis 1200° C benutzt man ein NiCr-
Ni-Thermoelement, bis 1600° C ein PtRh-Pt-Thermoelement.

Eine mechanische Abschaltautomatik besitzen die Economy-Öfen (Frage
44): Ein kleiner Ortonkegel (Tabelle Seite 161) wird in eine Halterung
gesteckt; wenn er schmilzt, löst er einen Hebel aus, der den Ofen abschaltet. Für alle Fälle besitzt die Vollautomatik dieses Ofens auch
noch einen Zeitschalter zum Ausschalten. Für die Aufheizgeschwindig-
keit hat dieser Ofen einen Wählschalter mit fünf Verzögerungsstufen,
die selbständig in die volle Leistung übergehen.

**Frage 44.   Welche Vor- und Nachteile haben Elektro- und Gasöfen?**
Elektroöfen sind sauber und leicht zu bedienen. Die Kosten der Elektroheizung hängen vom Kilowattpreis ab (Frage 42). Die Ofenatmosphäre
ist neutral bis schwach oxidierend. Man kann aber auch reduzierend
brennen, wie auf Seite 128 angegeben. Die meisten Elektroöfen benötigen eine Netzspannung von 3 × 380 Volt Drehstrom. Mit einer
gewöhnlichen Schukosteckdose des Lichtnetzes begnügen sich hingegen
Neuentwicklungen, die besonders auf den Hobby-Bedarf abzielen. Zu
diesen gehört unter anderen ein aus leichtem Isoliermaterial der Raum-
fahrzeuge entwickelter Schachtofen, dessen Brennraum sich durch einen
11 cm hohen Aufsatzring erweitern läßt und der wegen seines geringen
Stromverbrauches »Economy«-Ofen genannt wird. Man beschickt ihn
von oben. Er ist in Fuß, Bodenplatte, Mantel, Aufsatzring und Deckel
zerlegbar, sehr leicht zu transportieren und überall aufzustellen.
Gasöfen sind ebenfalls automatisch zu bedienen. Ihre Abgase sind
zwar umweltfreundlich, aber man muß für deren Ableitung sorgen
oder im Freien brennen. Die Propangasflaschen dürfen nicht im selben
Raum stehen. Die Ofenatmosphäre läßt sich nach Belieben einstellen
(vgl. Frage 45). Es gibt Spezialöfen zum Salzglasieren.

*Zu den Bildern auf der gegenüberliegenden Seite:*

1. *Elektroofen 14/S bis 1200° C (wahlweise bis 1320° C) von Naber in
   Lilienthal. 160 Liter Rauminhalt, 15 kW Leistung, 350 kg Gewicht.
   Regler mit Temperaturanzeige. Ähnliche Öfen bauen Scandia in
   Allerød, Dänemark, und Prins in Gouda, Holland (auch einen voll-
   automatischen 35-Liter-Ofen für die 220-Volt-Steckdose).*
2. *Gasofen GH 110 combi bis 1300° C von Scandia. 20 Liter Rauminhalt mit Tigelöffnung in der Decke zum Fritteschmelzen. Ein
   Brenner unter der Bodenplatte. Verbrauch 1,5 kg Propangas pro
   Stunde. 60 kg Gewicht, wahlweise fahrbar auf Transportwagen.*
3. *Economy-Schachtofen bis 1250° C von Epam in Dortmund. Drei
   Größen: 24, 50 und 66 Liter, alle für 220 Volt. Gewicht 30 bis 50 kg.*
4. *Links: Segerkegel und wie sie die Temperatur anzeigen (Frage 48),
   rechts: Orton-Mini-Cone und wie er den Economy-Ofen ausschaltet.*
5. *Brennkassette für zehn Wandfliesen (15 × 15 cm), Einsatzplatten
   und Stützen verschiedener Größe aus feuerfester Schamotte.*
6. *Dreikantstäbe und Dreispitze (»Pinnen«) zum Aufstellen der glasierten Ware im Ofen.*

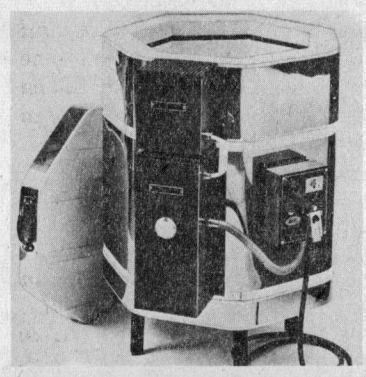
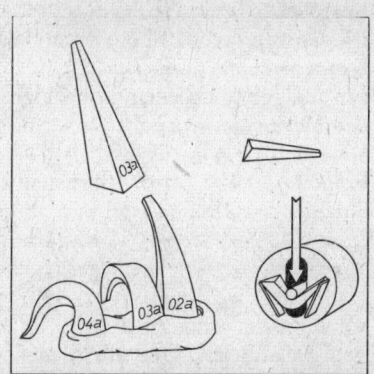

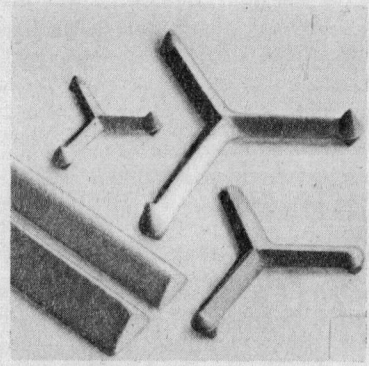

**Frage 45.  Wie brennt man mit Gasöfen?**
Genauso wie mit einer Gas-Backröhre: Die Brenner werden ange-
steckt, die Ofentür geschlossen. Der Schornsteinschieber wird geöffnet,
damit die gasförmigen Brennprodukte (Absorptionswasser und ver-
branntes Gas) austreten können. Die Schieberstellung richtet sich von
200° C aufwärts nach dem Anfall der gasförmigen Spaltprodukte
(vgl. Frage 54). Über 900° C kann der Schieber fast geschlossen werden, um auf Temperatur zu kommen. Natürlich müssen die Brennprodukte des stets weiterströmenden Gas-Luft-Gemisches laufend abziehen können. Die Ofenatmosphäre regelt man durch die Luftzufuhr zu den Brennern. Erheblicher Luftüberschuß ergibt oxidierendes,
geringer Luftüberschuß neutrales, Luftmangel reduzierendes Feuer.

**Frage 46.  Was verbraucht ein Gasofen?**
Ein Gasofen von 20 Liter Inhalt verbraucht pro Stunde 1,5 Kilogramm
Gas, ein 2600-Liter-Ofen 20 Kilogramm. Zwischen diesen Werten lie-
gen die gebräuchlichen gasbeheizten Muffelofengrößen. Die Dauer des
Brandes richtet sich nach Ofengröße und Temperaturhöhe.

**Frage 47.  Wie kontrolliert man einen Brand?**
Solange der Ofen getestet wird, kontrolliert man sowohl mit Segerkegeln
(Frage 48 und Seite 205) als auch mit Hilfe der elektrischen Pyrometeranzeige (Frage 43). Die Segerkegel können wegbleiben, sobald man fest-
stellt, daß sich der Ofen im Brand konstant verhält. Je größer der
Ofen, desto schwieriger ist es, in allen seinen Teilen gleiche Bedingun-
gen zu erzielen. Deshalb dienen die Segerkegel zur Feststellung der
Abweichungen. Man weiß dann, an welcher Stelle der Ofen etwas unter der Temperatur bleibt oder die Anzeige des Pyrometers überschreitet. Zum Ausgleichen von Temperaturunterschieden dient das Halten
der Höchsttemperatur, etwa eine halbe Stunde lang. Die Kontrolle
des Brenngutes durch das Schauloch erübrigt sich, sofern die Massen
und Glasuren richtig berechnet und erprobt sind. Man kann in diesen
Fällen also automatisch über Nacht brennen. Beobachtet man den
Brand trotzdem durch das Schauloch, so muß das Auge durch ein Filter
geschützt werden.

**Frage 48.  Was sind Segerkegel?**
Zum Anzeigen des Brennzustandes (unter Berücksichtigung von Tem-
peraturhöhe und Dauer der Temperatureinwirkung, jedoch nicht zum
Messen der »wahren« Temperatur) bestimmte kleine Kegel (»Pyro-

skope«) aus roher, ungebrannter Masse, die zu dritt so in den Ofen gestellt (in einen Tonwulst gesteckt) werden, daß sie beim Umschmelzen (»Fallen«) mit der Spitze die Standfläche berühren. Neben den der gewünschten Temperatur entsprechenden Kegel werden der davorliegende und der dahinterfolgende Kegel der Tabelle (siehe unten) aufgestellt. Der richtige Brennzustand ist erreicht, wenn der niedrigere Kegel ganz umgeschmolzen ist, der mittlere mit seiner Spitze die Standfläche berührt und der höhere Kegel noch steht. Die Kegel bestehen aus Massemischungen, die gewährleisten, daß sie bei dem Brennzustand fallen, der ihrer SK-Nummer entspricht. Auf Erhitzungsgeschwindigkeit, Höhe und Dauer der Temperatureinwirkung sowie Brennatmosphäre reagieren sie genauso wie die keramische Ware, auf die oft eine länger anhaltende niedrigere Temperatur die gleiche Wirkung hat wie eine kurzzeitige höhere. Thermoelemente oder Strahlungspyrometer hingegen geben lediglich die Temperaturhöhe an.

Die niedrigen Kegel bestehen aus glasurähnlichen Mischungen (Frage 73) mit viel basischen Flußmitteln, deren Anteil bei den höheren immer geringer wird, bis schließlich auch Kieselsäure und Tonerde so abgestuft werden, daß der letzte Kegel, SK 42 (= 2000° C), nur noch aus reiner Tonerde besteht. Die SK-Nummern bis 1400° C (zum Vergleich die kleinen Ortonkegel, OK, bis 1300° C) entsprechen bei 150 °C/h Temperaturanstieg folgenden Temperaturen:

| °C | SK | OK | °C | SK | OK | °C | SK | OK | °C | SK | OK |
|---|---|---|---|---|---|---|---|---|---|---|---|
| 595 | 022 | — | 825 | — | 016 | 1008 | — | 07 | 1195 | 4a | 3 |
| 630 | — | 022 | 835 | 013a | — | 1023 | — | 06 | 1209 | — | 4 |
| 640 | 021 | — | 843 | — | 015 | 1025 | 04a | — | 1215 | 5a | — |
| 643 | — | 021 | 860 | 012a | — | 1055 | 03a | — | 1221 | — | 5 |
| 660 | 020 | — | 870 | — | 014 | 1062 | — | 05 | 1240 | 6a | — |
| 666 | — | 020 | 880 | — | 013 | 1085 | 02a | — | 1255 | — | 6 |
| 685 | 019 | — | 900 | 011a | 012 | 1098 | — | 04 | 1260 | 7 | — |
| 705 | 018 | — | 915 | — | 011 | 1105 | 01a | — | 1264 | — | 7 |
| 723 | — | 019 | 920 | 010a | 010 | 1125 | 1a | — | 1280 | 8 | — |
| 730 | 017 | — | 935 | 09a | — | 1131 | — | 03 | 1300 | 9 | 8 |
| 752 | — | 018 | 955 | 08a | 09 | 1148 | — | 02 | 1320 | 10 | |
| 755 | 016 | — | 970 | 07a | — | 1150 | 2a | — | 1340 | 11 | |
| 780 | 015a | — | 983 | — | 08 | 1170 | 3a | — | 1360 | 12 | |
| 784 | — | 017 | 990 | 06a | — | 1178 | — | 01 | 1380 | 13 | |
| 805 | 014a | — | 1000 | 05a | — | 1179 | —1+2 | | 1400 | 14 | |

**Frage 49. Welche Temperaturen
treten bei keramischen Bränden auf?**

Bei 720—860° C werden Aufglasurfarben eingebrannt. Während die
Färbungsmöglichkeiten durch Temperaturen nach oben begrenzt sind
(vgl. Frage 96), erfordert die Ausbildung (das »Garbrennen«) des
Scherbens bestimmte Mindesttemperaturen. Auf dieser Erscheinung
beruhen die (»umgekehrte«) Brennweise des Steinguts (hoher Glühbrand, bei Kalksteingut 1100—1180° C, bei Feldspatsteingut 1200 bis
1300° C, und niedriger Glattbrand [= Glasurbrand]: 950—1150° C
bei Kalksteingut, 900—1150° C beim Feldspatsteingut) und (vor allem bei Porzellan) die Anwendung von Aufglasurfarben.

Bei normalen Brennverfahren liegen die Glühbrandtemperaturen niedriger (bei 900° C) als die Glattbrandtemperaturen. Der Glühbrand
(auch »Schrühbrand«) dient hier (bei Porzellan, Steinzeug und Fayence) zur Steigerung der Festigkeit der Ware, die ja noch mit einem was-
serhaltigen Glasurbrei glasiert oder davor mit Unterglasurfarben bemalt werden soll. Bei 900° C verschrüht, sind Porosität und Wasser-
ansaugfähigkeit zum Festhalten von Farben und Glasuren günstig.
Keramik aus bildsamen Massen (Töpferware, Steinzeug) besitzt ausreichende Rohbruchfestigkeit und Saugfähigkeit zum Glasieren und
wird deshalb häufig im »Einbrandverfahren« hergestellt. Die Glattbrandtemperaturen für glasierte Töpferware, Fayencen und Kalksteingut liegen meist bei 1000—1150° C, weil es darunter kaum möglich
ist, rissefreie Glasuren zu erzielen. Für unglasierte Töpferware genügt
die Temperatur des Schrühbrandes von 900° C. Steinzeug wird bei
1200—1300° C glattgebrannt, Weichporzellan bei 1200—1350° C,
Hartporzellan bei 1400—1450° C.

**Frage 50. Wann darf man den Ofen öffnen?**

Das hängt von den Spannungen zwischen Scherben und Glasur ab
(Frage 57). Enthält die Masse einen gut umgewandelten Quarz und
wurde sie mindestens auf 870° C, höchstens auf 1350° C gebrannt, so
kann der Ofen unterhalb 160° C einen spaltbreit geöffnet werden.
Wurde über 1350° C gebrannt, so darf er erst unterhalb 120° C geöffnet werden. Auch bei Verwendung eines schlecht umwandelnden
Quarzsandes sollte der Ofen nicht über 120° C geöffnet werden. Wenn
nicht außergewöhnliche Umstände dazu zwingen, sollte man den Ofen
erst ganz abkühlen lassen, ehe man ihn öffnet, denn die auch nur von
100° C auf Raumtemperatur abgeschreckte Glasur kann leicht reißen
und Ihre Vasen wasserdurchlässig werden lassen.

## Frage 51.   Welche Brennhilfsmittel gibt es?

Brennhilfsmittel dienen zum Anordnen (d. h. gleichmäßigen Verteilen) oder zum Halten (d. h. vor Deformation schützen) der Ware im Ofen. Brennhilfsmittel, die das Brenngut vor den Flammengasen schützen sollen (Kapseln) sind bei Gas- und Elektroheizung nicht erforderlich. Zum Anordnen dienen Brennhilfsmittel aus Schamotte, Siliziumkarbid oder Korund. Es sind Einsetzplatten, Stützen und Brennkasetten, in denen man Teller oder Fliesen dicht übereinander, jedoch ohne sich zu berühren, brennen kann. Wenn die Gefahr besteht, daß die Glasur abläuft oder wenn die Keramik (z. B. Teller) auch auf der Unterseite glasiert ist, stellt man die Ware auf Dreikantstäbe oder Dreispitze (»Pinnen«), die nur drei Punkte der glasierten Fläche berühren.
Zum Halten dienen »Bomse«, die beim Dichtsintern die erweichende Keramik vor Deformation schützen. Sie müssen genauso schwinden wie die Keramik selbst, bestehen also meist aus der selben Masse. Stützbomse verhindern das Absinken (z. B. bei Figuren). Spannbomse sind deckelähnliche Formen, die bewirken, daß kreisrunde Gefäßränder ihre exakte Rundung bewahren. Tassen können auch paarweise mit den Rändern mit Hilfe einer Paste aus Dextrin und kalzinierter Tonerde aneinandergeklebt (»gebördelt«) werden; sie halten sich dann gegenseitig in Form. Allerdings müssen bei diesen Verfahren die Ränder nach dem Brand geschliffen und poliert werden.
Keramik, deren Scherben nicht dichtsintert und folglich auch nicht erweicht, bedarf keiner haltenden Brennhilfsmittel. Unglasierte, poröse Keramik kann sich gegenseitig berühren, also auch ineinandergestapelt gebrannt werden.

## Frage 52.   Welche Lebensdauer haben Öfen und Brennhilfsmittel?

Man rechnet im Mittel mit 1500 Betriebsstunden für eine Heizdrahtausstattung. Für SiC-Stäbe wird eine Lebensdauer von 3000—10 000 Stunden bei 1300° C angegeben. Die Lebensdauer der Brennhilfsmittel kann mit 200—500 Betriebsstunden angenommen werden. Siliziumkarbid und Korund halten länger als Schamotte. Ferner wird die Lebensdauer durch höhere Brenntemperaturen verkürzt. Bomse sind nur einmal verwendbar.

## Frage 53.   Was eignet sich als Streumittel?

Quarzsand mit möglichst runden Körnern, damit die Ware beim Sintern und Schwinden gut darauf rollen kann. Im allgemeinen ist jedes

körnige Pulver dieser Beschaffenheit, das bei der betreffenden Brenntemperatur nicht schmilzt und daher auch nicht an der Ware kleben
bleibt, geeignet. Höchsten Ansprüchen genügt das Thoriumdioxid
($ThO_2$), das aber sehr teuer ist.

### Frage 54. Was geht in der Masse beim Brennen vor sich?

Man kann zwei Brandabschnitte unterscheiden: den porösen und den
durch Schmelzflußsinterung charakterisierten höheren Brand (Frage
67). Im porösen Abschnitt zersetzen sich die Rohstoffe, die gasförmigen
Zersetzungsprodukte entweichen aus den Poren. Im zweiten Brandabschnitt bilden sich aus den zurückgebliebenen festen Zersetzungspro-
dukten (den Oxiden) Schmelzflüsse, indem saure und basische Oxide
zusammentreten.

Töpferware, Fayence und Kalksteingut sind praktisch nur auf den
ersten Brandabschnitt beschränkt. Bei ihnen kommt es darauf an, daß
die Glasur erst dann glattfließt, wenn die gasförmigen Zersetzungsprodukte den Scherben verlassen haben. Bis dahin muß auch die Glasur porös bleiben. Glasuren, die niedriger schmelzen als diesem Zustand
des Scherbens entspricht, können nur auf vorgeschrühter Ware aufgeschmolzen werden. Aus diesen Überlegungen ergibt sich auch die Min-
desttemperatur für das Verschrühen: 900° C. Bis zu dieser Temperatur finden nämlich folgende Vorgänge statt: Innerhalb der ersten
rd. 250° C entweicht das Absorptionswasser (»Schmauchperiode«), die
Porosität nimmt zu. Um 300° C verbrennen die humösen Beimengun-
gen und andere organische Substanzen, bei 575°C ändert der Quarz
seine Kristallform ($\beta$-$\alpha$-Quarz-Umwandlung), zwischen 450 und
600° C gibt der Kaolinit den Hauptteil seines chemisch gebundenen
Wassers ab (er besteht zu 14 % aus Konstitutionswasser), bei 510° C
zersetzt sich der Magnesit, wobei das Kohlendioxid entweicht (»Entsäuerung«), bei 870° C beginnt der Quarz, sich in Tridymit umzuwan-
deln, die Masse »wächst«, die Porosität erreicht zwischen 850 und
900° C ihren höchsten Betrag, jetzt ist auch das Wasser restlos (aus
den innersten Partien) ausgetrieben, die aus der Verkohlung der Hu-
musbestandteile in den Poren übriggebliebenen kohligen Rückstände
können durch eindringende Verbrennungsluft oxidieren, also verbrennen, die Eisensulfide (Pyrit, Markasit) können sich zersetzen, bei
900° C zersetzt sich auch der Kalk und gibt sein Kohlendioxid ab. Die
der Masse zugefügte Schamotte ist bis dahin unverändert geblieben. Bei
den zahlreichen Zersetzungsvorgängen wird das ganze System durch
verfestigende Festkörperreaktionen zusammengehalten, die gerade

| Temp. (°C) | Tonsubstanz | Quarz | Begleitstoffe |
|---|---|---|---|
| 250 | | | $H_2O \uparrow$ (Absorptionswasser) |
| 300 | | | $CO_2 \uparrow$ (Humus verbrennt) |
| | $Al_2O_3 \cdot 2SiO_2 \cdot 2H_2O$ (Kaolinit) $- 2H_2O \uparrow$ $Al_2O_3 \cdot 2SiO_2$ (Metakaolin) | | $MgCO_3 \longrightarrow MgO + CO_2 \uparrow$ (Magnesit) |
| 500 | | | |
| 575 | | $\beta$-Quarz $\downarrow$ $\alpha$-Quarz | $Fe_2O_3$ reagiert mit gittergestörtem Quarz (erste eutektische Schmelze) |
| 600 | $3(Al_2O_3 \cdot 2SiO_2)$ $3Al_2O_3 \cdot 2SiO_2 + 4SiO_2$ (Mullit)        (Quarz) | | $CaCO_3$ reagiert mit dem durch $Fe_2O_3$ »aufgelockerten« Quarz |
| 870 | | $\alpha$-Quarz $\downarrow$ $\alpha$-Tridymit | |
| 900 | | | $CaCO_3 \longrightarrow CaO + CO_2 \uparrow$ (Kalk) $4FeS_2 + 11O_2 \longrightarrow 2Fe_2O_3 + 8SO_2 \uparrow$ (Pyrit) |
| 1000 | | | Kalifeldspat reagiert m. $SiO_2$ |
| 1170 | | Die Kieselsäure beteiligt sich an der Bildung des Scherbenglases | $K_2O \cdot Al_2O_3 \cdot 6SiO_2$ (Kalifeldspat) $K_2O \cdot Al_2O_3 \cdot 4SiO_2 + SiO_2$ (Leuzit)        (Schmelze) |
| 1200 | Mullitnadeln wachsen durch Sammelkristallisation und werden z. T. in Schmelze aufgelöst | Grobe Körner werden oberflächlich abgeschmolzen | Kalifeldspat bildet von 1170 bis 1530° C ein hochviskoses Scherbenglas, wobei sich auch der Leuzit auflöst |

Im fertigen Scherben sind Mullitkristalle und Quarztrümmer durch Scherbenglas verkittet oder in diesem eingebettet.

dann am wirksamsten in Erscheinung treten, wenn sich die Substanzen in Umwandlung befinden, wenn ihr Gitterbau gestört ist. Darüber hinaus wurde festgestellt, daß bei flußmittelreichen Massen schon bei 525° C verkittende Schmelzen auftreten können.

Im zweiten Brandabschnitt, der um 1000° C beginnt, tritt die Wirkung der Schmelzen (Frage 56) unter Beteiligung von Flußmitteln (Frage 69) in den Vordergrund. Dichte und Brennschwindung des Scherbens nehmen zu. Die Reaktionen verlaufen träge, sie brauchen viel Zeit. Aus diesem Grunde beziehen sich sämtliche Temperaturangaben, die den Eintritt oder Ablauf von Reaktionen betreffen, auf die den Zeitfaktor berücksichtigende Kegelfalltemperatur (siehe Frage 48), nicht auf die »wahre« Temperatur. Besonders groß ist der Einfluß der Zeit bei flußmittelreichen Massen. Mit zunehmender Temperatureinwirkung werden die gebildeten Schmelzen dünnflüssiger, sie dringen in die Poren ein, wirken lösend auf die Kristallite, verändern dadurch ihre Zusammensetzung, sättigen sich, und die Schmelze kristallisiert neue Verbindungen aus. Diese Vorgänge lassen sich durch schnelles Brennen unterbinden, wenn man nämlich ein besonders günstig zusammengesetztes (elastisches) Scherbenglas aus der reinen Kalifeldspat-Schmelze erhalten will.

Jeder Ton und jede Masse besitzen eine individuelle Dichtsintertemperatur, nach der die Porosität wieder größer wird. Diese Temperatur der größten Brennschwindung muß durch Brennproben ermittelt werden, wenn man einen möglichst dichten Scherben erzielen will. Anders bei den Glasuren: Sie lassen sich auf eine bestimmte Schmelztemperatur berechnen. Aber auch bei ihnen spielt die Zeit eine wichtige Rolle, denn als zähe Glasflüsse brauchen sie lange, um zu entgasen.

Beim Abkühlen nimmt die Schwindung weiter zu, wobei sich noch verschiedene Kristallumwandlungen der Kieselsäure bemerkbar machen. Die Art der Umwandlungen ist von der Temperatur abhängig, von der aus die Keramik abkühlt. Bei verglasten Massen (Steinzeug, Porzellan) gibt es empfindliche Volumensprünge (Zusammenziehungen) bei 850, 575 und 230° C, bei hochgebrannter poröser Keramik (Steingut) bei 575 und 230° C, bei niedrig gebrannter Keramik mit gut umgewandelter Kieselsäure bei 117° C (siehe Frage 28).

Für den, der es genauer wissen möchte und der von graphischen Darstellungen und Formeln nicht abgestoßen wird, sollen die wichtigsten Vorgänge durch Kurven (Seite 169) und chemische Gleichungen (Seite 165) erläutert werden, die in der keramischen Technologie ihren festen Bestand haben. Dabei müssen wir gleich eine Einschränkung machen:

Man kann den Ton (und das gilt ebenso für fast alle keramischen Rohstoffe und Massen) mit dem Wein vergleichen. Es gibt keine zwei, die in ihren Eigenschaften völlig übereinstimmen; sie sind nach ihren Fundorten verschieden. Die zahlreichen Vorgänge, die in den individuellen keramischen Massen (sie sind »Mehrstoffsysteme«) zusammenwirken, lassen sich in ihren wechselseitigen Einflüssen kaum exakt erfassen. Wir können nur durch Vereinfachung zu einem Durchschnittsbild des Verhaltens kommen, indem wir die Hauptbestandteile für sich und in Systemen mit wenigen Komponenten betrachten.

1. Die Tonsubstanz macht beim Erhitzen verschiedene Veränderungen durch, deren Wärmewirkungen sich in der Differentialthermoanalyse (DTA, Frage 27) zeigen. Beim Zerfall von Kristallstrukturen wird Wärme verbraucht (Schmelzwärme), bei der Neubildung oder Entglasung Wärme abgegeben (Kristallisationswärme), da die geordnete Kristallstruktur energieärmer ist als der ungeordnete Zustand der Schmelze. Charakteristisch für die Tonsubstanz ist die große wärmeaufnehmende (endotherme) Spitze in der DTA-Kurve, verursacht durch den Zerfall des Kaolinitgitters zwischen 450 und 600° C. Unter 200° C markiert sich eine kleinere endotherme Spitze als Folge der Abgabe des Zwischenschichtwassers der stark quellenden Tonminerale. Lage und Deutlichkeit der Spitzen läßt auf die Anteile der einzelnen Tonmineralarten schließen. Die Kurve auf Seite 169/1 z. B. ist die eines gut bindefähigen, hellbrennenden Westerwälder Steinzeugtones (Bodener Ton 1701) mit 65 % Tonmineralgehalt (hauptsächlich als Kaolinit) und 29 % Quarz. Die DTA-Kurve ist somit ein Mittelwert aus den Einzelwerten der Tonminerale und ihrer Begleitstoffe, wie er in der Praxis vorkommt. Wie und zu welchem Zeitpunkt die Begleitstoffe in das Geschehen eingreifen, ist aus der Darstellung auf Seite 165 zu ersehen.

2. Der Quarz dehnt sich beim Erhitzen nicht gleichmäßig, sondern in Stufen aus. Wie das Diagramm von S. N. Fenner zeigt (auf der Abszisse ist der Dampfdruck aufgetragen; er ist, falls mehrere Zustandsformen — Modifikationen — bei einer Temperatur möglich sind, bei jener am niedrigsten, die bei der betreffenden Temperatur am stabilsten ist), wandelt sich der Quarz in die anderen Kieselsäuremodifikationen Tridymit und Cristobalit und schließlich in Kieselglas um (Frage 28). Für das langsame Erhitzen gilt die stark ausgezogene Kurve. Die umgewandelten Zustandsformen kühlen entlang der gestrichelten Linien ab. So kann aus dem Quarz Cristobalit, Tridymit oder auch wiederum Quarz erhalten werden, je nachdem, wie hoch gebrannt

wird. Beim schnellen Erhitzen überschreitet der Quarz (ebenso der Tridymit) die übrigen Modifikationen und schmilzt als solcher bereits bei 1600° C (gestrichelte Linien).

3. Tonerde und Quarz können in der Keramik in verschiedenen Mischungsverhältnissen vorliegen. Das Diagramm von Bowen und Greig (verbessert von Konopicky) zeigt die geschwungene Kurve der Schmelzpunkte der verschiedenen möglichen Mischungen, unter denen eine (»Eutektikum«, Frage 56), aus 10% $Al_2O_3$ und 90% $SiO_2$, am niedrigsten, nämlich bei 1595° C, schmilzt. Die höchsten Schmelzpunkte besitzen die Ausgangsstoffe selbst. In der Regel wird der Schmelzpunkt einer Substanz erniedrigt, wenn sie mit einer zweiten vermischt wird. Und der Schmelzpunkt dieses Gemisches wiederum erniedrigt sich weiter beim Hinzutreten eines dritten Stoffes usw. Man könnte also experimentell zur eutektischen Mischung dieses Zweistoffsystems eine dritte und weitere Komponenten hinzufügen, um diese Temperatur von 1595° C stufenweise herabzusetzen. So könnte man zu den Glasurmischungen (Frage 73) gelangen. Wichtiger als die Schmelztemperaturen des abgebildeten Zweistoffsystems, die ja ohnehin in unserer Praxis nicht erreicht werden, sind die Verbindungen, die sich bei steigender Temperatur ineinander umwandeln und die ebenfalls aus dem Diagramm herausgelesen werden können. Die Lage des Metakaolins, in den sich ja der Kaolinit — wie wir an der DTA-Kurve sahen — umgewandelt hat, ist eingezeichnet. Man sieht, daß aus ihm zwei neue Stoffe werden, nämlich Tridymit und Mullit.

*Zu den Bildern auf der gegenüberliegenden Seite:*

*1. Kurve der Wärmeeffekte, wie man sie bei der Differentialthermoanalyse eines Tones erhält.*

*2. Zustandsdiagramm der $SiO_2$-Modifikationen.*

*3. Zustandsdiagramm des Zweistoffsystems $SiO_2$-$Al_2O_3$.*

*4. Wärmeausdehnungskurven eines Tones.*

*5. Wärmeausdehnungskurve einer Glasur im Vergleich zu der eines Tones.*

*6. Spannungskurve eines glasierten Scherbens beim Abkühlen.*

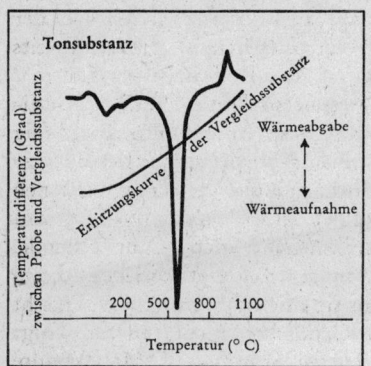

Tonsubstanz

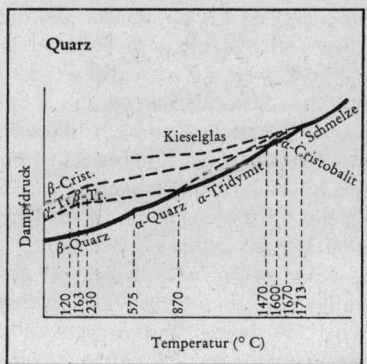

Quarz

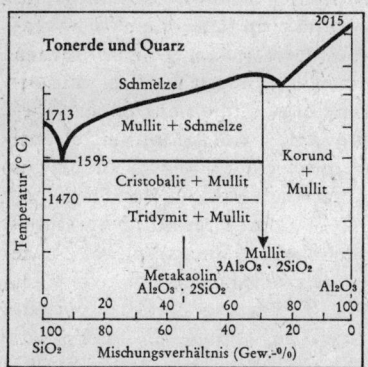

Tonerde und Quarz

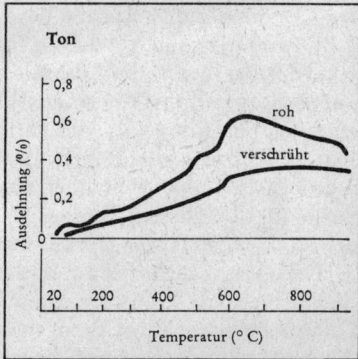

Ton

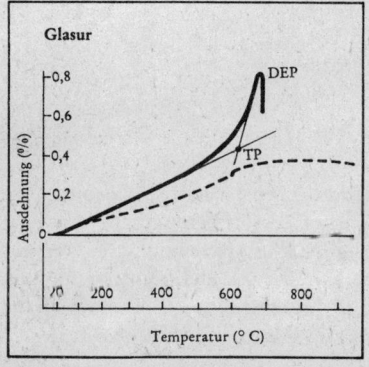

Glasur

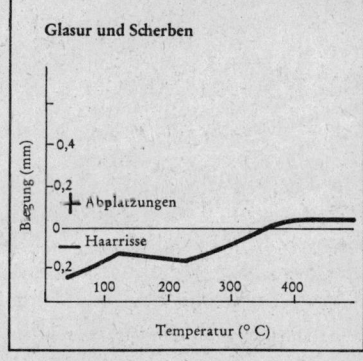

Glasur und Scherben

4. Der Ton als natürliche Mischung aus Tonsubstanz, Quarz und Begleitstoffen dehnt sich beim Brennen verschieden aus, je nachdem, ob er vorgebrannt (verschrüht) oder roh ist. Die Rohkurve verläuft stets unregelmäßig, während die Kurve des verschrühten Tones bis etwa 500° C ziemlich gleichmäßig ansteigt, ihrem Ausdehnungskoeffizienten entsprechend. Die gezeigten Kurven sind wiederum die des Bodener Tones 1701. Man erkennt ganz deutlich, daß sich der Quarz (obwohl er nur 29⁰/o beträgt) im rohen Ton in einem großen Ausdehnungssprung bei 575° C bemerkbar macht, während er sich in der Kurve des bei 900° C geschrühten Tones nur noch wenig abzeichnet. Das liegt daran, daß der Ton über 870° C vorgebrannt und somit der größte Teil des Quarzes in Tridymit umgewandelt wurde. Wenn bei anderen Tonen die Rohkurve unter der verschrühten liegt, so enthalten sie mehr quellende Tonminerale (die dem Ton eine hohe Plastizität verleihen), deren Quellung durch Abgabe des Zwischenschichtwassers zuerst zurückgeht, wodurch die Ausehnung des Volumens geringer wird und die Kurve sogar unter die Nullinie in den Schwindungsbereich absinken kann. Normalerweise beginnt jedoch die Schwindung erst über 500° C als Folge der Sinterung, die nach dem Zerfall des Kaolinitgitters eintritt. Die Brennschwindung ist hier nicht eingezeichnet; die Kurve würde nach unten weit über das Papier dieses Buches hinausreichen. Sie beträgt bei diesem Ton bei 1000° C 4⁰/o und erreicht ihr Maximum bei 1200° C mit 8,3⁰/o, worauf sie wieder etwas kleiner wird.

5. Die Glasur dehnt sich, ihrem Ausdehnungskoeffizienten entsprechend, bis zum Transformationspunkt (TP) wenig, darüber bis zum Dilatometrischen Erweichungspunkt stark aus (Frage 72). Hier ist die Ausdehnungskurve einer Glasur für SK 6a—8 widergegeben. Sie hat die Zusammensetzung

0,25 $K_2O$
0,10 MgO
0,15 ZnO   0,35 $Al_2O_3$  3,50 $SiO_2$
0,50 BaO

Ihr DEP liegt bei 670° C, ihr kritischer Transformationsbereich (um TP) zwischen 540 und 620° C. Erst unter dieser Temperatur wird sie beim Abkühlen so viskos, daß ihre eigene Zusammenziehung von der des Scherbens beeinflußt wird. Legt man die Ausdehnungskurve von Glasur (ausgezogene Linie) und Masse (gestrichelte Linie) übereinander, so erkennt man, welche Differenz die Glasur durch Viskosität und

Elastizität überbrücken muß. Glasur und Scherben besitzen daneben freilich auch noch ihre gesonderten Eigenspannungen (vgl. Frage 72).
6. In der Spannungskurve nach W. Steger ist die von der Glasur geforderte Elastizität bereits integriert. Die Kurve kommt dadurch zustande, daß man einen Scherbenstreifen einseitig glasiert und erhitzt. Hat die Glasur die größere Ausdehnung (und Zusammenziehung), so krümmt sich der Streifen konkav, hat der Scherben die größere Ausdehnung, so krümmt er sich konvex. Diese Krümmung wird bei verschiedenen Temperaturen aufgezeichnet und ergibt eine Kurve, die um so günstiger ist, je geradliniger und näher an der Nullinie sie verläuft. Bei dieser Messung zeichnen sich nun alle Spannungsänderungen als Knicke deutlich ab. Bei 380° C befinden sich Glasur und Scherben noch in einem spannungslosen Zustand. Beim weiteren Abkühlen neigt sich die Kurve auf die Haarrißseite und gibt die Tridymitumwandlungen im Scherben bei 230 und 170° C wieder. Die Spannungsmessung bestätigt die Gefährdung der Glasur unterhalb 170° C bei vorzeitigem Öffnen des Ofens und läßt auch die Harkortsche Abschreckmethode als Glasurtest sinnvoll erscheinen (Frage 80).

### Frage 55.  Was versteht man unter Brennhaut?

Die Wärme durchdringt die Keramik im Brand von außen nach innen. In dieser Richtung beginnt der Scherben auch zu sintern. Auf der Oberfläche verlaufen zuerst die Reaktionen, die bei weiterer Temperatureinwirkung zur Sinterung des ganzen Scherbens führen. Die Brennhaut ist somit bei porösen, unglasierten Scherben eine Vorstufe der trockenen Sinterung, bei dichtgesinterten unglasierten Scherben eine der Oberflächenspannung entsprechende Erscheinung: die sinternde Masse versucht, eine möglichst geringe Oberfläche einzunehmen (die Oberflächenenergie strebt einem Minimum zu).

### Frage 56.  Was ist Eutektikum?

Unter verschiedenen möglichen Mischungen aus zwei oder mehr Stoffen gibt es eine, die bei der niedrigsten Temperatur schmilzt. Sie heißt Eutektikum. Die eutektische Temperatur liegt niedriger als die Schmelztemperaturen der Ausgangsstoffe, aus denen die Mischung besteht. So erhält man z. B. aus Bleioxid (PbO, Schmelzpunkt 890° C) und Kieselsäure ($SiO_2$, Schmelzpunkt 1713° C) schon bei 720° C eine Schmelze, vorausgesetzt, daß die Mischung aus 9 oder 16 % $SiO_2$ und 91 bzw. 84 Gew.-% PbO besteht. Fügt man einer dieser beiden Mischungen noch Natriumoxid hinzu, so sinkt die Schmelztemperatur noch weiter. Auf dieser Grundlage beruhen alle leichtschmelzenden Glasuren und Flüsse.

**Frage 57. Wie groß ist normalerweise die Brennschwindung?**

Diese Frage läßt sich nicht durch eine einfache Zahlenangabe beantworten. Die Temperatur, bei der die Ausdehnung (Frage 54) in die Schwindung übergeht, und die höhere, bei der diese ihr Maximum erreicht, sind bei jedem Ton verschieden. Das Maximum kann 10 und mehr Prozent betragen. Wird seine Temperatur nicht erreicht, so bleibt die Brennschwindung entsprechend geringer. Viele Massen haben bei 1040° C noch überhaupt keine Brennschwindung.

**Frage 58. Wie mißt man die Porosität?**

Es gibt verschiedene Arten von Porosität, die auch verschieden bestimmt werden: a) die wahre Porosität umfaßt offene und geschlossene Poren (man berechnet sie aus der Differenz zwischen dem Raumgewicht und dem wahren spezifischen Gewicht, zu dessen Ermittlung die Probe zu Pulver zerstoßen werden muß), b) die scheinbare Porosität umfaßt die offenen Poren — man unterscheidet dabei Sackporen und Durchgangsporen (man berechnet die scheinbare Porosität aus dem Gewicht des untergetauchten Körpers und seiner Wasseraufnahme). Läßt sich ein Tintenfleck von der Bruchfläche eines gesinterten Scherbens abwaschen, so sind keine offenen Poren vorhanden, der Scherben ist »dicht«. Jeder dichte Scherben besitzt jedoch geschlossene Poren: er ist »porig«.

**Frage 59. Wie läßt sich die Porosität beeinflussen?**

Porosität und Brennschwindung sind von Masse und Temperatur abhängig. Bei etwa 900° C ist die Porosität am größten und nimmt dann allmählich ab, während Schwindung, Verdichtung, Sinterung zunehmen, und zwar um so stärker, je feiner die Korngröße ist, je höher der Gehalt an Kieselsäure gegenüber der Tonerde ist und je mehr basische Flußmittel vorhanden sind, unter denen das Eisenoxid FeO am stärksten sinternd wirkt. Will man eine hohe Porosität erzielen, so kann man den Brand nach 900° C beenden. Oberhalb 1000° C hat man die Möglichkeit, die Anteile der verdichtenden Stoffe niedrig zu halten oder man kann bei 1200—1350° C Keramik auch zum Blähen bringen, indem man für ein möglichst frühes Dichtsintern (Bildung von

Glasphase) und möglichst späte Gasabgabe der Gemengekomponenten sorgt. Außerdem lassen sich der Masse Ausbrennstoffe (Sägemehl, Korkmehl, Holzkohlenpulver u. a.) oder Schäumstoffe (Seife, Saponin, Feuerlöschschaum u. a.) beimischen.

### Frage 60.   Läßt sich die Güte des Scherbens nach dem Klang beurteilen?

Ja, denn ein gesprungener Scherben klingt nicht, während die Klangschönheit mit Homogenität und Dichte des Scherbens zunimmt. Ein guter Scherben hat eine höhere Schallgeschwindigkeit als ein schlechter.

### Frage 61.   Was ist Wasserdehnung?

Die Eigenschaft gebrannter poröser Keramik, Wasser aus der Luft aufzunehmen, wobei sich der Scherben ausdehnt. Autoklavenprüfung bei 7 atü Wasserdampfdruck entspricht einem 20jährigen Gebrauch. Folge der Wasserdehnung ist Reißen der Glasuren auf der Fertigware bei Lagerung oder Gebrauch. Die Wasserdehnung wird durch Alkalien (Feldspat) gefördert (Feldspat- oder Hartsteingut ist besonders gefährdet), durch Erhöhung der Brenntemperatur und Kreide- oder Kalkzusatz, besonders aber durch Magnesiazusatz gemildert. Auch Eisenoxid wirkt günstig. Deshalb sind Ziegel, Dachziegel und Terrakotta wegen ihres Kalk- und Eisengehalts durch Wasserdehnung kaum gefährdet.

### Frage 62.   Wie läßt sich die Frostbeständigkeit erhöhen?

Durch grobes, möglichst splittriges Korn (zum Auffangen der Dehnung in den Räumen zwischen den Körnern) und geschlossene Poren (zur Verhinderung von Wasseraufnahme), d. h. durch Sand oder Schamotte, Flußmittel und höheren Brand.

### Frage 63.   Wodurch entsteht die gelbe, rote, braune, graue oder schwarze Brennfarbe des Scherbens?

Verantwortlich für die Brennfarbe sind Eisenoxid, Titandioxid, Manganoxid und Begleitstoffe (Kalk, Magnesit, Tonerde), ferner die Temperaturhöhe und die Ofenatmosphäre beim Abkühlen. Gelb wird durch wenig Eisenoxid, $Fe_2O_3$, und Gegenwart von Kalk bei Temperaturen bis 1000° C hervorgerufen. Wird reduzierend weitergebrannt, so hellt sich die Scherbenfarbe durch Bildung von FeO auf und erhält einen blaugrünen Stich. Rot bildet sich aus $Fe_2O_3$ und $Al_2O_3$ bei 700° C, wenn viel Eisenoxid (z. B. 5 %$Fe_2O_3$) vorhanden ist. Es ist nur bis 900° C kräftig leuchtend. Viel Tonerde, Kalk,

Magnesia hellen das Rot auf. Braun wird durch Manganoxid erzielt. (Manganton). Grau ergibt sich bei Reduktion des Eisenoxids bei hohen Temperaturen. Es wird verstärkt und ins Tiefbläuliche getönt durch Titandioxid, das in vielen Tonen enthalten ist. Das Blaugrau kann durch oxidierende Abkühlung aufgehellt werden. Viel Alkalien und Erdalkalien wirken der Blaufärbung entgegen. Im allgemeinen ist sie ein Zeichen für Sinterung. Schwarz erhält man aus Manganton unter Zusatz von Eisen-, Chrom- und Kobaltoxid.

### Frage 64.   Was ist Terrakotta?

Eigentlich nur »gebrannte Erde«, also Irdenware, jedoch im engeren Sinne Bezeichnung für porige Bauplastiken, die frostbeständig (Frage 62) und frei von Wasserdehnung (Frage 61) sein müssen.

### Frage 65.   Was ist Terrasigillata?

Altrömische Keramik (»gesiegelte Erde«) aus rotbrennendem Ton mit aufgestempelten Reliefverzierungen, meist auch mit Siegel des Töpfers, und einer hauchdünnen glänzenden Glasur, die durch Überziehen des Gefäßes mit feinstgeschlämmtem Ton erzielt wurde (Abb. S. 51/4).

### Frage 66.   Wann wird ein Scherben als dicht bezeichnet?

Wenn er nicht mehr als 0,1 % Wasser aufnimmt (Frage 58). Bei der Fuchsindruckprüfung (in einem Druckgefäß mit methylalkoholischer Fuchsinlösung bei 600 at·h) darf kein Farbstoff in den Scherben eindringen. Ein dichter Scherben ist gas- und wasserdicht, mechanisch fest (hoher Elastizitätsmodul), chemisch beständig und zeigt beim Lagern und im Gebrauch keine Nachwirkungen (vgl. dagegen Frage 61).

### Frage 67.   Was versteht man unter Sinterung?

Die Verfestigung der geformten Keramik im Brand, die zu einem harten, möglichst dichten Scherben führt (vgl. dagegen »Fritten«, Frage 90). Man unterscheidet eine »trockene Sinterung«, bei der nur Reaktionen im festen Zustand (Festkörperreaktionen) auftreten, von der »nassen Sinterung«, an der eine verkittend wirkende mehr oder weniger zähe Schmelze (Frage 69) beteiligt ist. Die Sinterung geht mit einer Verringerung des Volumens (Brennschwindung) und einer Verfestigung des Scherbens (Erhöhung des Elastizitätsmoduls) einher.

### Frage 68.   Wie läßt sich das Dichtsintern beeinflussen?

Ein Scherben sintert um so eher dicht, je feinkörniger die Masse ist, je stärker das Verhältnis Tonerde zu Kieselsäure ($Al_2O_3 : SiO_2$) der Kieselsäure zuneigt und je mehr Flußmittel, vor allem FeO, vorhanden sind. Dieses entsteht bei reduzierendem Brennen aus dem Eisenoxid $Fe_2O_3$.

### Frage 69.  Was ist ein Flußmittel?

Ein Stoff, der die Bildung von Schmelzflüssen im Brand begünstigt. Dabei ist jedoch zu beachten, daß zur frühen Bildung einer Schmelze nicht nur die chemische Beschaffenheit der anwesenden Stoffe (das Zusammentreten von sauren und basischen Oxiden), sondern auch die Mengenverteilung (Frage 56), die Reaktionsfläche (sie ist um so größer, je feiner die Körnung ist), die Packungsdichte der Kristallite, Ofenatmosphäre und Temperaturanstiegsgeschwindigkeit maßgebend sind. Der Begriff »Flußmittel« bezieht sich davon nur auf die chemische Beschaffenheit. Als Flußmittel wirken die basischen Oxide (Frage 17 und 74).

### Frage 70.  Wodurch wird die weiße Brennfarbe des Steinguts und des Porzellans erzielt?

Durch Verwendung eisenfreier Steinguttone bzw. Kaoline und anderer Versatz-Rohstoffe. Um das Eisen völlig aus den ohnehin schon eisenarmen Rohstoffen, die hierfür in Frage kommen, zu entfernen, wird die in Trommelmühlen naß gemahlene Masse in breiförmigem Zustand über Elektromagnete geleitet, die ihr das Eisen entziehen. Noch verbliebenes Eisenoxid ($Fe_2O_3$) und Titandioxid ($TiO_2$), die das Weiß beeinträchtigen, können beim Steingut durch »Bläuen« mit 0,06—1 % Kobaltchlorür unschädlich gemacht werden, da das Blau des Kobalts (als Komplementärfarbe zu Gelb) das Gelb des Eisens zu Weiß ergänzt. Beim Porzellan wird die Eisenfärbung durch reduzierendes Brennen aufgehoben. Bei englischem Porzellan wirkt Knochenasche, $Ca_3 (PO_4)_2$, günstig (deshalb im Knochenporzellan verwendet), weil das Eisen Phosphatgläser nicht färbt. Knochenporzellan ist deshalb leichter rein weiß zu bekommen.

### Frage 71.  Was ist Transparenz?

Lichtdurchlässigkeit. Man kann das Durchscheinen des Lichts durch dünnwandiges Porzellan mit einer Fotozelle messen und zu der auffallenden Lichtmenge in Beziehung setzen. Dann läßt sich die Transparenz in Prozenten ausdrücken.

### Frage 72. Was sind Glasuren?

Leichtflüssige Gläser auf Keramik, die ihr Glätte, Glanz, Dichte und Farbe verleihen.

Wie alle Gläser (Emails sind auch Gläser), werden die Glasuren aus Gemengen verschiedener Kristalle gewonnen. Diese Gemenge besitzen, da sie Kristalle mit verschieden hohen Schmelztemperaturen enthalten, selbst keinen festen Schmelzpunkt (wie die einzelnen Kristalle selbst), sondern sie erweichen beim Erhitzen allmählich. Die niedrig schmelzenden kleinen Kristalle beteiligen sich zuerst an eutektischen Schmelzen (Frage 56) und lösen ihre Nachbarn auf. Die zähen (= viskosen) Schmelzen werden mit dem Temperaturanstieg dünnflüssiger, die Viskosität nimmt ab, die Moleküle werden beweglicher. Dabei dehnen sich die Glasuren langsam aus. Nach Beendigung der Umwandlungen der beteiligten Kristalle wird die Ausdehnung (ebenso die elektrische Leitfähigkeit) schneller größer. Die Ausdehnungskurve steigt also erst flach an und geht dann in einem kleinen Bogen in einen steileren Anstieg über. Verlängert man diese beiden geradlinigen Kurvenstücke, so erhält man (zeichnerisch, auf dem Papier, Abb. S. 169/5) einen Schnittpunkt außerhalb der Kurvenbiegung. Dieser Schnittpunkt heißt Transformationspunkt« (TP). Die Zähigkeit einer Glasur (oder eines Glases oder einer Fritte usw.) bei der Temperatur des Transformationspunktes beträgt $10^{13}$—$10^{14,5}$ Poise (oder log $\eta$ = 13—14,5). Je niedriger der Transformationspunkt einer Glasur liegt, desto besser vermag sie die Volumenänderung des Scherbens aufzufangen (Seite 171).

Erhitzt man die Glasur weiter, so nimmt die Ausdehnung jetzt schneller zu und die Zähigkeit schneller ab. Man kommt dann zu einer Temperatur, bei der die Ausdehnung ganz aufhört. Das ist der »Dilatometrische Erweichungspunkt« (DEP). In ihm beträgt die Zähigkeit der Glasur nur noch $10^{11}$—$10^{12}$ Poise (oder log $\eta$ = 11—12). Je höher die Temperatur des DEP ist, desto schwerer schmelzbar ist die Glasur. Wo beim Erhitzen die Ausdehnung aufhört, da setzt beim Abkühlen die Zusammenziehung ein. Bei dieser Zusammenziehung entstehen zunächst die Eigenspannungen der Glasur, denn die Außenhaut kühlt schneller ab als das Innere, Ecken und Kanten ziehen sich schneller zusammen als die Flächen. Erst unterhalb des TP wird die Zähigkeit so groß, daß die »erstarrende« Glasur vom Ausdehnungsverhalten des Scherbens beeinflußt wird. Deshalb ist es wichtig, von diesem kritischen Temperaturbereich an langsam abzukühlen, um der Glasur Gelegenheit zu geben, die Differenzen zwischen ihrer Zusammenziehung und der des Scherbens auszugleichen (der Betrag der Zusammenziehung ist vom Ausdehnungskoeffizienten und dieser von der chemischen Zusammensetzung abhängig). Beim Glas nennt man diese langsame, entspannende Abkühlung »Tempern« (sie dient dort natürlich nur zur Beseitigung der Eigenspannungen des Glases). Gut getemperte (langsam zu Ende gekühlte) Glasuren sind weniger rissegefährdet als schnell abgekühlte. Deshalb soll man den Ofen nicht zu früh öffnen. Zu früh wäre, bevor die Glasur jene Ausdehnungsdifferenz zum Scherben erreicht hat, die sie durch ihre Elastizität auffangen kann (Seite 171).

Abgekühlt, bei Raumtemperatur, also im »festen« Zustand, besitzt die Glasur die Zähigkeit $10^{19}$ Poise. Sie ist also gewissermaßen eine eingefrorene Flüssigkeit, die immer mehr oder weniger viskos ist. Bleifreie Glasuren sind 20 bis 100mal viskoser (zäher) als bleihaltige. Viskositätsmessungen haben ergeben, daß im Mittel die Zähigkeit bleihaltiger Glasuren bei 600° C = $10^{10,8}$ Poise; bei 650° C = $10^{9,6}$ Poise, bei 700° C = $10^8$ Poise (diejenige bleifreier = $10^{10}$ Poise), bei 750° C = $10^{7,4}$ Poise (bleifreier = $10^{8,6}$ Poise; sie erreichen $10^{7,5}$ Poise erst bei 800° C) beträgt. Bei $10^5$ Poise (das ist der »Fließpunkt«) sind Glasuren noch nicht gar, bei $10^{2,6}$ Poise sind sie bereits überfeuert. Die optimale Zähigkeit — wobei auch noch die Oberflächenspannung (Frage 81) eine Rolle spielt — liegt bei $10^4$ bis $10^{3,5}$ Poise; ihr entspricht die bei Fertigglasuren angegebene Glattbrandtemperatur.

Glas hat eine recht menschliche Eigenschaft: Es ist nicht völlig das, wofür es gehalten wird, sondern auch ein wenig das Gegenteil davon. Im festen Zustand ist es eine Flüssigkeit, als spröder Stoff besitzt es Elastizität, seine für ihn typische molekulare Unordnung hat Ordnung. Uns interessiert neben der Viskosität vor allem die Elastizität. Sie ist, wie alles, eine Funktion der chemischen Zusammensetzung. Für je $1\%$ der folgenden Oxide in der chemischen Analyse können wir zur Berechnung des Elastizitätsmoduls E und (zum Vergleich) der Eigenspannungen P der Glasuren folgende Faktoren (in $10^{-8}$) setzen:

| | E | P | | E | P |
|---|---|---|---|---|---|
| $Al_2O_3$ | 150 | 0,05 | MgO | 40 | 0,01 |
| BaO | 70 | 0,5 | $Na_2O$ | 100 | 0,02 |
| $B_2O_3$ | 60 | 0,065 | $Sb_2O_3$ | 40 | 0,03 |
| CaO | 70 | 0,20 | $SiO_2$ | 70 | 0,09 |
| $K_2O$ | 70 | 0,01 | ZnO | 100 | 0,15 |

Die Faktoren für den Elastizitätsmodul zeigen, daß BaO, CaO und ZnO die Eigenspannung der Glasur stärker erhöhen als die Alkalien und die Borsäure. Diese Eigenspannungen können jedoch durch die Verbindung mit dem Scherben aufgehoben oder verstärkt werden.

Wichtiger ist die Elastizität. Auf sie wirken wiederum $Al_2O_3$, $Na_2O$ und ZnO am günstigsten ein. Wenn man dazu noch die Ausdehnungskoeffizienten (Frage 78) betrachtet, so erkennt man bald, daß es keine absolut optimale Glasurzusammensetzung gibt. Man muß Kompromisse schließen und sehen, was im speziellen Fall am günstigsten ist.

Nach diesen analysierenden Betrachtungen muß man sich eigentlich fragen, welches Gesamtbild, in dem alle diese Glasureigenschaften in angemessenem Umfang zum Einfluß gelangen, der praktischen Wirklichkeit am nächsten kommt. Und da läßt sich die Rolle des Scherben als Reaktionspartner der Glasur nicht übersehen. Die Glasur mit ihrem höheren Flußmittelgehalt und ihrer niedrigeren Viskosität wird stets als reaktionsfreudigere Substanz die Oberfläche des Scherbens auflösen und sich dadurch selbst verändern. Dietzel und Haas haben festgestellt, daß bei $10^{3,6}$ Poise größere Gehalte an PbO, ZnO, MgO und $Li_2O$ die Reaktion mit dem Scherben, die Bildung einer Zwischenschicht und zugleich die Haarrißneigung verstärken. Keine solche Gefahr besteht bei BaO, $K_2O$, SrO und $B_2O_3$. CaO und $Na_2O$ liegen in der Mitte. Dieses Reagieren wird aber nicht nur von der chemischen Beschaffenheit beider Partner, sondern auch von der Auftragsdicke der Glasurschicht und von der Brennhöhe und -dauer abhängen. In jedem Fall entsteht eine an Scherbenbestandteilen angereicherte Zone, die mehr oder weniger tief in die Glasurschicht hineinreicht. Sie wird bei höherem $Al_2O_3$-Gehalt einen höheren Ausdehnungskoeffizienten aufweisen (Frage 78) als die Glasuroberfläche. Als Folge der chemischen Unterschiede im Querschnitt der Schicht herrscht am Boden der Glasur ein anderer Spannungszustand als an ihrer Oberfläche.

### Frage 73. Woraus bestehen die Glasuren?

Aus sauren Oxiden, von denen das wichtigste die Kieselsäure (eigentlich genauer: das Kieselsäureanhydrid, $SiO_2$) ist, die mit basischen Oxiden (vgl. Frage 17) in Verbindung treten. Die Zusammensetzung einer Glasur wird als Segerformel angegeben, deren Schema folgendermaßen dargestellt werden kann:

| 1 Mol basische Oxide von der allgemeinen Form RO oder $R_2O$ z. B. PbO oder $Na_2O$ | y Mole amphotere Oxide, meist von der allgemeinen Form $R_2O_3$, z. B. $Al_2O_3$ | x Mole saure Oxide, meist von der allgemeinen Form $RO_2$, z. B. $SiO_2$ |
|---|---|---|

In der allgemeinen Form bedeutet R = Radikal (die bei der Umwandlung unverändert bleibende Atomgruppe). Die Oxide $RO_2$ sind zweiwertig, $R_2O_3$ sechswertig, RO und $R_2O$ werden zusammen als ein zweiwertiges Molekül aufgefaßt. Je höher die Anteile der amphoteren und sauren Bestandteile, bezogen auf 1 Mol basische Oxide (Seite 189), sind, desto höher ist die Schmelztemperatur der betreffenden Glasur:

| Glattbrenn-temperatur (° C) | Basen RO + $R_2O$ (Mole) | amphotere Oxide $R_2O_3$ (Mole) | saure Oxide $RO_2$ (Mole) |
|---|---|---|---|
| 800 | 1 | 0,060—0,225 | 1,000— 2,100 |
| 825 | 1 | 0,060—0,275 | 1,000— 2,150 |
| 850 | 1 | 0,075—0,300 | 1,025— 2,200 |
| 875 | 1 | 0,080—0,300 | 1,050— 2,275 |
| 900 | 1 | 0,085—0,325 | 1,060— 2,350 |
| 925 | 1 | 0,090—0,340 | 1,075— 2,450 |
| 950 | 1 | 0,095—0,350 | 1,100— 2,550 |
| 975 | 1 | 0,100—0,375 | 1,150— 2,700 |
| 1000 | 1 | 0,100—0,390 | 1,200— 2,825 |
| 1025 | 1 | 0,100—0,410 | 1,300— 3,000 |
| 1050 | 1 | 0,100—0,450 | 1,375— 3,150 |
| 1075 | 1 | 0,120—0,475 | 1,500— 3,350 |
| 1100 | 1 | 0,150—0,500 | 1,600— 3,500 |
| 1125 | 1 | 0,175—0,525 | 1,750— 3,750 |
| 1150 | 1 | 0,200—0,550 | 1,950— 4,000 |
| 1175 | 1 | 0,250—0,600 | 2,150— 4,350 |
| 1200 | 1 | 0,275—0,650 | 2,400— 4,700 |
| 1225 | 1 | 0,325—0,700 | 2,600— 5,150 |
| 1250 | 1 | 0,375—0,750 | 3,000— 5,750 |
| 1275 | 1 | 0,450—0,825 | 3,500— 6,400 |
| 1300 | 1 | 0,500—0,900 | 4,000— 7,200 |
| 1325 | 1 | 0,575—0,975 | 4,700— 8,200 |
| 1350 | 1 | 0,650—1,050 | 5,400— 9,200 |
| 1375 | 1 | 0,725—1,150 | 6,250—10,200 |
| 1400 | 1 | 0,800—1,250 | 7,200—11,300 |

Für den Glanz einer Glasur ist ihr Säure-Basen-Verhältnis bestimmend. Saure Glasuren sind im allgemeinen glänzend, basische matt. Ausnahmen von dieser Regel können sich durch basische Oxide ergeben, die entweder (wie das Bleioxid) wegen ihrer heftigen Flußmittelwirkung (Bleigläser besitzen außerdem eine hohe Lichtbrechung) die Glasuren glänzend machen oder (wie das Zinnoxid) wegen ihrer starken mattierenden Wirkung auch schwach sauren Glasuren eine matte Oberfläche verleihen.

Um festzustellen, ob eine Glasur sauer oder basisch ist, wird die Anzahl der Mole der Oxide mit ihrer Wertigkeit multipliziert. Die Ergebnisse der amphoteren und basischen Oxide werden zusammengezählt. Zum Beispiel ist die folgende im Handel als KGG 11 fertig erhältliche Transparentglasur mit der Formel

|  |  |  | *basische Mole · Wertigkeit* | |
|---|---|---|---|---|
|  |  |  | $1,000 \cdot 2 =$ | 2,0 |
|  |  |  | $0,233 \cdot 6 =$ | 1,4 |
| 0,150 Na$_2$O |  |  |  | —— |
| 0,450 CaO |  | 2,257 SiO$_2$ |  | 3,4 |
| 0,400 PbO | 0,233 Al$_2$O$_3$ | 0,450 B$_2$O$_3$ | *saure Mole · Wertigkeit* | |
| —— |  |  | $2,257 \cdot 2 =$ rd. 4,5 | |
| 1,000 |  |  | $0,450 \cdot 6 =$ rd. 2,7 | |
|  |  |  | —— | |
|  |  |  | 7,2 | |

glänzend, weil sie sauer ist (das Säure-Basen-Verhältnis beträgt 7,2 : 3,4).

Aus dieser glänzenden Transparentglasur läßt sich eine matte herstellen, indem man ihre basischen Bestandteile vermehrt, die sauren vermindert. Das läßt sich z. B. durch Hinzufügen von etwa 25 Gewichtsprozent Zinkoxid zu 100% Fertigglasur erreichen. Diese Menge verdoppelt die basischen Mole (RO und R$_2$O) der Segerformel, macht also aus 1,0 RO + 1,0 ZnO = 2 RO. Da die Segerformel jedoch nur 1 RO duldet, müssen sämtliche Bestandteile durch 2 dividiert werden (das gleiche Verfahren ist auch in Schritt 90 B angewandt). Man erhält danach die Formel der Zinkmattglasur:

$$0,075 \ Na_2O$$
$$0,225 \ CaO$$
$$0,200 \ PbO \quad 0,117 \ Al_2O_3 \quad \begin{array}{l} 1,128 \ SiO_2 \\ 0,225 \ B_2O_3 \end{array}$$
$$0,500 \ ZnO$$

$$
\begin{array}{ll}
1,000 \cdot 2 = 2,0 & 1,128 \cdot 2 \approx 2,25 \\
0,117 \cdot 6 \approx 0,7 & 0,225 \cdot 6 \approx 1,35 \\
\hline
\quad\quad\quad 2,7 & \quad\quad\quad 3,6
\end{array}
$$

In ihr beträgt das Säure-Basen-Verhältnis 3,6 : 2,7. Aus der Aufstellung läßt sich ersehen, wie sehr die sechswertige Borsäure dieses Verhältnis beeinflußt. Das praktische Ergebnis ist unter ihrem Einfluß eine samtweiche Oberfläche. Das rohe Zinkoxid quillt und neigt zum Rollen. Deshalb ist es günstiger, es einzufritten und die Mattglasur demnach fertig zu beziehen.

## Frage 74. Welche Oxide gewinnt man aus welchen Rohstoffen?

Die folgende Liste enthält die Rohstoffe (und einige Fritten) für die unter Frage 17 angegebenen Oxide in alphabetischer Reihenfolge, dazu die für die Berechnung geeignete Formel und die abgerundeten Molekulargewichte, die für die Berechnung einer Glasur nach Frage 76 erforderlich sind:

| Oxid | aus Rohstoff | mit d. Formel u. d. Molekulargewicht | |
|---|---|---|---|
| $Al_2O_3$ | Kaolin (Standard) | $Al_2O_3 \cdot 2 \ SiO_2 \cdot 2H_2O$ | 258 |
| (101,94) | Kaolin, gewöhnlich | $Al_2O_3 \cdot 2,2 \ SiO_2 \cdot 2H_2O$ | 270 |
| | Glasurton | $Al_2O_3 \cdot 3 \ SiO_2 \cdot 2H_2O$ | 318 |
| | Kalifeldspat | $K_2O \cdot Al_2O_3 \cdot 6 \ SiO_2$ | 556 |
| | Natronfeldspat | $Na_2O \cdot Al_2O_3 \cdot 6 \ SiO_2$ | 524 |
| | Nephelinsyenit | $Na_2O \cdot Al_2O_3 \cdot 2 \ SiO_2$ | 284 |
| | Tonerdehydrat | $Al_2O_3 \cdot 3H_2O$ | 156 |
| | Tonerde, kalziniert | $Al_2O_3$ | 102 |
| $B_2O_3$ | Borax | $Na_2O \cdot 2 \ B_2O_3 \cdot 10H_2O$ | |
| (69,64) | | (wasserlöslich!) | 382 |
| | Borax, kalziniert | $Na_2O \cdot 2 \ B_2O_3$ (wasserlöslich!) | 202 |
| | Kalziumborat | $CaO \cdot 2 \ B_2O_3 \cdot 4H_2O$ | 267,4 |
| | Colemanit | $2 \ CaO \cdot 3 \ B_2O_3 \cdot 5H_2O$ | 412 |

| Oxid | aus Rohstoff | mit d. Formel u. d. Molekulargewicht | |
|---|---|---|---|
| | Transparentfritte A62 | 0,15 $Na_2O \cdot 0,45$ $CaO \cdot 0,40$ $PbO \cdot$ | |
| | (mit 11,07% $B_2O_3$) | 0,15$Al_2O_3 \cdot 1,85SiO_2 \cdot 0,45B_2O_3$ | 281,5 |
| BaO | Bariumkarbonat | | |
| (153,36) | (Witherit) | $BaO \cdot CO_2$ | 197 |
| | Baryt (Schwerspat) | $BaO \cdot SO_3$ | 233 |
| CaO | Kreide, Kalkspat | $CaO \cdot CO_2$ | 100 |
| (56,08) | Dolomit | $CaO \cdot MgO \cdot 2CO_2$ | 184 |
| | Wollastonit | $CaO \cdot SiO_2$ | 116 |
| | Kalziumfeldspat | | |
| | (Anorthit) | $CaO \cdot Al_2O_3 \cdot 2SiO_2$ | 278 |
| | Kalziumborat | $CaO \cdot 2 B_2O_3 \cdot 4H_2O$ | 267,4 |
| | Colemanit | $2 CaO \cdot 3 B_2O_3 \cdot 5 H_2O$ | 412 |
| CoO | Kobalt(III)oxid | $2CoO \cdot O$ | 166 |
| | Kobalt(II)oxid | $CoO$ | 75 |
| $Cr_2O_3$ | Chrom(III)oxid | $Cr_2O_3$ | 152 |
| CuO | Kupfer(II)oxid | $CuO$ | 79 |
| $Cu_2O$ | Kupfer(I)oxid | $Cu_2O$ | 143 |
| FeO | Eisen(II)oxid | $FeO$ | 72 |
| $Fe_2O_3$ | Roteisenstein | $Fe_2O_3$ oder $2FeO \cdot O$ | 160 |
| $K_2O$ | Kalifeldspat | $K_2O \cdot Al_2O_3 \cdot 6SiO_2$ | 556 |
| (94,20) | | | |
| MgO | Magnesia | $MgO$ | 40 |
| | Magnesit | $MgO \cdot CO_2$ | 84 |
| | Dolomit | $CaO \cdot MgO \cdot 2CO_2$ | 184 |
| | Speckstein, Talkum | $3MgO \cdot 4SiO_2 \cdot H_2O$ | 378 |
| MnO | Braunstein | $MnO \cdot O$ | 87 |
| (70,93) | | | |
| $Mn_2O_3$ | Manganoxid | $Mn_2O_3$ oder $2MnO \cdot O$ | 158 |
| (157,86) | | | |
| $Na_2O$ | Natronfeldspat | $Na_2O \cdot Al_2O_3 \cdot 6SiO_2$ | 524 |
| (61,99) | | | |
| | Nephelinsyenit | $Na_2O \cdot Al_2O_3 \cdot 2SiO_2$ | 284 |
| | Borax | $Na_2O \cdot 2B_2O_3 \cdot 10H_2O$ | |
| | | (wasserlöslich!) | 382 |
| | Borax, kalziniert | $Na_2O \cdot 2B_2O_3$ (wasserlöslich!) | 202 |

| Oxid | aus Rohstoff | mit d. Formel u. d. Molekulargewicht | |
|---|---|---|---|
| | Transparentfritte A 3232*) (mit 20,62% $Na_2O$) | $0,65Na_2O \cdot 0,15K_2O \cdot 0,20CaO$ $\cdot 0,10Al_2O_3 \cdot 2SiO_2$ | 195,8 |
| | Soda, kristallin | $Na_2O \cdot CO_2 \cdot 10H_2O$ (wasserlöslich!) | 286 |
| | Soda, kalziniert | $Na_2O \cdot CO_2$ (wasserlöslich!) | 106 |
| NiO | Nickeloxid | $NiO$ | 74,5 |
| PbO | Mennige | $3\,PbO \cdot O$ | 685 |
| | Bleiglätte | $PbO$ | 223 |
| | Bleiweiß | $3\,PbO \cdot 2CO_2 \cdot H_2O$ | 775 |
| | Transparentfritte A62 (mit 32,92% PbO) | $0,40PbO \cdot 0,15Na_2O \cdot 0,45CaO \cdot$ $0,15Al_2O_3 \cdot 1,85SiO_2 \cdot 0,45B_2O_3$ | 281,5 |
| $Sb_2O_3$ | Antimon(III)oxid | $Sb_2O_3$ | 292 |
| $SiO_2$ | Quarz, Feuerstein | $SiO_2$ | 60 |
| | Kaolin (Standard) | $Al_2O_3 \cdot 2SiO_2 \cdot 2H_2O$ | 258 |
| | Kaolin, gewöhnlich | $Al_2O_3 \cdot 2,2\,SiO_2 \cdot 2H_2O$ | 270 |
| | Glasurton | $Al_2O_3 \cdot 3\,SiO_2 \cdot 2H_2O$ | 318 |
| | Kalifeldspat | $K_2O \cdot Al_2O_3 \cdot 6\,SiO_2$ | 556 |
| | Natronfeldspat | $Na_2O \cdot Al_2O_3 \cdot 6\,SiO_2$ | 524 |
| | Nephelinsyenit | $Na_2O \cdot Al_2O_3 \cdot 2\,SiO_2$ | 284 |
| | Speckstein, Talkum | $3\,MgO \cdot 4\,SiO_2 \cdot H_2O$ | 378 |
| | Wollastonit | $CaO \cdot SiO_2$ | 116 |
| $SnO_2$ | Zinnoxid | $SnO_2$ | 150,7 |
| SrO (103,63) | Strontiumkarbonat | $SrO \cdot CO_2$ | 148 |
| $TiO_2$ | Rutil, Titanoxid | $TiO_2$ | 80 |
| $UO_2$ | Uranoxid (schwarz) | $UO_2 \cdot UO_3$ | 557 |
| | Uran(IV)oxid | $UO_2$ | 272 |
| $V_2O_5$ | Vanadinpentoxid | $V_2O_5$ | 182 |
| ZnO | Zinkoxid | $ZnO$ | 81,4 |
| | Zinkfritte A3015 (mit 10,4% ZnO) | $0,30ZnO \cdot 0,30Na_2O \cdot 0,10K_2O \cdot$ $0,10MgO \cdot 0,20CaO \cdot 0,10Al_2O_3 \cdot$ $2,2SiO_2 \cdot 0,35B_2O_3$ | 234,3 |

*) Wegen ihres hohen Ausdehnungskoeffizienten ist diese Fritte besonders für Craqueléeglasuren geeignet (Frage 90 und Schritt 96).

| Oxid | aus Rohstoff | mit d. Formel u. d. Molekulargewicht | |
|------|--------------|---------------------------------------|---|
| $ZrO_2$ | Zirkonoxid | $ZrO_2$ | 123 |
| | Zirkonsilikat | $ZrO_2 \cdot SiO_2$ | 183 |
| | Zirkonfritte A3114 | $0,35Na_2O \cdot 0,30CaO \cdot 0,35ZnO \cdot$ | |
| | (mit 13,60% $ZrO_2$) | $0,10Al_2O_3 \cdot 3,4SiO_2 \cdot 0,45B_2O_3 \cdot$ | |
| | | $0,40ZrO_2$ | 361,6 |

Natürlich ist darauf zu achten, daß man bei vielen Rohstoffen mit dem gewünschten Oxid auch noch ein oder zwei andere in die Glasur einführt, z. B. mit einem Mol Tonerde ($Al_2O_3$) des Kaolins auch noch zwei Mole Kieselsäure ($SiO_2$). Bei Verwendung von Mennige benötigt man, um ein Mol PbO zu erhalten, nur ein Drittel des Molekulargewichts, also 228,3. Wasserlösliche Rohstoffe müssen eingefrittet werden (Frage 90). Bei mehrwertigen Metallen (Eisen, Kupfer, Mangan) hängt die in der Glasur wirksame Verbindung von der Ofenatmosphäre ab: durch Reduktion entsteht aus der sauerstoffreicheren Verbindung die sauerstoffärmere, bei der Oxidation ist es umgekehrt.

### Frage 75. Wie wirken die Glasurbestandteile?

Da Glasuren aus Gemengen verschiedener Rohstoffe geschmolzen werden, kommt es nicht nur auf die chemische Zusammensetzung, sondern auch auf die Mengenverteilung der Gemengebestandteile an (Fragen 56 und 72). In der Segerformel besitzt die Kieselsäure ($SiO_2$) stets einen Wert, der größer ist als 1, die Tonerde ($Al_2O_3$) macht etwa ein Zehntel des Kieselsäurewertes aus, die Summe aller basischen Oxide ist 1 Mol. Unter ihnen bildet bis 850° C das Bleioxid (PbO) den Hauptbestandteil (Frage 56). Das Bleioxid beginnt nämlich schon bei 850° C sich zu verflüchtigen, besonders in Gegenwart von Kalk (CaO), man sagt, der Kalk treibe das Blei (PbO) aus. Über 900° C Glattschmelztemperatur ersetzt man das Bleioxid zunehmend durch CaO, BaO, ZnO unter Erhöhung der Kieselsäure. Die Alkalien ($K_2O$, $Na_2O$) besitzen einen hohen Ausdehnungskoeffizienten und haben deshalb ihr Hauptanwendungsgebiet in Glasuren, die um 1200° C schmelzen sollen, weil dann ihre Wärmedehnung durch den höheren Kieselsäuregehalt ausgeglichen wird. Im allgemeinen erhöhen Kieselsäure und Tonerde die Erweichungstemperatur, Bleioxid, Borsäure und die basischen Flußmittel erniedrigen sie. Die Reaktionen der Gemengebestandteile beginnen mit Festkörperreaktionen. Steingut- und Töpferglasuren erweichen bereits bei 430—600° C. Die Reaktionsgase, $H_2O$,

$CO_2$, $O_2$, durchbrechen ständig den Glasurüberzug und lassen ihn vor dem Glattschmelzen aufschäumen. Zu den erwähnten Reaktionsgasen tritt noch die Verflüchtigung von $B_2O_3$ (bereits bei 450° C), von PbO (bei 850° C), von $Cr_2O_3$ (bei 1000° C). Werden Gasbläschen in der erstarrenden Glasur festgehalten, so erscheint sie bewölkt, bei größeren Bläschen eierschalig, bei noch größeren orangenschalig und schließlich nadelstichig, wenn die aufgeplatzten großen Bläschen Krater hinterlassen. Die Oxide $SnO_2$, $ZrO_2$ und $TiO_2$ wirken trübend (Frage 89).

### Frage 76. Wie berechnet man eine Glasur?

Am besten geht man von den angegebenen Segerformeln (Frage 86, 88, 91, 94) aus, die Erfahrungswerte darstellen. Aus der Segerformel läßt sich der Versatz (die Rohstoffmischung) nach folgendem Schema berechnen: »Wenn 1 Molekül des Rohstoffs das bei Frage 74 angegebene Molekulargewicht besitzt, dann sind die in der Segerformel geforderten Mole (das sind die vor den jeweiligen Oxiden stehenden Werte) des betreffenden Oxides in x Gewichtsteilen Rohstoff enthalten«. Also
1 : Molekulargewicht = Segerformelwert : x

$$x = \frac{\text{Molekulargewicht} \cdot \text{Segerformelwert}}{1}$$

das heißt, die Werte der Segerformel sind einfach mit den betreffenden Molekulargewichten nach Frage 74 zu multiplizieren. Dabei ist lediglich darauf zu achten, ob der gewählte Rohstoff mit dem gewünschten Oxid auch ein zweites oder drittes mitführt. Aus diesem Grunde beginnt man die Berechnung des Versatzes aus einer Segerformel, die $K_2O$ enthält, mit dem $K_2O$ aus Kalifeldspat, weil dieser Rohstoff auch noch Tonerde und Quarz mitbringt. Das gleiche gilt für $Na_2O$ aus Natronfeldspat, ähnliches für MgO aus Speckstein usw. Als nächstes berechnet man aus dem gleichen Grunde den noch verbliebenen Tonerdegehalt aus Kaolin, der ja auch noch Quarz enthält. Und schließlich füllt man noch die Reste an $SiO_2$ und basischen Oxiden auf, die aus einfachen Rohstoffen gewonnen werden. Als Beispiel wollen wir eine Glasur für Irdenware mit folgender Segerformel berechnen:

0,70 PbO
0,15 $K_2O$    0,25 $Al_2O_3$    2,50 $SiO_2$
0,15 BaO
―――――
1,00

|                | PbO  | K$_2$O | BaO  | Al$_2$O$_3$ | SiO$_2$ |
|----------------|------|------|------|-------|-------|
| gefordert:     | 0,70 | 0,15 | 0,15 | 0,25  | 2,50  |
| **eingeführt als:** |      |      |      |       |       |
| Kalifeldspat   | —    | 0,15 | —    | 0,15  | 0,90  |
| Kaolin         | —    | —    | —    | 0,10  | 0,20  |
| Quarz          | —    | —    | —    | —     | 1,40  |
| Mennige        | 0,70 | —    | —    | —     | —     |
| Witherit       | —    | —    | 0,15 | —     | —     |
|                | 0,70 | 0,15 | 0,15 | 0,25  | 2,50  |

### Frage 77.   Wie muß eine Glasur beschaffen sein?

Das Glasurgemenge muß homogen und fein gemahlen sein, sich in Wasser suspendiert gut auftragen lassen (Fragen 82 und 83) und im trockenen Zustand gut auf der Unterlage haften. Im Feuer soll die Glasur bei der beabsichtigten Temperatur glattfließen (Fragen 75, 86, 88, 91 und 94), auf dem Scherben fest haften (Frage 81) und an die Ausdehnung des Scherbens angeglichen sein (Frage 79). Wenn auch die Erfüllung aller dieser Forderungen im voraus berücksichtigt und berechnet werden kann, so ist doch die praktische Erprobung unerläßlich.

### Frage 78.   Kann man die Ausdehnung vorausberechnen?

Ja, jedoch nur annähernd, indem man die Gewichtsprozente der chemischen Analyse mit folgenden Faktoren multipliziert:

| | | | | | | | |
|---|---|---|---|---|---|---|---|
| Al$_2$O$_3$ | 5,0 | CuO | 2,2 | Na$_2$O | 10,0 | TiO$_2$ | 4,1 |
| B$_2$O$_3$ | 0,1 | Fe$_2$O$_3$ | 4,0 | NiO | 4,0 | ZnO | 1,8 |
| BaO | 3,0 | K$_2$O | 8,5 | PbO | 3,0 | ZrO$_2$ | 2,1 |
| CaO | 5,0 | MgO | 0,1 | SiO$_2$ | 0,8 | | |
| CoO | 4,4 | MnO | 2,2 | SnO$_2$ | 2,0 | | |

Durch Addition der Ergebnisse erhält man den kubischen Ausdehnungskoeffizienten der betreffenden Glasur, durch 3 geteilt, den linearen in $10^{-7}$/grd., d. h. eine Strecke von 1 Meter zieht sich beim Abkühlen mit jedem Grad um das errechnete Ergebnis mal 10 millionstel Meter zusammen.

| eingeführte Substanz in Mol. | multipliziert mit dem Molekulargewicht | | ergibt Versatzanteil in Gewichtsteilen | | entspricht Versatz in Gewichtsprozenten |
|---|---|---|---|---|---|
| 0,15 · | 556,0 | = | 83,5 | = | 21,8% |
| 0,10 · | 258,0 | = | 25,8 | = | 6,7% |
| 1,40 · | 60,0 | = | 84,0 | = | 22,0% |
| 0,70 · | 228,3 | = | 159,8 | = | 41,8% |
| 0,15 · | 197,0 | = | 29,5 | = | 7,7% |
| | | | 382,6 | = | 100,0% |

**Frage 79.   Wie groß soll die Ausdehnung der Glasur sein?**
Im Idealfall so groß wie die des Scherbens. Ist sie größer, so wird sie
sich beim Abkühlen stärker zusammenziehen als der Scherben. Sie
braucht aber dabei noch nicht zu reißen, denn sie besitzt ja eine gewisse
Zugfestigkeit, die liegt aber nur bei 300 bis 500 kg/cm² und ist
leicht zu überschreiten. Dann gibt es die gefürchteten Haarrisse. Besser
ist es schon, wenn der Scherben die höhere Ausdehnung hat, sich also
stärker zusammenzieht. Dann steht nämlich die Glasur unter Druck-
spannung und davon kann sie etwa 10000 kg/cm² vertragen, dann
blättert sie ab. Wie groß ist nun die Ausdehnung des Scherbens, der
sich die Glasur anpassen soll? Sie ist um so kleiner, je höher gebrannt
wird und je feiner der Quarz ist. Die linearen Ausdehnungskoeffizienten, die hier zum besseren Vergleich alle in $10^{-7}$/grd (also in zehn
millionstel Meter pro Meter und Grad) angegeben sind, betragen beim
Verglühen bis 1000° C (gemessen an einer Porzellanmasse) etwa 78,
bei 1435° C nur noch 40, nach mehrmaligem Dekorbrand sogar nur
36. Bei Steinzeug, gebrannt bei 1280° C, wurden 40—50 gemessen,
bei Westerwälder Massen liegen die Ausdehnungszahlen um 70, bei
Hartsteingut, bei 1230—1280° C gebrannt, bei 50—70. Bei kalkhalti-
ger Töpferware um 1000° C wird man mit etwa 30—35 rechnen müssen. Glasuren sollten 5 und mehr Punkte niedriger im berechneten Wert
sein als die Massen. Das kann aber nur ein Ausgangspunkt sein. Die
Brennprobe muß es zeigen, ob die Ausdehnung der Glasur verändert
werden muß oder nicht. Wie man dabei vorgeht, ist unter Schritt 89
(Seite 119) beschrieben.

**Frage 80. Was ist Temperaturwechselbeständigkeit?**

Die Eigenschaft, schroffe Temperaturwechsel auszuhalten; sie ist vor allem ein Maß für die Spannungsfreiheit der Keramik. Man prüft sie (nach Harkort) durch Erhitzen einer Keramikprobe auf 120° C und Abschrecken in Wasser von 20° C. Die Erhitzungstemperatur wird in Abständen von 10 oder 20 Grad bis 200° C gesteigert. Wenn dann beim Abschrecken immer noch keine Risse auftreten, kann angenommen werden, daß die Glasur dauernd rissefrei bleibt.

**Frage 81. Wie erreicht man eine gute Haftung der Glasur auf dem Scherben?**

Die Glasur muß den Scherben benetzen. Das wird sie um so besser, je niedriger ihre Oberflächenspannung ist. Auch diese Eigenschaft läßt sich annähernd berechnen, indem man die Gewichtsprozente der chemischen Analyse mit den folgenden Faktoren multipliziert und die Ergebnisse addiert:

| | | | | | | | |
|---|---|---|---|---|---|---|---|
| $Al_2O_3$ | 6,2 | $Fe_2O_3$ | 4,5 | $Na_2O$ | 1,5 | $TiO_2$ | 3,0 |
| $BaO$ | 3,7 | $K_2O$ | 0,1 | $NiO$ | 4,5 | $V_2O_5$ | —6,1 |
| $B_2O_3$ | 0,8 | $Li_2O$ | 4,6 | $PbO$ | 1,2 | $ZrO_2$ | 4,1 |
| $CaO$ | 4,8 | $MgO$ | 6,6 | $SiO_2$ | 3,4 | | |
| $CoO$ | 4,5 | $MnO$ | 4,5 | $TiO_2$ | 3,0 | | |

Aus der Multiplikation mit diesen Faktoren erhält man die Oberflächenspannung der Glasur in Dyn/cm bei 900° C (Wasser besitzt bei Zimmertemperatur 73 Dyn/m). Da die Oberflächenspannung der Glasur mit steigender Temperatur immer geringer, die Benetzung immer besser wird, müssen für je 100 Grad Temperatursteigerung vom Ergebnis 4 Einheiten (also für 1100° C Brenntemperatur 8 Einheiten) abgezogen werden. Im Mittel soll die Oberflächenspannung einer Glasur 300 Dyn/cm betragen, um einen schönen »Spiegel« zu bilden (vgl. Frage 82). Werte über 320 Dyn/cm ergeben eine schlechtere Benetzung der Unterlage und führen zum Zusammenkriechen der Glasur zu unregelmäßigen tropfenförmigen Inseln. Auf diese Weise erhält man auch die sogenannte Schlangenhautglasur. Unerwünscht sind hingegen die »Glasurroller« (Frage 83). Auch zu niedrige Oberflächenspannung kann zu Fehlern führen, nämlich zu »eierschaligen« Glasuren mit feinen Runzeln, unter denen je ein Bläschen sitzt.

Man darf die Oberflächenspannung (die danach strebt, die kleinste Oberfläche, d. h. möglichst Kugelgestalt, anzunehmen) nicht mit Zähflüssigkeit (Viskosität) verwechseln. Das zeigt auch ein Vergleich der Schmelzbarkeitsreihe (bei Frage 82) mit den Faktoren der obigen Tabelle. Sie zeigen, daß das Vanadinoxid ($V_2O_5$) mit seinem negativen Faktor am stärksten benetzend wirkt, dann folgt das Kaliumoxid ($K_2O$). Oberflächenspannung und Viskosität wirken jedoch zusammen bei der Bildung der Zwischenschicht zwischen Glasur und Scherben. Niedrige Werte beider Eigenschaften begünstigen die lösende Wirkung der Glasur auf den Scherben, die zur Bildung der Zwischenschicht führt, die spannungsausgleichend wirken kann, wenn ihr Ausdehnungskoeffizient zwischen den Werten von Glasur und Scherben liegt.

### Frage 82.   Wie läßt sich die Viskosität der Glasur bemessen?

Viskosität heißt Zähflüssigkeit. Außer bei »Laufglasuren« (Seite 125) muß sie bei der Glattbrandtemperatur groß genug sein, damit die Glasur im Feuer »steht«, d. h. keine Verdickungen am unteren Rand senkrechter Flächen bildet oder gar abtropft. Dabei muß sie glattfließen, einen schönen »Spiegel« bilden, wozu neben einer genügend hohen Oberflächenspannung eine Viskosität von etwa $10^{2,5}$ Poise erforderlich ist (Frage 72).

Bei ein und derselben Temperatur ist gewöhnlich jene Glasur die zähflüssigste, die den höchsten Kieselsäure- und Tonerdegehalt besitzt (Seite 179), und jene am dünnflüssigsten, die die wirksamsten Flußmittel enthält. Seger hat die basischen Oxide nach ihrer Schmelzwirkung, beim wirksamsten beginnend, in folgender »Schmelzbarkeitsreihe« angegeben: PbO - BaO - $K_2O$ - $Na_2O$ - ZnO - CaO - MgO. Andere Forscher fanden, daß die Reihenfolge PbO - $Na_2O$ - $Li_2O$ - MnO - CaO - BaO - ZnO - MgO lauten müßte, wenn man nur Mischungen dieser Oxide mit Kieselsäure der Einordnung zugrunde legte. Man sieht also, daß die Wirkung der Oxide auf die Viskosität (genauso wie ihr Schmelzverhalten, siehe Frage 69) von den chemischen und physikalischen Begleitumständen abhängt. Deshalb läßt sich auch die Viskosität rechnerisch nur schwer erfassen. Man wird sie besser praktisch an steilen Flächen erproben. Etwas geneigt aufgestellte Patten mit mehreren Rinnen, in denen die Vergleichsglasuren ablaufen können, heißen Rinnenviskosimeter. Die am weitesten abgelaufene Glasur besitzt bei der gewählten Brenntemperatur die geringste Viskosität.

### Frage 83.   Worauf muß man beim Glasieren achten?

Der Glasurschlicker ist eine Aufschlämmung (Suspension) der feingemahlenen Versatzbestandteile in Wasser. Er muß feinkörnig und homogen sein. Alle wasserlöslichen Rohstoffe muß er gefrittet (Frage 90) enthalten. Seine Trockenschwindung darf nicht zu groß sein; deshalb ist sein Gehalt an bildsamen Tonen oder Kaolinen bei Rohglasuren auf etwa 6%, bei Fritteglasuren auf etwa 30% zu beschränken, der Rest an Tonsubstanz sollte durch geglühten Kaolin eingeführt werden. Zu starke Trockenschwindung führt nämlich zum Reißen und kann bei hoher Oberflächenspannung der Glasur »Glasurroller« ergeben. Zu wenig plastischer und daher schlecht haftender Glasurschlicker kann mit 3—8% Dextrin oder einem Stellmittel (Frage 84) versetzt werden. Glasieren durch Tauchen oder Ausschwenken erfordert einen Scherben mit hoher Rohbruchfestigkeit oder einen vorgeschrühten Scherben. Die Glasur soll nicht zu dick aufgetragen werden, da sie in dünner Schicht (Schritt 67) weniger zu Fehlern neigt (Zwischenschichtbildung, Frage 72). Man rechnet mit 0,04 g Glasur pro Quadratzentimeter.

### Frage 84.   Wie flüssig muß der Glasurbrei sein?

Das hängt von der Porosität des Scherbens, also von seiner Saugfähigkeit, ab. Mit der Senkspindel (Aräometer) gemessen, rechnet man gewöhnlich mit einem spezifischen Gewicht des Glasurschlickers von 1,4 bis 1,7 g/cm³, entsprechend 40—60° Baumé. Ein spez. Gewicht von 1,6 ergibt auf einem vorgeschrühten Scherben von 4,5% Porosität den richtigen Glasurauftrag von 0,04 g/cm². Steigen Porosität oder spezifisches Gewicht, so erhöht sich die Glasurmenge. Man muß also bei höherer Porosität das spezifische Gewicht des Glasurschlickers verringern. Ist die Porosität des Scherbens hingegen sehr gering oder der Glasurbrei zu mager, so kann man ihm ein Stellmittel zusetzen, das ist ein Stoff, das den Anlaßwert (Frage 9) erhöht, so daß der Schlicker nach dem Auftragen stehenbleibt und nicht abfließt. Als Stellmittel genügen einige Promille Ammoniumchlorid ($NH_4Cl$), Ammoniumnitrat ($NH_4NO_3$) oder Ammoniumkarbonat ($NH_4$) $_2CO_3 \cdot H_2O$, die sich im Feuer verflüchtigen, ohne an der Glasurbildung teilzunehmen. Marmorkalkhydrat hingegen erhöht den Kalkgehalt der Glasur.

### Frage 85.   Welche Glasurarten gibt es?

Rohglasuren, die nur aus wasserunlöslichen Rohstoffen zusammengesetzt sind, und Fritteglasuren, in denen die wasserlöslichen Bestandteile gefrittet enthalten sind. Für Töpferware, Steinzeug und Porzellan (»Scharffeuerglasuren«) verwendet man meistens Rohglasuren, für Fayencen und Steingut Fritteglasuren (oder »Schmelzglasuren«). Besondere Arten bei Steinzeug sind Lehmglasuren (aus Glasurlehm) und Salzglasuren (Frage 93).

Man unterscheidet die Glasuren auch nach ihrem wichtigsten Flußmittel: Bleiglasuren, Borsäureglasuren, Blei-Borsäureglasuren, Feldspatglasuren. Während bei industriell gefertigter Keramik für Speisegeschirre, sanitäre und technische Zwecke eine glatte, glänzende Glasur mit schönem »Spiegel« wichtig ist, werden bei den Kunstglasuren gerade die »Fehler« zu besonderen Wirkungen gebracht: Laufglasuren, Mattglasuren, Craqueléeglasuren, Kristallglasuren (Schritt 94—98).

**Frage 86.   Wie sind Töpferglasuren zusammengesetzt?**

Schon das dünne Aufstreichen einer wäßrigen Suspension von Bleiglätte auf den Scherben ergibt eine Glasur, da sich das Blei die zur Glasbildung erforderlichen Bestandteile (Kieselsäure und Tonerde) aus dem Scherben herauslöst. Ebenso lassen sich nur aus $SiO_2$ und PbO Töpferglasuren herstellen, die niedrig schmelzen, aber bleilässig sind (siehe Frage 87). Im allgemeinen wird man aber Töpferglasuren innerhalb folgender Segerformel-Grenzwerte bevorzugen:

$$1 \, RO \quad 0{,}1—0{,}25 \, Al_2O_3 \quad 1{,}5—2{,}5 \, SiO_2$$

Das RO wird hauptsächlich aus PbO bestehen, dem man weitere basische Oxide, möglichst mit niedrigen Ausdehnungskoeffizienten, wie MgO, ZnO, BaO, CaO, $K_2O$, hinzufügen kann, und zwar um so mehr (und um so weniger PbO), je höher die Töpferware gebrannt werden soll. Beachten Sie, was dazu auf Seite 120 gesagt wurde!

**Frage 87.   Sind Bleiglasuren giftig?**

Bleiverbindungen unterliegen den Verordnungen über den Umgang mit Giften. Sie sind in beschrifteten Vorratsbehältern in Giftschränken aufzubewahren. Nur aus Bleioxid und Kieselsäure bestehende, fertig geschmolzene Glasuren sind säurelöslich, deshalb ebenfalls giftig und für Speisegeschirre verboten. Sie müssen mindestens noch Tonerde enthalten, um ihre Bleilöslichkeit auf das zulässige Maß zu senken: sie dürfen bei 30minütigem Kochen in $4^0/o$iger Essigsäure kein Blei abgeben.

**Frage 88.   Wie sind Fayenceglasuren zusammengesetzt?**

Sie zeichnen sich dadurch aus, daß sie undurchsichtig sind. Das erreicht man durch Zusatz von Weißtrübungsmitteln (Frage 89). Für 900 bis 1060° C kann man sich an folgende Grenzwerte halten:

| | |
|---|---|
| 0,1—0,5 K₂O (Na₂O) | 1,5—4,0 SiO₂ |
| 0,0—0,4 CaO (MgO)   0,05—0,25 Al₂O₃ | 0,2—0,4 SnO₂ |
| 0,9—0,3 PbO u. a. | 0,0—0,4 B₂O₃ |

Da B2O3 nur einem wasserlöslichen Rohstoff entnommen werden kann, muß man eine Fritte verwenden, wie sie im Handel erhältlich ist (Frage 90).

Für den, der sich dafür interessiert, soll hier die Zusammensetzung der mit Zinn- und Zirkonoxid getrübten handelsüblichen Fayenceglasur KGG 12 unter Verwendung dreier Fritten (A 62, A 1642 und A 3015, siehe Seite 194) mitgeteilt werden:

| | % | | Na₂O | K₂O | CaO | MgO | ZnO |
|---|---|---|---|---|---|---|---|
| A 62 | 40,— | 281,5 | 0,150 | — | 0,450 | — | — |
| A 1642 | 25,4 | 178,5 | 0,153 | — | 0,306 | | 0,306 |
| A 3015 | 11,— | 77,4 | 0,099 | 0,033 | 0,066 | 0,033 | 0,099 |
| Quarz | 4,5 | 31,7 | | | | | |
| Zinnoxid | 4,4 | 31,— | | | | | |
| Zirkonmehl | 5,6 | 39,4 | | | | | |
| Zinkoxid | 0,3 | 2,1 | | | | | 0,026 |
| Kaolin | 4,3 | 30,3 | | | | | |
| Ton | 4,5 | 31,7 | | | | | |
| | 100,— | 703,6 | 0,402 | 0,033 | 0,822 | 0,033 | 0,431 |

RO = 1

| | | | |
|---|---|---|---|
| 0,402 Na₂O | 0,189 | | 2,550 SiO₂ |
| 0,033 K₂O | 0,016 | | |
| 0,822 CaO | 0,388 | 0,240 Ab₂O₃ | |
| 0,033 MgO | 0,016 | | |
| 0,431 ZnO | 0,203 | | 0,393 B₂O₃ |
| 0,400 PbO | 0,188 | | |
| | | | 0,119 ZrO₂ |
| 2,121 | 1,000 | | 0,097 SnO₂ |

**Frage 89.   Was sind Weißtrübungsmittel?**
Stoffe, die die Glasur durch Kristallausscheidungen undurchsichtig weiß
machen. Die gebräuchlichsten sind Zinn-, Cer- und Antimonoxid. Das
Zinnoxid wirkt dann besonders gut, wenn man es vor dem Zusetzen
zu einem Zinn-Blei-Äscher verarbeitet, indem man die Metalle Zinn
und Blei in einem bestimmten Verhältnis (meist 1:3,5) bei mäßiger
Rotglut unter ständigem Umrühren oxidiert. Dieses Verfahren ist sehr
alt und umständlich. Die Industrie bietet fertige Weißglasuren an, die
mit ultrafein gemahlenem Zirkonsand, $ZrO_2 \cdot SiO_2$ (»Ultrox«), weiß
getrübt sind.

**Frage 90.   Was ist eine Fritte?**
Ein gebranntes, ungeformtes Gemenge, dessen Teilchen entweder nur
locker aneinanderkleben (Brennen vor dem Naßsintern) oder zu einem

| PbO | $Al_2O_3$ | $SiO_2$ | $B_2O_3$ | $ZrO_2$ | $SnO_2$ | Faktor |
|---|---|---|---|---|---|---|
| 0,400 | 0,150 | 1,850 | 0,450 | — | — | 1,— |
|  | 0,115 | 1,535 | 0,268 | 0,038 | — | 0,765 |
|  | 0,033 | 0,727 | 0,116 | — | — | 0,330 |
|  |  | 0,528 |  |  |  |  |
|  |  |  |  |  | 0,206 |  |
|  |  | 0,215 |  | 0,215 |  |  |
|  |  |  |  |  |  |  |
|  | 0,112 | 0,247 |  |  |  |  |
|  | 0,100 | 0,300 |  |  |  |  |
| 0,400 | 0,510 | 5,402 | 0,834 | 0,253 | 0,206 |  |
|  | 0,240 | 2,550 | 0,393 | 0,119 | 0,097 |  |

Glas zusammengeschmolzen sind, das nach dem Abkühlen (auch Ein-
fließen in kaltes Wasser zum Granulieren) fein vermahlen wird. Mit
einem Zusatz von plastischem Ton oder Kaolin (dem »Mühlenversatz«) wird die Fritte zu Glasuren verarbeitet. Fritten haben den
Zweck, die wasserlöslichen Alkalien an Kieselsäure und Tonerde zu
binden und sie auf diese Weise wasserunlöslich zu machen. Gleichzeitig
wirkt das Fritten schmelzerleichternd, denn ein vorgeschmolzenes Gemenge erweicht früher als ein rohes. Eine solche schmelzerleichternde
Wirkung haben Fritten auch beim Frittenporzellan, bei dem Fritten
als Massekomponenten benutzt werden.

Um Fritten wie andere Rohstoffe (Frage 74) verarbeiten zu können, muß man ihre Zusammensetzung und ihr Molekulargewicht kennen. Manchen wird es vielleicht interessieren, die Zusammensetzungen der in Frage 88 verwendeten Fritten sowie der im Handel angebotenen Fritte A3232 zu kennen. Außer Zusammensetzung und Molekulargewicht sind auch die Wärmeausdehnungskoeffizienten, siehe Frage 78 (WAK), der Transformationspunkt (TP) und der Dilatometrische Erweichungspunkt (DEP, siehe Frage 72) angegeben.

*A62 Blei — Erdalkali — Alkali — Borfritte*

$$0,15\ Na_2O \quad \cdot \quad 62 = \quad 9,3$$
$$0,45\ CaO \quad \cdot \quad 56 = 25,2 \qquad WAK: 69,3 \cdot 10^{-7}$$
$$0,40\ PbO \quad \cdot 223 = 89,2 \qquad TP: \quad 490°\ C$$
$$0,15\ Al_2O_3 \quad \cdot 102 = 15,3 \qquad DEP: 575°\ C$$
$$1,85\ SiO_2 \quad \cdot \quad 60 = 111,-$$
$$0,45\ B_2O_3 \quad \cdot \quad 70 = 31,5$$

Mol.-Gew.: 281,5

*A1642 Zirkonfritte mit geringem Zirkongehalt*

$$0,20\ Na_2O \quad \cdot \quad 62 \ = 12,4$$
$$0,40\ CaO \quad \cdot \quad 56 \ = 22,4 \qquad WAK: 61,4 \cdot 10^{-7}$$
$$0,40\ ZnO \quad \cdot \ 81,4 = 32,6 \qquad TP: \quad 560°\ C$$
$$0,15\ Al_2O_3 \quad \cdot 102 \ = 15,3 \qquad DEP: 650°\ C$$
$$2,00\ SiO_2 \quad \cdot \quad 60 \ = 120,-$$
$$0,35\ B_2O_3 \quad \cdot \quad 70 \ = 24,5$$
$$0,05\ ZrO_2 \quad \cdot 123 \ = \quad 6,1$$

Mol.-Gew. 233,3

*A3015 Zink — Erdalkali — Alkali — Borfritte*

$$0,30\ Na_2O \quad \cdot \quad 62 \ = 18,6$$
$$0,10\ K_2O \quad \cdot \quad 94 \ = \quad 9,4 \qquad WAK: 69,9 \cdot 10^{-7}$$
$$0,20\ CaO \quad \cdot \quad 56 \ = 11,2 \qquad TP: \quad 525°\ C$$
$$0,10\ MgO \quad \cdot \quad 40 \ = \quad 4,- \qquad DEP: 600°\ C$$
$$0,30\ ZnO \quad \cdot \ 81,4 = 24,4$$
$$0,10\ Al_2O_3 \quad \cdot 102 \ = 10,2$$
$$2,20\ SiO_2 \quad \cdot \quad 60 \ = 132,-$$
$$0,35\ B_2O_3 \quad \cdot \quad 70 \ = 24,5$$

Mol.-Gew.: 234,3

*A3232 Alkalireiche borfreie Fritte*

$$
\begin{array}{ll}
0,65 \; Na_2O_3 \; \cdot \; 62 = \; 40,3 & \\
0,15 \; K_2O \quad \cdot \; 94 = \; 14,1 & \text{WAK: } 119 \cdot 10^{-7} \\
0,20 \; CaO \quad \cdot \; 56 = \; 11,2 & \text{TP:} \quad 440^\circ C \\
0,10 \; Al_2O_3 \cdot 102 = \; 10,2 & \text{DEP: } 575^\circ C \\
2,00 \; SiO_2 \quad \cdot \; 60 = 120,0 & \\
\hline
\qquad \textit{Mol.-Gew.:} \quad 195,8 &
\end{array}
$$

## Frage 91.  Wie sind Steingutglasuren zusammengesetzt?

Diese durchsichtigen Glasuren werden bei niedriger Temperatur (900 bis 1150° C) auf den hoch vorgebrannten Scherben aufgeschmolzen (deshalb heißen sie auch »Schmelzglasuren«). Sie können wie die bleihaltigen Rohglasuren (Frage 86) zusammengesetzt sein, meist aber stellt man sie unter Verwendung von Fritten her. Es können fünf Glasurtypen mit folgenden Grenzformeln unterschieden werden:

a) blei- und alkalihaltige Glasuren für SK 07a—01a:

$$
\begin{array}{l}
0,5 \; RO \\
0,5 \; R_2O
\end{array}
\quad 0,2{-}0,3 \; Al_2O_3 \quad 2,0{-}2,5 \; SiO_2
$$

b) blei-, erdalkali- und alkalihaltige Glasuren für SK 1a—3a:

$$
\begin{array}{l}
0,6{-}0,7 \; RO \\
0,3{-}0,4 \; R_2O
\end{array}
\quad 0,2{-}0,3 \; Al_2O_3 \quad 2,0{-}2,5 \; SiO_2
$$

c) blei-, erdalkali, alkali- und borsäurehaltige Glasuren für SK 1a—4a:

$$
\begin{array}{l}
0,6{-}0,9 \; RO \\
0,1{-}0,4 \; R_2O
\end{array}
\quad 0,2{-}0,3 \; Al_2O_3 \quad
\begin{array}{l}
2,0{-}3,0 \; SiO_2 \\
0,1{-}0,5 \; B_2O_3
\end{array}
$$

d) blei-, kalk- und borsäurehaltige Glasuren für SK 1a—5a:

$$
\begin{array}{l}
0,3{-}0,5 \; PbO \\
0,5 \;\; 0,7 \; CaO
\end{array}
\quad 0,25{-}0,3 \; Al_2O_3 \quad
\begin{array}{l}
2,0{-}2,5 \; SiO_2 \\
0,1 \;\; 0,4 \; B_2O_3
\end{array}
$$

e) bleifreie, borsäurehaltige Glasuren für SK 2a—6a:

$$
\begin{array}{l}
0,10{-}0,25 \; K_2O \\
0,10{-}0,25 \; Na_2O \\
0,50{-}0,60 \; BaO \\
0,00{-}0,20 \; ZnO
\end{array}
\quad 0,20{-}0,35 \; Al_2O_3 \quad
\begin{array}{l}
3,0{-}4,0 \; SiO_2 \\
0,2{-}0,6 \; B_2O_3
\end{array}
$$

**Frage 92.  Wie sind Steinzeugglasuren zusammengesetzt?**

Als ausgesprochene Steinzeugglasuren gelten drei Typen von Rohglasuren, nämlich Lehm-, Feldspat- und Salzglasuren. Das schließt nicht aus, daß man für Feinsteinzeug auch eine der borsäurehaltigen Fritteglasuren aus Frage 91 verwendet. Feldspatglasuren für SK 6a—10 können innerhalb folgender Grenzen zusammengesetzt sein:

$$0,5\text{—}0,7 \ RO$$
$$0,3\text{—}0,5 \ R_2O \quad 0,3\text{—}0,4 \ Al_2O_3 \quad 2,8\text{—}4,0 \ SiO_2$$

Für Lehmglasuren benutzt man Glasurlehme, die man notfalls durch Zusätze auf eine bestimmte Formel ergänzt, z. B. eine Lehmglasur für SK5a:

$$0,20 \ MgO$$
$$0,50 \ CaO$$
$$0,20 \ FeO \quad 0,80 \ Al_2O_3 \quad 3,5 \ SiO_2$$
$$0,10 \ K_2O$$

**Frage 93.  Was versteht man unter Salzglasur?**

Eine aus verdampfendem Kochsalz während des Scharffeuerbrandes (nach vollendetem Dichtbrand) gewonnene Glasur auf Steinzeug. Deshalb nur auf diesem, weil der Scherben genügend Glas enthalten muß. Das Kochsalz wird in das glühende Kohlenbett oder in den Brennraum geworfen, es zersetzt sich in Gegenwart von Wasserdampf, und das dabei entstehende Natriumoxid reagiert in reduzierender Atmosphäre mit dem Scherbenglas. Bei anschließender Oxidation wird die Glasur braun (durch $Fe_2O_3$), sonst bleibt sie, bei reduzierendem Abkühlen, grau (durch $FeO$).

**Frage 94.  Wie sind Porzellanglasuren zusammengesetzt?**

Weichporzellanglasuren entsprechen den unter Frage 92 angegebenen Grenzwerten für Feldspatglasuren. Auch Hartporzellanglasuren sind Feldspatglasuren, jedoch mit höheren Gestalten an Tonerde und Kieselsäure (für SK 11—15):

$$0,8\text{—}0,9 \ RO$$
$$0,1\text{—}0,2 \ R_2O \quad 0,5\text{—}1,0 \ Al_2O_3 \quad 4,0\text{—}9,0 \ SiO_2$$

**Frage 95.  Welche Farben gibt es in der Keramik?**

Durch Zumischen kleiner, aber feingemahlener und feinverteilter Mengen färbender Oxide können Massen oder Glasuren gefärbt werden.

Diese Farboxide (Frage 97) lösen sich im Glasfluß und ergeben eine durchsichtig gefärbte Glasur. Für Malereien ist das Auflösen unerwünscht. Deshalb werden unlösliche Farbkörper (Frage 98) hergestellt, deren Färbung darauf beruht, daß sie in einer Schmelze suspendiert sind. Sie sind Bestandteile folgender Farben:

a) Unterglasurfarben, die als wässrige Suspensionen auf den porösen Scherben aufgetragen und danach überglasiert werden, wobei die Farbe unter der Glasur erst wieder zum Vorschein kommt, wenn die Glasur ausgeschmolzen ist. Die Unterglasurfarben bestehen aus dem Farbkörper, der mit etwa 10% Kaolin oder Ton, manchmal auch mit Kreide oder einer Glasur vermahlen ist.

b) Fayencefarben (auch In-Glasur-Farben genannt), die auf den ungebrannten, angetrockneten Glasurbrei aufgetragen werden. Sie bestehen aus dem Farbkörper, der mit etwa 20% Zinnglasur vermahlen ist, und sinken beim Glattschmelzen in die Glasur ein. Dadurch erhält die Malerei zart verschwimmende Konturen.

c) Aufglasurfarben (auch Schmelzfarben genannt), die — mit Terpentinöl und Dicköl angemacht (vgl. Seite 111) — auf die glattgeschmolzene Glasur aufgetragen werden. Sie bestehen aus dem Farbkörper, der mit etwa 80% Fluß vermahlen ist (nur manchmal, vgl. Frage 99, ist der Fluß durch ein echtgelöstes Farboxid gefärbt). Der Fluß verkittet die Farbpigmente und bewirkt ihr Haften auf der Unterlage.

Besondere Arten der Unterglasurfarben sind Farbengoben (das sind mit Farboxiden oder Farbkörpern gefärbte malfähige Massen) und Lösungsfarben (das sind wasserlösliche Metallsalze, die beim Malen vom porösen Scherben aufgesaugt werden und beim Brennen mit den Scherbenbestandteilen reagieren, wobei sie färbende Verbindungen bilden).

Eine Zwischenstellung zwischen Fayence- und Aufglasurfarben nehmen die Scharffeuer-Aufglasurfarben ein. Sie werden auf die fertige, glattgeschmolzene Glasur aufgetragen und einem zweiten Glasurbrand ausgesetzt, bei dem sie ein wenig in die Glasur einsinken. Sie bestehen aus Farbkörpern oder Farboxiden, die mit 25 % Glasur vermahlen sind.

Eine besondere Art der Aufglasurfarben sind die keramischen Emails. Darunter versteht man reliefartig aufliegende Farben, die klar oder durchsichtig sein können. Sie bestehen, wie die Schmelzfarben, aus Farbkörper und Fluß, der jedoch eine hohe Oberflächenspannung (Frage 81) besitzt.

Auf die fertige Glasur werden auch die Edelmetallpräparate (Schritt 52) und Lüsterfarben (Seite 94) aufgetragen.

**Frage 96.   Bis zu welchen Temperaturen sind die Farben beständig?**
Die Unterglasurfarben werden bei den unter Frage 49 angegebenen Glattbrandtemperaturen der betreffenden Ware gebrannt. Sie besitzen bis 1000° C die höchste Leuchtkraft, vor allem unter bleireichen, borsäurehaltigen Glasuren. Mit zunehmender Temperaturhöhe wird die Farbskala immer ärmer. Schon bei 1000° C fällt einer der wichtigsten Unterglasurfarbkörper, das Viktoriagrün (= Chromkalkgrün) aus, bei 1100° C muß man auf die Neapelgelbs (= Bleiantimonat) und Pinkrots (aus Zinnoxid, Kalk, Quarz, Kaliumdichromat und Borax) verzichten. Dafür stehen für Gelb das Vanadin-Scharffeuergelb (das sogenannte Vanadinpink), für Türkisblau das Vanadinzirkonblau und für Türkisgrün das Kupferoxidgrün, das es auch als transparente Schmelzfarbe gibt, zur Verfügung.
Die Fayencefarben müssen den etwas höheren Temperaturen knapp unter 1100° C standhalten. Dabei ist zu beachten, daß gerade diese 1100° C für viele Farbkörper und -oxide die Grenze bedeuten. Deshalb wird z. B. das Neapelgelb aus Bleiantimonat an Zinnoxid gebunden und dadurch bis 1150° C beständig gemacht.
Die Palette der Scharffeuerfarben auf Porzellan bei einer Glattbrandtemperatur um 1400° C ist dann nur noch auf folgende Farben beschränkt: Praseodym-Gelbgrün, Beryllgrün, Kobaltblau, Eisenoxidbraun und Manganscharffeuerrosa. Für reines Gelb ist das Vanadin-Zinn-Scharffeuergelb der beständigste Farbkörper; er behält seine Farbe aber nur bis 1300° C. Auch die Unterglasurfarben für Porzellan beschränken sich auf Farbkörper aus den Oxiden des Kobalts, des Chroms, Mangans, Eisens und einiger seltener Erden. Fast lückenlos ist hingegen die Farbskala der Aufglasurfarben (Schmelzfarben, Muffelfarben). Sie werden auf Porzellan gewöhnlich in den Stufen 900, 850, 800° C, auf Steingut bei 780—800° C und auf Glas bei 550 bis 650° C aufgebrannt. Hier kann man ein schönes Rot, das »Meißner Drachenrot«, aus Eisenoxid gewinnen, ein Orange bis Tomatenrot aus Uranoxid, das bis 1000° C beständig ist, ein Cadmiumgelb bis 835° C, ein Cadmiumorange bis 850° C. Der vorherrschende Grünfarbkörper ist das Chromgrün. Schwarz gibt es als Chromeisenschwarz, Türkisblau als Vanadin-Zirkonblau, Hellblau als Nickelblau. Die Farbkörper, die bei höheren Temperaturen beständig sind, eignen sich natürlich auch für die niedrigeren. Das gleiche gilt für die Emails.

Die Farbe des rohen Farbkörper- oder Farboxidpulvers (die »Blende«)
ist für die »Brennfarbe« nicht maßgebend.
Die Lösungsfarben (Schritt 65) sind gewöhnlich für eine Glattbrandtemperatur von 1380° C bestimmt.

### Frage 97.   Welche Farboxide gibt es?

Zur Beimischung zu Glasuren (um Farbglasuren zu erhalten, siehe
Seite 91) oder zu Engoben (siehe Frage 7) eignen sich folgende Me-
talloxide (sie färben die Glasur, indem sie sich darin auflösen):

| | |
|---|---|
| für Gelb | Antimonoxid (3—8% in Bleiglasuren, bis zu 30% in Engoben, die mit 5% Bleiglasur vermahlen sind) |
| | Chromoxid (1—3% in Bleiglasuren, mit 0,2% Eisen-hammerschlag satteres Gelb) |
| | Eisenoxid (2,5%) mit Eisenhammerschlag (0,2%, er-gibt Honiggelb in Bleiglasuren) |
| für Elfenbein | Ceroxid (2—5% in Porzellanglasuren) |
| für Braun | Manganoxid in Form von Braunstein (2%) mit Ko-baltoxid (0,2% in Glasuren) |
| für Rot | Kupferoxid (0,5% in zinnhaltigen Alkali-Bleiglasuren bei reduzierender Ofenatmosphäre) |
| | Uranoxid (3—5% in natriumhaltigen, blei- und bor-säurereichen Fritteglasuren) |
| | Eisenoxid in Form von roter Klinkerschamotte (10 bis 20% in Engoben) |
| für Violett | Manganoxid (2—5% in Alkaliglasuren) |
| für Blau | Kobaltoxid (0,8% = dunkelblau, heller in zinkhal-tigen Glasuren. 2% Kobaltoxid in mittelblauen Engoben) |
| | Kupferoxid (0,2%) mit Kobaltoxid (0,1%, ergibt Hellblau in Glasuren) |
| für Türkis | Kupferoxid (1—5% in reinen Alkaliglasuren) |
| für Grün | Kupferoxid (2%) mit Nickeloxid (0,3% in Glasuren) |
| | Chromoxid (2—5% in Glasuren, 8% in Engoben, hell-grün) |

für Schwarz     Chromoxid in Form von Chromeisenstein (3—5% in
                Glasuren, 12% in Engoben, mit 0,5% Kobaltoxid
                blauschwarz)
                Manganoxid in Form von Braunstein (12%) mit Ko-
                baltoxid (1%, in Engoben).

Wie die Aufstellung zeigt, kommt es nicht allein auf das Farboxid an,
um eine bestimmte Farbe zu erzielen, sondern auch auf die chemische
Beschaffenheit des Milieus, in dem sich die Farbe entwickeln soll. Von
dem kräftig färbenden Kobaltoxid braucht man nur geringe Mengen
(auf keinen Fall mehr als 6 %), von den anderen Metalloxiden rund
3 % für Glasuren, für Engoben das Doppelte.
Man kann diese Farbskala natürlich dadurch erweitern, daß man an
Stelle der reinen Oxide Farbkörper zur Glasur- oder Engobefärbung
benutzt. Das empfiehlt sich auch, wenn auf Farbstabilität, d. h. Vermeidung des Umschlagens in eine andere Farbe und Verminderung des
Milieu-Einflusses, Wert gelegt wird.

### Frage 98. Wie sind die Farbkörper zusammengesetzt?

Aus dem Farboxid und einem oder mehreren anderen Oxiden, wie
z. B. Tonerde, mit denen es eine Verbindung eingeht, die der lösenden
Wirkung des Glasflusses widersteht. Die stabilsten Verbindungen sind
solche aus einem zweiwertigen und einem dreiwertigen Metalloxid.
Sie heißen Spinelle. So ist z. B. der Spinell $CoO \cdot Al_2O_3$ der beständige
kobaltblaue Farbkörper, der zum Malen unter der Glasur verwendet
wird, während sich das zweiwertige Kobaltoxid $(CoO)$ allein in der
Glasur auflöst. Er färbt als Lösung, während der Farbkörper als Pig-
ment färbt. Im übrigen gibt es Spinelle auch in der Natur: der rote
Spinell ist ein Edelstein, der der Formel $MgO \cdot Al_2O_3$ entspricht.

### Frage 99. Wie sind die Flüsse zusammengesetzt?

Die Flüsse haben nicht nur die Aufgabe, die Farbpigmente zu verkit-
ten und an die Unterlage zu heften, sondern sie bilden auch das für
die Farbentwicklung notwendige Milieu, dem ihre chemische Zusammensetzung Rechnung tragen muß. Der einfachste Fluß (»Rocaille-
fluß«) entspricht der Segerformel $1 SiO_2 \cdot 1 PbO$. Für Eisenrot und
Meißner Grün verwendet man borsäurehaltige »Grauflüsse«. Manche
Flüsse sind gefärbt, z. B. mit Cadmiumoxid für Selenrotfarben, mit
Kobaltoxid für Kobaltblaufarben, mit Manganoxid für violette Farben. Es gibt auch Aufglasurfarben (Schmelzfarben), die nicht auf

Pigmentfärbung, sondern auf Lösung beruhen, z. B. grüne Schmelzfarbe aus Kupferoxid in einem Glasfluß.

**Frage 100.   Wie werden die Farben durch das Brennen beeinflußt?**
Ofenatmosphäre, Temperaturhöhe und -dauer wirken auf die Farben ein. Kupferoxid färbt z. B. in oxidierender Atmosphäre grün, in reduzierender rot. Dagegen erfordert der gebräuchlichste rote Farbkörper, das Pinkrot, eine oxidierende Atmosphäre. Die Temperaturhöhe wiederum wirkt sich auf die Farbtöne aus. Purpurschmelzfarbe wird bei zu niedriger Temperatur himbeerrot, bei zu hoher bläulich, Gelbgrün bei zu hoher Temperatur Blaugrün. Schwach- und Starkbrand sind Fehler.

# Wie man ein Keramik-Studio einrichtet

Ob Sie Ihren Arbeitsraum als Studio oder als Werkstatt bezeichnen, mag etwas mit Ihrer Einstellung zu ihrem Hobby zu tun haben. Die jungen Engländer haben den Begriff »studio potter« aufgebracht und sind wegen dieser Äußerlichkeit von dem alten, ehrwürdigen Bernhard Leach, den man mit Recht als den Vater der modernen Keramik bezeichnen darf, gern auf die Schippe genommen worden. Inzwischen hat sich die Bezeichnung »Studio-Keramik« auch außerhalb Englands durchgesetzt, so daß es uns heute schon vorkommt, als verbinde sich der Begriff »Werkstatt« mit einem Handwerker und »Studio« eher mit einem Künstler. Dabei ist sicherlich auch etwas von vorwärtsdrängendem Optimismus im Spiel, den mancher auch für sich in Anspruch nehmen möchte. Deshalb wollen wir getrost die Bezeichnung Studio verwenden.
Ein solches Studio sollte zunächst durch eine lichte Atmosphäre gekennzeichnet sein. Nicht der Ofen steht im Zentrum, sondern die Arbeitsplätze, die es ermöglichen, von allen Seiten an die Objekte heranzukommen. Von Vorteil sind eine oder mehrere Ränderscheiben und viele Gipsplatten als Arbeitsunterlagen sowie griffbereites Werkzeug. Daneben sollte an der Wand oder auf einem Gestell großformatiges Skizzenpapier bereitstehen, damit Sie Ihre Ideen skizzieren, prüfen, verändern können und sich darüber klarwerden, was Sie in Ton in Angriff nehmen wollen.
Vermeiden Sie nach Möglichkeit, alle vorbereitenden handwerklichen Arbeiten wie Zerkleinerung von Hartstoffen und Aufbereitung von

Tonen selbst auszuführen, es sei denn, Sie wollen experimentell neue Mischungen erproben. Sie bekommen alles, auch nach eigenen Wünschen und Angaben, fertig geliefert und können sich nur auf Ihr künstlerisches Ergebnis konzentrieren.

Sich nach diesen Gesichtspunkten einzurichten, erfordert keinen großen Aufwand. Wenn Sie allein arbeiten, wird Ihnen ein kleiner heller Raum mit Wasser- und Stromanschluß genügen. Es ist jedoch auch denkbar, daß sich mehrere Interessenten zusammentun und sich ein gemeinsames Studio einrichten, das daher etwas größer sein müßte. Andere wiederum werden ihre Neigung zur Keramik pädagogisch oder arbeitstherapeutisch nutzen wollen; dann wäre schon auf einen ganz ansehnlichen Kreis von Studiobenutzern Rücksicht zu nehmen.

In allen diesen Fällen gibt es einige grundsätzliche Erwägungen, auf denen die weiteren Entscheidungen aufbauen.

Die teuerste Anschaffung ist der Ofen. Er soll nicht zu groß gewählt werden, denn es macht mehr Spaß und bringt weniger Risiko, wenn man häufiger kleinere Mengen brennt. Allerdings hat ein kleiner elektrischer Ofen genauso viele Betriebsstunden wie ein großer. Man kann also mit einer Heizleiter-Ausrüstung mit einem doppelt so großen Ofen auch mindestens doppelt so viel Keramik produzieren (der Brennraum eines größeren Ofens läßt sich besser ausnutzen). Überlegen Sie daher, wie Sie mit der durchschnittlichen Betriebsdauer von mindestens 1500 Brennstunden bei verschiedenen Brennraumgrößen auskommen würden. Rechnen Sie 8 bis 10 Stunden für einen Brand und wollen Sie fast jede Woche, vielleicht 40mal im Jahr, brennen, so müssen Sie etwa nach vier Jahren mit neuen Heizleitern rechnen. Wenn Sie wissen, wieviel Sie eine Kilowattstunde kostet (z. B. 10 Pfennig Tagstrom oder 8 Pfennig Nachtstrom), so können Sie Ihre Brennkosten schon ziemlich genau im voraus abschätzen.

Wem es auf die Wirtschaftlichkeit gar nicht ankommt, sondern nur darauf, möglichst umgehend Ergebnisse zu erzielen, der wird einen kleinen Ofentyp wählen, vorausgesetzt, daß er allein arbeitet und keine größeren Stücke herstellen möchte. Erfahrungsgemäß wächst jedoch mit der Zeit das Bedürfnis, auch größere Gegenstände zu gestalten. Deshalb ist es ratsam, auch für das Ein-Mann-Studio einen etwas größeren Ofentyp zu wählen, zum Beispiel mit einem Brennraum von 35 × 45 × 45 cm. Allerdings benötigt man dann schon Einsatzplatten und Stützen, um verschieden große Stücke in den Ofen raumsparend einsetzen zu können. Ein solcher 75-Liter-Ofen hat eine Leistung von 7 Kilowatt und wir wollen zunächst eine durchschnittliche Brenndauer

(Mittelwert aus Schrüh- und Glattbrand) von 9 Stunden annehmen. Bei größerer Produktivität, wenn sich zum Beispiel mehrere Interessenten zusammentun, um Kosten zu sparen, wird sich ein 160-Liter-Ofen mit 9 Kilowatt lohnen, wie er in Dänemark speziell für Schulen und Abendkurse entwickelt wurde (Abb. S. 159/1). Solche Öfen gibt es für Höchsttemperaturen von 1100 und 1300° C. Wer auf Leuchtkraft der Farben und Glasuren Wert legt, der wird die Temperatur bis 1100° C wählen. Der damit verbundene Nachteil, daß bei diesem niedrigen Brand viele Glasuren zu Haarrissen neigen, läßt sich heute ohne Schwierigkeiten umgehen, indem man fertige, physikalisch geprüfte Grundglasuren verwendet, die auf die fertigen Massen abgestimmt sind. Sollten Sie Ihren Ehrgeiz darin sehen, sich Ihre Massen und Glasuren selbst zu entwickeln, so können Sie allerdings auch, wie in Schritt 89 beschrieben, rechnerisch vorgehen. Sie müssen dann Ihre Resultate praktisch ausprobieren, da Ihnen die physikalische Apparatur fehlt, um die Abstimmung auf Grund von Spannungsmessungen optimal vorzunehmen.

Als visueller Typ besitzen Sie mit einem solchen Elektroofen bis 1100° C den weitesten Gestaltungsspielraum. Eine Vollautomatik, die den Strom nach durchlaufendem Programm selbst abschaltet, ist von Vorteil, wenn der Ofen unbeaufsichtigt brennen soll.

Wenn Sie sich mit Terrakotta, Irdenware, Fayence und Steingut, die Sie bis 1100° C erzielen können, nicht zufrieden geben, so wählen Sie einen Ofen, mit dem sich bis 1300° C Steinzeug brennen läßt. Es ist jedoch nicht ratsam, einen 1300-Grad-Ofen zu kaufen und ihn dann doch nur bis 1040° C zu benutzen, denn ein solcher Ofen ist teuer und hat bei der niedrigeren Temperatur einen schlechteren Temperaturausgleich. Außerdem ist es im Elektroofen nur bedingt möglich (vergl. Schritt 100), reduzierend zu brennen, weil die Heizleiter darunter leiden. So können Sie das von manchen erstrebte Ziel, Feinsteinzeug mit Reduktionsglasuren zu brennen, damit noch nicht erreichen. Wenn Sie das wollen, müssen Sie sich für einen Gasofen entscheiden, der jedoch einen größeren Aufwand, Leitungen und Abzug, erfordert. Der kleinste Gasofen, der angeboten wird, hat 20 Liter Inhalt (Abmessungen: Breite 30, Tiefe 35, Höhe 20 cm) und verbraucht 1,8 kg Gas pro Stunde. Mit ihm kann man bis 1350° C brennen. Für manchen mag er die ideale Ergänzung zum 160-Liter-Ofen darstellen, denn diese Kombination gestattet es, größere Objekte (z. B. Gartenkeramik) bei Temperaturen bis 1100° C und kleinere (z. B. Feinsteinzeug-Gefäße) bis 1350° C auch reduzierend zu brennen. Der kleine Ofen ist auch für

Versuchszwecke gut zu gebrauchen.

Zur Einrichtung gehört ferner eine Tonkiste aus Eternit oder Holz, mit Zinkblech oder Kunststoffolie ausgeschlagen, in der die Masse feucht, ohne auszutrocknen, bereitliegen kann. Die einzelnen Massesorten müssen getrennt, am besten in Plastikfolie eingepackt, aufbewahrt werden. Für Abfälle brauchen Sie Behälter zum getrennten Einsumpfen der einzelnen Massesorten. Von Zeit zu Zeit verkneten Sie diese gesumpften Massen und legen sie, in handlichen Portionen zubereitet, in die Tonkiste. Zum Kneten brauchen Sie eine Arbeitsplatte, die aus Gips oder Kunststein bestehen kann.

Da Sie vermutlich auch sonst noch Modellgips benötigen werden, sollten Sie etwa einen Zentner davon so aufbewahren, daß er vor Feuchtigkeit geschützt ist.

Zum Feuchthalten der in Arbeit befindlichen Gegenstände benötigen Sie einen Feuchtschrank (dazu eignet sich auch ein ausgedienter Kühlschrank), der die Verdunstung des Wassers möglichst verhindern soll. Ferner brauchen Sie ein Trockenregal zum Abstellen der fertigen Stücke vor dem Brennen.

Für das Malen empfiehlt sich eine Tischränderscheibe, für die Aufglasurmalerei auch ein Malpult mit den in den »100 Schritten zur Meisterschaft« beschriebenen Malutensilien.

Ob Sie sich eine Töpferscheibe zum Freidrehen anschaffen sollen, wird von Ihren Neigungen abhängen.

Für Mischungen und für das Färben von Glasuren und Engoben sind eine Küchenwaage, für kleinere Mengen eine kleine Schalenwaage und ein Sieb mit 900 Maschen pro Quadratzentimeter wichtig.

Wer Fayencen herstellen will, wird zum Glasurspritzen mit der Spritzpistole eine Spritzkabine benötigen. Sie besteht aus einem luftdichten Kasten oder Plastikzelt, in dem eine Ränderscheibe steht. Der beim Spritzen entstehende feine Staub soll nicht eingeatmet werden. Die Kabine soll aber auch den beim Spritzen unvermeidlichen Überschuß auffangen, damit man ihn zurückgewinnen kann.

Vor Inbetriebnahme des Studios sind einige Vorarbeiten zu erledigen. Dazu legen Sie sich am besten ein Heft mit festem Einband, eine Kladde, an, in das Sie alle Ihre Erfahrungen und Beobachtungen eintragen. Vor allem müssen Sie über die Materialien, die Sie verwenden, Bescheid wissen. Sie müssen aber auch Ihren Ofen erst (nach der Betriebsanleitung) einfahren und seine Eigenheiten kennenlernen.

Deshalb sollten Sie damit beginnen, sich eine einfache, einteilige Gipsform herzustellen, in der sie einen Riegel Ton in den Abmessungen

12 × 4 × 1 cm in vielen Exemplaren formen können. Diese geformten Probeplättchen versehen Sie mit einer Schwindungsmarke, mit
Engoben, Glasuren, Farben und setzen sie nach dem Trocknen mit
Hilfe von Brennplatten (aus denen Sie Etagen errichten) in den Ofen.
Setzen Sie alles locker und gleichmäßig ein! Zusätzlich zu den Probeplättchen können Sie zweckmäßigerweise auch kleine Zylinder als Pro-
bekörper verwenden. An ihnen sehen Sie besser, ob eine Glasur auf
einer senkrechten Fläche abläuft. Gleichzeitig mit den Probeplättchen
und -zylindern setzen Sie an fünf Stellen des Ofens je drei Segerkegel
mit ein: hinten oben und unten, in der Mitte des Ofens und vorn oben
und unten. Wollen Sie alles bei 1040° C ausprobieren, so wählen Sie
für alle fünf Stellen die Kegel 04a (= 1020° C), 03a (= 1040° C)
und 02a (= 1060° C), die Sie mit ihrer kleinen Standfläche (die ihnen
eine geringe Neigung gibt) nebeneinander in einen kleinen Tonwulst
stecken und so auf eine horizontale Platte stellen. Die Kegel dürfen
nicht zueinander geneigt sein, sondern sollen beim Umsinken frei die
Platte berühren können.

Wenn Sie jetzt den Ofen schließen und einschalten (wir nehmen an,
daß Sie elektrisch brennen), so beobachten Sie trotz Ihrer Automatik
den Brennverlauf, das heißt, Sie notieren in Ihrer Kladde, wann der
Ofen nach dem Einschalten 300, 600, 900, 1000 und 1100° C nach der
Anzeige des elektrischen Pyrometers erreicht hat. Ihr Ofen hat oben
einen Abdeckstein, den Sie erst schließen, wenn der größte Teil der
gasförmigen Zersetzungsprodukte aus dem Material ausgetrieben ist,
das ist bei etwa 550° C der Fall. Gleichzeitig mit der Pyrometeranzeige beobachten Sie durch das Schauloch die Kegel in der Mitte des
Brennraumes. Ist der mittlere von ihnen (SK 03a) gefallen, das heißt,
daß er beim Umsinken mit seiner Spitze die Platte berührt, so ist die
Temperatur von 1040° C erreicht. Stimmt die Kegelbeobachtung mit
der elektrischen Pyrometeranzeige überein, so stimmt auch die Automatik. Ist das nicht der Fall, so gilt die Kegelmessung. Es ist jedoch
nicht erforderlich, daß der Ofen haargenau 1040° C erreicht. Bringt er
es in einer Ecke nur auf 1020° C, so können Sie sich darauf einstellen.
Beim Abkühlen verfahren Sie genauso wie beim Aufheizen und notieren die Zeiten, in denen Sie die einzelnen Temperaturstufen erreichen. Beim Öffnen des Ofens (siehe Frage 50) sehen Sie, wie sich die
anderen Kegel, die Sie durch das Schauloch nicht beobachten konnten,
verhalten haben. Sind sie ebenso wie die in der Ofenmitte gefallen, das
heißt, daß der Kegel 04a ganz umgeschmolzen ist, 03a mit der Spitze
die Platte berührt und 02a ganz unberührt aufrecht stehengeblieben

ist, so hat der Ofen einen ausgezeichneten Temperaturausgleich. Ist dies nicht der Fall, so wissen Sie jetzt, an welchen Stellen die Temperatur hinterherhinkt oder vorausläuft. Beachten Sie jedoch, daß sich die Temperaturdifferenzen, wenn sie nicht allzu groß sind, durch Konstanthalten der Endtemperatur ausgleichen. Sie können das gegebenenfalls im nächsten Brand versuchen. Die Kegelmessung zeigt Ihnen auch an, wie lange Sie die Temperatur halten müssen. Denn sollte der Kegel 03a bei der elektrischen Pyrometeranzeige von 1040° C noch nicht umsinken, so halten Sie die Temperatur noch weiter auf dieser Höhe, bis der Kegel wunschgemäß schmilzt. Für die Keramik wirkt nämlich eine länger anhaltende Temperatur in gleicher Weise wie eine Temperatursteigerung. Und der Segerkegel spiegelt genau den Einfluß der Wärme auf das Material wider.

Sie können sich selbst sehr schaden, wenn Sie darauf verzichten, alle Massen und Glasuren, die Sie verwenden wollen, erst auszuprobieren, ehe Sie die Objekte endgültig brennen, an die Sie so viel Zeit, Mühe, Talent und Material verwandt haben. Auch wenn Sie ganz genau die chemische Zusammensetzung der verwendeten Substanzen kennen und sich an die Temperaturangaben in den Prospekten halten, sind Sie vor Enttäuschungen nicht sicher, denn Sie haben es in der Keramik immer mit so zahlreichen Faktoren zu tun, die das Ergebnis beeinflussen, daß Sie nicht in der Lage sind, deren Zusammenwirken von vornherein mit der nötigen Sicherheit zu berechnen. Die chemische Zusammensetzung, die Mineralart, der Feuchtigkeitsgehalt, die Dicke der Materialschicht, die Geschwindigkeit des Temperaturanstiegs, die Kombination mit anderen Materialien, das alles ist in seinem Zusammenwirken entscheidend für das Ergebnis. Dieser technische Spielraum hat nicht nur Nachteile für Sie. Vielmehr prägt sich durch den von Ihnen gewählten individuellen Punkt in diesem Feld der Möglichkeiten ein gewisser charakteristischer Stil Ihrer Arbeiten aus. Die Massen und Glasuren, die Sie verwenden, die Temperatur, bei der Sie brennen, beeinflussen Ihre Ergebnisse stets im gleichen Sinn. Akzeptieren Sie diese technisch und materiell bedingte Eigentümlichkeit und nehmen Sie sie zur Grundlage Ihrer künstlerischen Handschrift.

Alle Beobachtungen am Materialverhalten und an Ihrem Ofen müssen Sie registrieren und in Zukunft bei Ihren Plänen, beim Formen, Trocknen, beim Einsetzen der Ware in den Ofen und beim Brennen berücksichtigen, damit beim Trocknen und Brennen keine Risse entstehen und die Glasuren nicht durch Überfeuerung abfließen, vom Scherben aufgesaugt werden (was auch am zu dünnen Auftragen liegen kann) oder durch Unterfeuerung ungeschmolzen bleiben. An den eingesetzten Probeplättchen und -zylindern sehen Sie (oft zu Ihrer Überraschung), welche Glasuren auf welchen Scherben wunschgemäß gelungen sind und welche Proben Ihre Erwartungen nicht erfüllen. Das alles protokollieren Sie in Ihrer Kladde.

Dieser erste Brand wird noch verhältnismäßig schnell verlaufen, weil die eingesetzten Proben wenig Masse besitzen. Die durchschnittliche Brennzeit, mit der Sie in Zukunft werden rechnen müssen, wird vielleicht um eine halbe Stunde länger sein. Auch das Abkühlen wird beim normalen Brand des vollen Ofens länger dauern. Deshalb sollten Sie auch bei den nächsten fünf Bränden mit Einsatz von produktiver Ware noch mit Segerkegeln die Pyrometeranzeige vergleichen — auch deshalb, weil der Ofen erst nach und nach sein konstantes Verhalten annimmt. Die Protokollierung sollten Sie dauernd beibehalten.

Wenn Sie sich bei Ihrer Materialauswahl auf eine erfahrene Lieferfirma verlassen, die Ihnen aufeinander abgestimmte Massen, Glasuren und Farben zur Verfügung stellt, so sind Sie vor Fehlschlägen weitgehend sicher. Beim Erproben neuer Massen und Glasuren, die Sie vielleicht selbst zusammengesetzt haben, können sich jedoch Fehler einstellen, die Ihnen zu schaffen machen. Es ist deshalb gut, wenn Sie sich auch dann noch zu helfen wissen.

## Mit Fehlern fertig werden

Die keramische Erfahrung ist uralt und es gibt keinen Fehler, der nicht schon einmal aufgetreten wäre. Dagegen aber eine ganze Reihe, die immer wieder vorkommt. Die häufigsten Schwierigkeiten ergeben sich durch ungenügende Übereinstimmung zwischen dem Ausdehnungsverhalten von Scherben und Glasuren oder Engoben. Dagegen sind Fehler beim Formen und Brennen in unserem Falle selten zu erwarten. Viel Sorgen können alle Aufglasurtechniken wegen der klebrigen Öle, die als Malmittel dienen, bereiten, weil das geringste Staubkörnchen die ganze Arbeit verderben kann. Mit den Farben selbst hat man wenig Ärger, wenn man sie vor dem endgültigen Gebrauch ausprobiert. Da Sie beim Auftreten von Fehlern sicherlich das Bedürfnis haben werden, sich durch Nachschlagen schnell Rat zu holen, sind im folgenden die wichtigsten Fehler und ihre Abstellung alphabetisch angeordnet. Überfliegen Sie dieses Kapitel zunächst nur, um sich mit den Benennungen der Fehler vertraut zu machen.

**Abblättern der Aufglasurfarben.** Ursache ist die zu dicke Farblage. Soll das Stück noch gerettet werden, bleibt nur übrig, die restliche Farbe mit Flußsäure abzubeizen, die Glasur zu polieren und erneut zu bemalen.

**Abblättern der Engobe im rohen Zustand.** Ursache ist schlechtes Haften. Abhilfe durch Abschwämmeln der Rohware, Abpinseln der geschrühten Keramik. Engobe nicht zu dick auftragen (siehe auch unter »Reißen der Glasur oder Engobe beim Trocknen«). Notfalls kann dem Engobenschlicker auch etwas Dextrin beigemischt werden.

**Abblättern der Engobe im gebrannten Zustand.** Ursache ist die gegenüber dem Grundscherben größere Schwindung der Engobe. Abhilfe durch Magern mit Schamottemehl.

**Abblättern der Glasur im rohen Zustand.** Gebrannten Kaolin zusetzen, um die Trockenschwindung zu verringern. Glasur dünner auftragen, nicht so fein mahlen, bis 8% Dextrin zusetzen. Ware vor dem Glasieren entstauben, reinigen, rohe Ware abschwämmeln, um die Haftung zu verbessern.

**Abblättern der Glasur im gebrannten Zustand.** Ursache ist der zu niedrige Ausdehnungskoeffizient der Glasur gegenüber dem Scherben. Abhilfe nach den auf Seite 186/187 gegebenen Hinweisen.

**Abbröckeln der Glasurschicht nach dem Trocknen.** Erhöhung der plastischen Bestandteile der Glasur (Ton, Bentonit) oder Dextrinzusatz wie unter »Abblättern«.

**Abfallen der Glasur von der glattgeschmolzenen Glasur beim Trocknen.** Wurde über die glatte Glasur eine zweite aufgetragen (wobei die Keramik erwärmt wurde), und fällt diese zweite Glasur beim Trocknen ab, so muß noch einmal mit einem mit 5—8% Dextrin oder Stärkekleister versetzten Glasurbrei glasiert werden.

**Ablaufen der Glasur.** Der zu leicht flüssigen Glasur muß Kaolin, Ton oder Quarz zugesetzt oder die Schmelzbarkeit durch Änderung der Flußmittel (siehe Seite 189) verringert werden. Oder: niedriger brennen.

**Abrollen der Glasur beim Brennen.** Zu hohe Oberflächenspannung (Alkalien und Borsäure in der Glasur verringern!), die Haftung muß nach den Angaben auf Seite 188 verbessert werden. Oft genügt schon die Verbesserung der Trockenhaftung durch folgende Maßnahmen: Glasur nicht so fein mahlen, nicht so dick auftragen, nicht halbfeucht in den Ofen einsetzen! Auch zu viele Stellmittel im Glasurschlicker können zum Abrollen führen. Oft hilft Verschrühen der Keramik vor dem Glasieren.

**Abrollen der Unterglasurfarbe.** Ursache ist das schlechte Haften der Farbe (also Zuckerlösung verstärken). Der Fehler wird durch zu dicke Glasurauflage noch verschlimmert. Besser als Tauchen ist der Glasurauftrag durch Spritzen, um die Farbschicht nicht abzuschwemmen. Am sichersten ist das Verglühen der Malerei vor dem Glasieren.

**Abplatzen der Glasur.** Der Ausdehnungskoeffizient der Glasur ist klein. Abhilfe: Alkalien, besonders $Na_2O$, in die Glasur, Kaolin in die Masse. Erhöhung der Ausdehnung nach den Angaben auf Seite 186.

**Absetzen des Glasurschlickers.** Die Festkörperteilchen bleiben nicht in Schwebe. Zusatz von Stellmitteln: (höchstens 20%) plastischen Ton oder 2—4% Dextrin, Stärke (fault bei längerem Stehen) oder ein Schuß Essig.

**Absetzen der Unterglasurfarben (Verstopfung der Spritzpistole).** Zusatz von plastischem weißen Ton zur Farbe.

**Aufblähen der Glasur.** Ursache ist Gasbildung aus dem Scherben oder aus der Glasur. Der Scherben wird durch Magerung (Schamottezusatz) leichter entlüftet. Auf jeden Fall ist langsamere Temperatursteigung ratsam.

**Aufkochen der Glasur (Aufschäumen).** Die Glasur ist überfeuert: niedriger brennen oder Glasur nach den Angaben auf Seite 73 und 189 höher einstellen.

**Aufgezehrte Glasur.** Flußmittelreiche Glasur wurde zu dünn aufgetragen und vom porösen Scherben aufgezehrt. Dickerer Auftrag einer strenger flüssigen Glasur genügt in der Regel als Abhilfe.

**Aufkochen der Unterglasurfarbe.** Ursache für das Blasigwerden ist das zu dicke Auftragen der Farbe.

**Ausblühen des Scherbens.** Wasserlösliche Stoffe werden mit verdunstendem Wasser an die Oberfläche transportiert. Bariumsulfat zur Masse macht sie unlöslich.

**Ausfliegen der Unterglasurfarben.** Die Malerei hält die Konturen nicht, weil sie von der schmelzenden Glasur aufgelöst wird. Farbkörper statt färbender Oxide verwenden! Niedriger oder kürzer brennen oder flußmittelärmere Glasur benutzen! Auch zu dicke Farb- oder Glasurschicht können die Ursache sein.

**Befall.** Ist ein Schamotte- oder Quarzkörnchen (= Streumittel) beim Brennen auf die erweichte Glasur gefallen, so hilft nur ausschleifen und mit ausgeflickter Glasurstelle noch einmal brennen. Mehr Sorgfalt beim Einsetzen!

**Blasigwerden des Scherbens.** Meist sind Kohlenstoffeinlagerungen die Ursache, die als Überreste der organischen Bestandteile des Tones in den Poren eingeschlossen sind. Schamottezusatz zur Masse ergibt bessere Entlüftung, die Stoffe können ausbrennen.

**Bläschen in der Glasur.** Sie ist entweder noch nicht geschmolzen (also höher oder länger brennen) oder zu zähflüssig (also mehr Flußmittel zusetzen) oder zu dick aufgetragen oder besitzt eine zu niedrige Oberflächenspannung. Bläschen in der Glasur führen, je nach Größe der Bläschen, zu folgenden Fehlern: Milchigkeit (= wolkige Schleier, etwa 0,1 mm große Bläschen), Eierschaligkeit (0,2 mm), Orangenschaligkeit (0,4 mm), Nadelstichigkeit (0,8 mm).

**Blässe der Aufglasurfarben.** Zu stark verdünnte Farben. Weniger Malmittel zusetzen, dicker auftragen, evtl. auch körperreichere Farben (mit mehr Farbkörper und weniger Fluß) verwenden.

**Brandrisse im Scherben.** Bereits beim Trocknen können feine Risse (siehe unter »Trockenrisse«) entstanden sein, die beim Brennen breiter werden. Erkenntlich ist diese Ursache an der Glasur, die in die Risse eingedrungen ist und die Rißkanten abrundete. Im Brand entstandene Risse enthalten keine Glasur. Magern der Masse (Schamottezusatz) verringert die Schwindung und Rißgefahr. Die Risse können auch durch zu schnelles Abkühlen des Ofens entstanden sein (= »Kühlrisse«).

**Brüchigkeit des Rohscherbens.** Die Rohbruchfestigkeit der Masse wird erhöht durch Zusatz von plastischen Tonen oder Verringerung der Magerungsmittel. Bei Gießmassen auch durch Erhöhung des Wasserglasgehaltes. Ein Scherben, der dem Glasieren nicht standhält, muß geschrüht werden.

**Entglasen der Glasur.** Sie kann auf zu hohem Kieselsäuregehalt beruhen (Übersäuerung, Ausscheidung von $SiO_2$); in diesem Fall ist 5—15% Ton zuzusetzen. Auch Erhöhung der Alkalien in der Glasur durch Verwendung einer alkalireichen Fritte ist möglich. Die Entglasung (Mattwerden) kann auch durch zu hohe Mengen am $MgO$ oder $CaO$ verursacht sein.

**Eierschaligkeit der Glasur.** Die Glasur ist nicht entgast. Sie muß leichter schmelzbar gemacht (z. B. durch Lithium —, in deckenden Glasuren durch Zirkonoxid) oder länger oder höher gebrannt werden.

**Erblinden der Glasur.** Ursache ist Auskristallisation, also Entglasung. Ursachen können sein: 1. wie bei Entglasung, 2. Sulfate in der Masse; diese können aus der Gipsform stammen oder aus Gipsverunreinigungen des Tones, 3. Verflüchtigung von Flußmitteln (Kalk treibt Blei aus), 4. zu dünner Glasurauftrag, 5. zu viel Stellmittel im Glasurschlicker.

**Erweichen des Rohscherbens beim Glasieren.** Ursache ist zu geringe Rohbruchfestigkeit. Abhilfe durch Erhöhung der Bildsamkeit, am sichersten jedoch Verschrühen vor dem Glasieren.

**Fadenlaufen des Glasurschlickers.** Darunter versteht man Verdickungen, die beim Tauchen oder Gießen durch ablaufenden Schlamm entstehen. Sie können sorgfältig mit dem Kratzeisen weggeschabt werden. Abhilfe schafft man durch Erhöhung des plastischen Tones im Glasurbrei.

**Gießfleck.** Entmischung an der Stelle, wo der Gießschlicker auf die Gipsform auftrifft. Höhere Sodakonzentration an dieser Stelle bewirkt Verdichtung der Masse, die somit weniger Glasur annimmt. Abhilfe: Gießschlicker über eine Aufprallfläche (z. B. Löffel) in die Hohlform einfüllen oder Zusatz eines Benetzungsmittels (z. B. Seifenpulver).

**Gießschlieren.** Ursache ist zu hohe Oberflächenspannung des Gießschlickers. Erniedrigend wirken oberflächenaktive Stoffe, z. B. Seifenpulver, zusetzen!

**Glasurroller** siehe unter »Abrollen der Glasur beim Brennen« und »Rollen der Glasur«.

**Glasurtropfen.** Ursache ist die Dünnflüssigkeit der Glasur bei der gewählten Brenntemperatur. Durch Zusatz von Ton, Kaolin oder Quarzsand wird sie strengflüssiger. Störende Glasurtropfen auf der Standfläche der Objekte können mit einer Schleifscheibe oder Carborundumfeile naß abgeschliffen werden.

**Haarrisse in den Aufglasurfarben.** Der Fluß hat einen zu hohen Ausdehnungskoeffizienten. Farben mit anderem Fluß verwenden!

**Haarrisse in der Glasur.** Ursache ist der zu hohe Ausdehnungskoeffizient der Glasur gegenüber dem Scherben. Am besten bewährte Abhilfen: borsäurehaltige Fritte zur Glasur, Kalkspat zur Masse oder höherer Brand.

**Haften, mangelhaftes, der Glasur am Scherben.** Es ist von dessen Saugfähigkeit abhängig. Je geringer diese (d. h. die Porosität) ist, desto dicker muß der Glasurbrei angemacht sein. Notfalls ist ihm 5% Dextrin zuzusetzen.

**Heiligenschein.** Darunter versteht man die stellenweise Verfärbung eines eisenhaltigen, reduzierend gebrannten Scherbens (von blaugrauer Brennfarbe), der kurz vor dem Dichtsintern Luft bekommt, wobei jedoch nur ein Teil der Scherbenoberfläche oxidiert (gelbbraune Brennfarbe). Man muß also die Oxidation vor dem Dichtsintern verhindern.

**Löslichkeit der Unterglasurfarben in der Glasur.** Die gleichen Ursachen wie beim Ausfliegen, jedoch verstärkt wirksam. Hochgebrannte

Farbkörper verwenden! Die Glasur soll — um nicht zu lange lösend einwirken zu können — erst spät ausschmelzen.

**Malfähigkeit, mangelhafte, der Unterglasurfarben.** Die Farben sind zu »kurz«, d. h. zu mager. Plastischen weißen Ton zusetzen!

**Mattwerden der Glasur.** Eine Form der Entglasung (= Kristallisation) siehe unter »Erblinden«.

**Milchigwerden der Glasur.** Wolkige Schleier oder durchgehende Trübung durch feine Bläschen. Die Glasur muß besser entgasen können (siehe unter »Bläschen in der Glasur«).

**Mißfärbung von Aufglasurfarben.** Ursachen können Unter- und Überbrennen sein (siehe unter »Stumpfheit der Aufglasurfarben«).

**Mißfärbung von weißen Zinnglasuren** siehe unter »Pinkbildung«.

**Nadelstiche.** Das sind kraterförmige Poren, die sich nicht mehr schließen konnten. Ursache ist die Gasbildung aus dem Scherben. Abhilfe durch Erhöhung der Schmelzbarkeit der Glasur, durch höheren Brand oder durch Schamottezusatz zur Masse.

**Pinkbildung (rote Verfärbung von weißdeckenden Zinnglasuren).** Ursache ist das Zusammentreffen von Zinnoxyd oder Titandioxid mit Kalk und Spuren von Chrom, die aus den Heizwiderständen oder aus dem Tonscherben stammen können. Abhilfe: Kalkgehalt der Glasur verringern.

**Rauhigkeit der Aufglasurfarben.** Ursache ist zu dicker Farbauftrag. Hier gilt das gleiche wie für das Abblättern.

**Rauhigkeit der Glasur.** Ist dieser Fehler nicht mit matter Oberfläche verbunden (siehe unter »Erblinden«), so liegt die Ursache an der unzureichenden Feinheit der Vermahlung. Also Glasur feiner vermahlen!

**Reißen des rohen Scherbens beim Glasieren.** Ursache ist die zu hohe Bildsamkeit der Masse. Abhilfe am besten durch Scherbenzusatz zur Masse.

**Reißen der Glasur oder Engobe beim Trocknen.** Ursache ist die zu hohe Schwindung der Glasur. Geglühten statt rohen Kaolin verwenden! Nicht zu dick auftragen!

**Reißen der Glasur oder Engobe beim Brennen.** Ursache ist die zu niedrige Schwindung der Engobe bzw. der zu hohe Ausdehnungskoeffizient der Glasur gegenüber dem Scherben. Abhilfe bei der Engobe: Magerung der Masse des Grundscherbens, bei der Glasur siehe unter »Haarrisse«.

**Rollen der Unterglasurfarbe.** Ursache ist mangelnde Haftung. Abhilfe durch Zumalen von Glasur oder Fritte (siehe auch unter »Abrollen«).

**Rollen der Glasur.** Ursachen können sein: zu hohe Trockenschwindung der rohen Glasur, zu dicker Glasurauftrag, zu hohe Oberflächenspannung (Abhilfe nach den auf Seite 188 gegebenen Hinweisen. Siehe auch unter »Abrollen«).

**Schwarze Punkte auf der Glasur oder Malerei.** Ursache kann die Verzunderung der Heizwiderstände sein. Deshalb sind die Heizspiralen des Elektroofens von Zeit zu Zeit mit einer Drahtbürste zu reinigen. Der abgebürstete Zunder muß entfernt werden (Kanthal-A1-Draht zundert nicht, Chromnickeldraht zundert).

**Stumpfheit der Aufglasurfarben.** Ursache entweder Überbrand (aufgezehrter Fluß), Abhilfe: nochmals übermalen und brennen — oder Schwachbrand (unausgeschmolzen), Abhilfe: mit leichtflüssigerer Farbe oder hauchdünn mit Generalfluß übermalen und nochmals brennen. Notfalls: Abbeizen mit Flußsäure, Glasur nachpolieren und erneut bemalen und brennen.

**Stumpfheit (Glanzlosigkeit) der Glasur.** Ursache ist ungenügendes Ausschmelzen. Abhilfe durch Erhöhung der Flußmittel (besonders Blei, Borsäure, Bariumoxid), oder höheren Tonerdegehalt und höheren Brand der Glasur.

**Trockenrisse.** Ursache ist in ungleichmäßiger Trocknung zu suchen. Besonders empfindlich sind bildsame Massen. Deshalb helfen Magern mit Schamottemehl und zugfreie Trocknung. Trockenrisse, die mit freiem Auge nicht zu erkennen sind, werden sichtbar, wenn man die Keramik mit Spiritus bestreicht.

**Verziehen des Scherbens.** Ursache ist zu hohe Bildsamkeit der Masse. Abhilfe: Schamotte- oder Scherbenmehlzusatz.

**Verschwinden der Unterglasurfarben.** Ursache ist zu dünnes Auftragen oder Überbrennen. Abhilfe: niedriger brennen oder dicker auftragen oder Unterglasurfarbe mit gebranntem Kaolin verreiben.

**Wasserdurchlässigkeit des Scherbens.** Kann die Keramik nicht höher gebrannt oder mit einem haarrißfreien Glasurüberzug versehen werden, so hilft Ausschwenken der Hohlware mit warmem Stearin oder Wasserglaslösung zur Verstopfung der Poren.

**Zerfließen der Unterglasurfarben.** Ursache ist die lösende Wirkung der Glasur. Möglichst hochgebrannte Farbkörper statt färbender Oxide verwenden! Die Farben können auch noch mit weißem Ton verrieben werden.

**Zerplatzen der Keramik beim Aufheizen.** Ursache ist eingeschlossene Luft in der Masse. Abhilfe: sorgfältiger kneten, Luftlöcher in ausgehöhlte Keramik stechen (besonders bei Kernguß!). Ungetrocknete Keramik, die im Ofen schnell erhitzt wird, platzt ebenfalls.

**Zusammenziehen der Glasur (Randflucht).** Ursachen können sein: zu große Trockenschwindung der Glasur (also gebrannten statt rohen Kaolin verwenden!), zu dicker Glasurauftrag oder zu hohe Oberflächenspannung (Abhilfe nach den Hinweisen auf Seite 188).

# Literatur

*Billington, D.*   The Art of the Potter. Oxford 1937.

*Birks, T.*   Der Studio-Töpfer. Bonn 1977.

*Bollenbach, H.*   Keramische Rechentafeln. Halle/Düsseldorf 1950.

*Cardew, M.*   Pioneer Pottery. New York 1971.

*Cox, G. T.*   Pottery for Artists, Craftsmen and Teachers. New York o. J.

*Dickerson, J.*   Pottery Making. New York 1974.

*Drake, K.*   Keramikarbeiten. In »Die Hobbywerkstatt«. Ravensburg 1966.

*Fieldhouse, M.*   Kleines Handbuch der Töpferei. Bonn 1975.

*Geiger, B.*   Keramisches ABC. Bern 1970.

*Grebanier, J.*   Chinese Stoneware Glazes. New York 1975.

*Hartung, R.*   Ton (Werken instruktiv). Ravensburg 1971.

*Henning, A.*   Grundordnungen der Formgebung für keramisches Gebrauchsgerät. Coburg 1953.

*Henze, W.*   Glasuren. Halle/Düsseldorf 1951.

*Hofsted, J.*   Töpfern Schritt für Schritt. Bonn 1975.

*Husberg, L.* und *Lundkvist, H.*   Keramik als Hobby (Übers. a. d. Schwedischen). Stuttgart 1971.

*Jäger, R.*   Porzellanmalerei. Ravensburg 1963.

*Leach, B.*   Das Töpferbuch. Bonn 1971.

*Lehnhäuser, W.*   Glasuren und ihre Farben. Düsseldorf 1959.

*Lehnhäuser, W.*   Das keramische Rechnen. Düsseldorf 1964.

*Lengersdorff, M.*   Praktische Berechnungen von Massen und Glasuren. Coburg 1964.

*Lipinski, F.*   Das keramische Laboratorium. Bd. I Untersuchungen und Prüfungen. Bd. II Synthetische Versuche an keramischen Massen und Glasuren. Düsseldorf 1955.

*Medley, M.*   The Chinese Potter. Oxford 1976.

*Mields, M.* und *Lauschke, R.*   Praxis der Porzellanmalerei. München 1965.

*Nixdorf, H.*   Tönender Ton (Gefäßflöten und Pfeifen). Berlin 1974.

*Oechsler, A.*   Der Porzellanmaler. Arzberg/Ofr. 1956.

*Piepenburg, R.*   Raku Pottery. New York 1972.

*Salmang, H.* und *Scholze, H.*   Die Keramik. Physikalische und chemische Grundlagen. Berlin/Göttingen/Heidelberg 1968.

*Sanders, H. H.*   Töpfern in Japan. Bonn 1977.

*Schönberger, K.*   Formen in Ton. Ein Werkbuch. Zürich/Stuttgart 1972.

*Trevor, H.*   Töpferkurs in Wort und Bild. Bonn 1975.

*Ulmann, G.*   Kreativität. Weinheim/Berlin/Basel 1968.

*Viehweg, F.*   Rezeptbuch für Glasuren und Farben. Coburg 1959.

*Wittwer, E.*   Einführung in das Porzellanmalen. Hallwag-TB. 1977.

— Wo schaffen keramische Künstler in Deutschland, Österreich und in der Schweiz. Anschriften und Standortverzeichnis. Herausgegeben von der Cremergruppe. Frechen o. J.

# Register

# Bildquellen

Armgardt, Elisabeth, Berlin 35/5, 69, 75, 77, 83, 113/3, 4; 154, 169
Ashmolean Museum, Oxford 47/6, 99/1
Bayerisches Nationalmuseum, München 103/6
British Museum, London 87/4
City Art Gallery, Bristol 103/2
Epam-Hobby-Geräte, Dortmund 159/3
Henrich, W., Frankfurt a. M. 51/6, 99/2, 5; 103/3, 4
Hessisches Landesmuseum, Darmstadt 41/4, 87/2
Jenny, H.: Kymatik, Du 27 (1967), 21/2
Keramion, Frechen 129/6
Keysersche Verlagsbuchhandlung, München 103/5
Metropolitan Museum of Art, New York, Rogers Fund 51/4
Museum für Kunst und Gewerbe, Hamburg 107/5
Museum islamischer Kunst, Kairo 47/5
Musée National de Céramique, Sèvres 87/5
Naber Industrieofenbau, Lilienthal 159/1
National Museum of India. New Dehli 51/3
Rheinisches Bildarchiv, Köln 47/2, 3, 4; 51/5, 55/6, 99/3, 129/5
Rosenthal Glas und Porzellan AG, Selb 41/1, 5, 6
Rothe-Veit, Berlin 29/2, 3; 55/1, 59/2—6; 65
Safari-Verlag, Berlin 87/3, 99/4
Schaarschmidt-Richter, I., Tokio 51/1, 2; 55/2, 103/1, 129/2, 3
Scandiaofen Vertriebsgesellschaft, Köln 159/2
Stiftung Preußischer Kulturbesitz, Staatliche Museen, Antikenabteilung, Berlin 87/1
University of London. Percival David Foundation 107/6
Verlag Ernst Wasmuth, Tübingen 87/6
Victoria & Albert Museum, London 129/4
Volkshochschule Berlin-Wilmersdorf 29/4, 55/3, 4, 5; 107/1, 2
Heinz Welte, Ing. KG, Köln 29/1, 5, 6; 35, 59/1, 107/3, 4; 113/1, 2, 5; 159/, 5, 6

# Keramiksammeln
## als Hobby

Die reizvolle Kunst- und Technikgeschichte der Keramik und des Glases, dargestellt für Sammler und Liebhaber dieser Kunstgattungen, reich illustriert, mit Formen- und Dekortafeln der einzelnen Epochen und Kulturkreise, mit den Fabrikmarken und Künstlersignaturen, finden Sie in folgenden Werken desselben Verfassers:

# Ullstein Porzellanbuch

346 Seiten, 50 ein- und 16 mehrfarbige Bilder, 88 Zeichnungen, 2500 Marken und Künstlersignaturen.

# Ullstein Fayencenbuch

320 Seiten, 162 ein- und mehrfarbig wiedergegebene Fayencen, 12 Tabellen und grafische Übersichten, 71 Meisterzeichen und 1320 Fabrikmarken.

# Ullstein Gläserbuch

348 Seiten, 271 ein- und 16 mehrfarbige Bilder, 25 Zeichnungen und Landkarten, Formen- und Signaturtafeln.